谭祥珍名园长工作室成果

# 托班五感自然体验课程

主　编　任　捷　谭祥珍　徐利鸿

副主编　何　娟　扈鸿燕　牟芸影　王　雪　宋凌云

参编者　汪丹丹　冉　娟　熊　芯　李程丹　汤　璨

西南大学出版社

SWUP　国家一级出版社　全国百佳图书出版单位

图书在版编目(CIP)数据

托班五感自然体验课程 / 任捷, 谭祥珍, 徐利鸿主编. -- 重庆:西南大学出版社, 2025. 5. -- ISBN 978-7-5697-3046-3

Ⅰ. G613.3

中国国家版本馆CIP数据核字第2025K3726Z号

## 托班五感自然体验课程
TUOBAN WUGAN ZIRAN TIYAN KECHENG

任 捷 谭祥珍 徐利鸿 主编

**责任编辑:**王 兰
**责任校对:**文佳馨
**装帧设计:**攴十堂_朱 璇
**排  版:**贝 岚
**出版发行:**西南大学出版社(原西南师范大学出版社)
        地址:重庆市北碚区天生路2号
        邮编:400715
**经  销:**全国新华书店
**印  刷:**重庆市圣立印刷有限公司
**成品尺寸:**185 mm × 260 mm
**印  张:**25
**字  数:**486千字
**版  次:**2025年5月 第1版
**印  次:**2025年5月 第1次印刷
**书  号:**ISBN 978-7-5697-3046-3
**定  价:**98.00元

　　高质量的托育服务是激发生育活力，增进儿童福祉，提升人民群众获得感、幸福感和安全感的重要保障；同时，它也是促进服务人口高质量发展，为国家储备未来人力资本的重要手段。2021年1月，国家卫生健康委员会出台《托育机构保育指导大纲(试行)》，提出通过创设适宜环境，合理安排一日生活和活动，提供生活照料、安全看护、平衡膳食和早期学习机会，促进幼儿身体和心理的全面发展。科学适宜的托班课程是高质量托育服务的基础。面对幼儿这一群体——个体生命最脆弱，但发展最迅速的群体，托育机构与保育老师应如何创生课程文化、实施教养课程，以高质量地支持幼儿健康成长呢？

　　自然环境是幼儿健康成长的重要生态。陈鹤琴先生曾说过："凡天气晴和的时候，我们就带幼稚生到外边去游玩。他们在旷野里跑来跑去，看见野花就采采，看见池塘就抛石子入水以取乐。这种郊游对于小孩的身体、知识、行为都有很好的影响。"因此，我们应还给儿童一个真实的自然环境——天空与大地，花朵与树木，虫鸣与鸟叫……

　　这里的"自然"也指儿童本位的自然主义教养理念。老子在《道德经》中提出圣人的境界是"复归于婴儿"，并多次提到"赤子""孩"，这是先贤对于儿童主体的价值认同。卢梭在《爱弥儿》中写道："给他穿上肥大的衣服，让他的四肢能够自由，既不沉重到妨碍他的活动，也不暖和到使他感觉不出空气的作用。把他放在一个垫得好好的摇篮里，让他在里面没有危险地随意活动。当他的体质开始增强的时候，就让他在屋子里爬来爬去，让他发展，让他运动他的小小的四肢；这样，你将看到他一天一天地强壮起来。"这是他给予世人关于儿童自由发展的警醒。福禄贝尔在《人的教育》中将儿童喻为自然生长的花朵，蒙台梭利认为生命力的冲动是通过儿童自发活动表现出来的。顺应儿童、追随儿童、变成儿童,是高质量课程的重要价值导向。

体验是幼儿认识世界的重要方式。0—2岁儿童处于感知运动思维阶段,2岁后逐渐进入前运算思维阶段。这一时期,幼儿身心活动主要表现为直觉行动和具体形象的认知。"我听到了,我就忘记了;我看见了,我就记住了;我做过了,我就理解了"。有意识地启动幼儿视觉、听觉、嗅觉、味觉、触觉五大感官系统,让幼儿通过感知与动作获得对世界的经验与思维的发展。

"托班五感自然体验课程"汲取了自然教育理论、认知发展理论、教育生态系统理论等经典理论思想,遵循自然性、生活性、游戏性、发展性、协同性原则,以满足幼儿兴趣和心理需求为出发点,以保障幼儿愉悦生活和全面发展为落脚点,在日常的生活、游戏、社区游玩等活动中,充分践行"走出教室、调动五感、教养融合、家园协同"的课程理念,全方位做好幼儿教养工作,并在其中促进幼儿在身体、认知、语言、情感与社会性等各方面的和谐发展。

本书是重庆幼儿师范高等专科学校儿童早期发展学院与重庆市万州区鸡公岭幼儿园基于长期的课题研究与保育实践编著而成,总结提炼了托班保育课程建设方面的实践成果,希望能为广大托班教育工作者及家长提供有益的参考与借鉴,共同助力幼儿开启充满希望与无限可能的生命之旅。对于本书的不足之处,我们诚挚地希望广大学者、读者提出宝贵的意见与建议,以便我们不断修订完善。

# 目录

## 第一章　托班五感自然体验课程理论

## 第二章　托班五感自然体验课程实践

### 9月　玉龙园的小花生

### 10月　秋天的100种游戏

# 第一章

# 托班五感自然体验课程理论

# 第一节　托班课程理论

　　课程问题在教育活动中始终处于基础和核心地位,是教育中最重要、最复杂、最易被误解的问题之一。课程是关于教育目标、内容、方法和评价的一个系统,是教育思想、教育理论转化为教育实践的中介或桥梁。借鉴和吸收不同理论流派的早期教育课程观,将科学理论内化为富有前瞻性和时代性的教育理念,有助于深化实践者对托班课程本质的理解,保障托班教育目标的有效实现。鉴于此,有必要剖析婴幼儿早期教育课程设计的理论基础,明确在其影响下生成的托班课程的核心理念和典型模式,以厘清托班课程设计的基本原理和思路。

## 一、生活教育理论

　　美国教育家约翰·杜威认为,教育的本质有三重意义:一是教育即生活。他认为,教育不应当是生活的预备,而是幼儿现在生活的过程。幼儿在社会中参加真实的生活,才是身心成长和改造经验的正当途径。所以教师应该把课堂变成幼儿的乐园,引导幼儿积极自愿地投入活动,在活动中不知不觉地养成习惯,获得知识,实现生活、生长和经验的改造。因此,托班课程应提供一个简化、净化的小社会雏形,让幼儿从做中学,从经验中学。从幼儿现有的经验开始,注重培养他们对现实社会的适应能力。二是教育即生长。幼儿的生长是一个具有连续性、阶段性和动态性的生理和心理发展过程。托班课程必须尊重幼儿,以幼儿的本能为起点,使课程中的教育和教学活动适合幼儿的心理发展水平和兴趣,引导幼儿养成各种良好的习惯。三是教育即经验。这主要是指幼儿的发展是通过经验的不断改组、改造而得以实现的。杜威认为,一切真正的教育是从经验中产生的。在教育过程中,我们应该尊重幼儿的身心发展水平,考虑幼儿的身心发展条件和兴趣,提高幼儿参与教育活动的积极性和主动性。杜威还认为,幼儿生活在进化的世界中,知识经验是动态的,课程也必须是变化和发展的,课程是幼儿经验发展成熟的结果,而不是固定现成的东西。

　　对托班幼儿的教养以保育为主,因此,托班课程要扎根于幼儿生活,只有在幼儿的生活需要得到充分的满足时,他们才有可能去参与其他有意义的活动。幼儿动作技能的发展、生活习惯的养成、作息规律的建立、社会交往经验的积累,都是在生活中不断学习、重复、巩固的结果。0—3岁的婴幼儿正处于直觉行动思维阶段,他们通过直观感受和与周围事物的互动进行学习与成长,诸如锅碗瓢盆等生活器具都是他们探索认知的好工具。因此,托班课程内容的选择与设计应贴近生活,重视婴幼儿所在的文化生活背景,充分挖掘生活中事物的教育价值,从而使教育融入生活,将托班教育拓展延伸到家庭教育之中。因此,本课程提倡用生活中的各项活动促使幼儿的经验不断生成并得到有组织地发展。

## 二、感官教育理论

意大利教育家玛莉亚·蒙台梭利博士在观察幼儿、研究幼儿的基础上,创造性地提出了关于幼儿教育的全新、独到的教育理论。蒙台梭利认为教育具有生物学与社会学上的两种目的,前者是帮助个体自然发展,后者则是协助个体适应环境,也就是教导个体如何利用环境。感官练习对这两种目的的实现具有重要价值,因为幼儿是利用感官来建构自我并适应环境的。蒙台梭利感官教育包含四个递进式目标:首先,扩大知觉的领域并奠定智慧发展的基础;其次,将积累的感官印象加以整理,使个体拥有井然有序的心智;再次,引导幼儿自发性的自我教育;最后,及早发现感官功能的障碍并加以纠正。这种感官教育可以帮助幼儿形成感官概念,促进幼儿的感觉和动作发展,并且帮助幼儿逐渐步入社会文化的各种约定、法则与模式中。蒙台梭利认为感官教育能通过合理的训练,让幼儿的感知能力达到协调一致,提高幼儿观察事物的兴趣和分析辨别的能力,以及对被感知事物的表达能力。感官教育能丰富幼儿的生活经验,也是幼儿真正地认识客观事物的基础。感官教育是其他学习内容的重要基础,可以使幼儿的感官得到合理发展,为幼儿建立积极的心理状态打下基础。

把握幼儿发展的敏感期是蒙台梭利感官教育的重要理念。蒙台梭利认为,幼小的儿童具有认识世界、适应世界的特殊力量,而这种力量就是有敏感力和吸收力的心灵。在整个幼儿阶段,他们会经历许多敏感期,正是这种敏感期,使幼儿有一种特有的强烈兴趣去接触外部世界。在这一时期,他们充满了活力和激情,每样事情都容易学会。而人的智力发展正是建立在幼儿敏感期所打下的基础上。只有把握幼儿的敏感期,在合适的时期提供相应的刺激,才能最大限度地促进幼儿各种感官和技能的发展。因此,托班课程应强调抓住幼儿的敏感期,运用感官训练、日常生活训练等方式,构建幼儿的健全人格。

## 三、多元智能理论

与传统的"一元智能理论"不同,霍华德·加德纳教授认为,每个人都拥有不同的智能优势组合,并且受遗传和环境的影响,不同的人有不同的智能强项。他研究得出八种智能,分别是:语言智能、数理逻辑智能、空间智能、身体运动智能、音乐智能、人际交往智能、内省智能及自然观察智能。作为个体,每个人都同时拥有相对独立的八种智能,但每个人身上的八种相对独立的智能在现实生活中并不是绝对孤立、毫不相干的,而是以不同方式、不同程度组合,使得每个人的智力各具特点。八种智能在个体的智力结构中都占有重要的位置,处于同等重要的地位,在每个个体身上都有自己独特的表现形式。

加德纳提出"为多元智能而教",开发每一个学生的多元智能是课程的目标。他认为要创设健康、丰富的生活和活动环境来帮助儿童学习,儿童通过在环境中与他人共同生活来获得经验,他们在生活中发展,在发展中生活。他还强调课程活动的"情境化",强调智力不可以脱离个体的生活、工作和游戏而独立发展,文化和经验在儿童智力的发展上具有重要的意义。多元智能的课程论认为活动是儿童获得经验的基本途径,智能是一种高级的解决问题的能力或创造能力。这种解决问题的能力或创造能力只有通过儿童的实践活动才能得到表现和发展。

多元智能理论充分尊重个体差异,充分肯定人类潜力。正因为每个人的智能组合与智力类型不同,每个人的思维方式、学习方式或工作方式也就不同。每个幼儿都有自己所倾向和适合的学习类型和学习方式。多元智能理论倡导应该根据每个幼儿的智能优势和智能弱势选择最适合幼儿个体的教学方法。因此,托班课程应以幼儿生活为基本内容,根据不同幼儿的特点,集中发展幼儿的多元智能,促进幼儿的全面和谐发展。

### 四、认知发展阶段理论

皮亚杰认为,个体从出生到成熟的发展过程中,认知结构在与环境的相互作用中不断重构,从而表现出具有不同性质的几个阶段。他把儿童的心理发展划分为四个阶段,每个阶段都具有独特的典型特征,并且各阶段的发展次序是固定的,前一阶段与后一阶段之间具有连续性,前一阶段是后一阶段的前提,也是后一阶段的量的积累过程,先前的认知结构包含并融合在后续的认知结构之中。

阶段1:感知运动阶段(0—2岁)。这一阶段以动作行为为特征,通过动作形成图式。儿童尚不能在头脑中再现事件,而是需要依赖于感觉和动作的协调、物体恒存性认识的发展对目的和手段的区分能力以及对物体空间关系的理解等来认识环境。

阶段2:前运算阶段(2—7岁)。语言和其他的表征形式在这一阶段得到发展,尽管此时儿童的思维尚不具有逻辑性。但儿童具备内在的心理表征能力,也就是说,即使物体不实际出现,儿童依然可以想象到这些物体,是该阶段的主要成就。该阶段儿童的世界观是以自我为中心的,即从自己的视角来观察世界。伴随着认知的发展,早期的分类、排序和角色扮演活动开始了,这些活动进一步促进了儿童认知能力的发展。

阶段3:具体运算阶段(7—11岁)。该阶段的儿童已经将一些实际的任务或运算内化,不再仅仅依赖于可见的事物进行认知,而是能够运用逻辑思维解决问题。这个阶段的儿童能够进行群集运算,也开始运用守恒概念。

阶段4:形式运算阶段(11—15岁)。这一阶段的特征是,儿童开始具备用于解决自然问题以及社会和道德问题的复杂抽象的思维和逻辑推理能力。

基于这一理论,皮亚杰特别强调在儿童智力培养中的适时教育原则,认为对儿童的教养需要遵循儿童身心发展的规律,在适当的时期,为儿童提供适当的教育。他还强调主客体相互作用论,认为儿童必须直接作用于客体,通过自身的同化与顺应建构对外部世界的认知。皮亚杰非常重视儿童的经验获得和主动学习,强调儿童是学习的主体。因此,教师和教养人应为婴幼儿提供可探索的环境,给予婴幼儿时间与空间,让其进行充分的探索,运用多感官认识世界,培养和发展儿童的语言能力、象征能力、分类能力、时空思维等。此外,认知发展阶段理论提示教师和教养人,儿童思维发展具有阶段性,思维的发展水平决定了儿童的学习水平,各个阶段依次经历,不可逾越,但是阶段与阶段之间的转化速度存在个体差异。因此教师与教养人应尊重每个婴幼儿的发展节奏,针对其发展的阶段与水平因材施教,切忌盲目攀比。

## 五、社会生态系统理论

美国俄裔心理学家尤里·布朗芬布伦纳提出了个体发展的生态系统模型,他认为,个体自出生起就生活在一个由不同维度层次所组成的动态环境之中,这一环境体系包括:微观系统、中观系统、外部系统和宏观系统。

微观系统是那些直接与发展个体接触的环境系统,对婴幼儿来说,主要是家庭和托育机构,特别是家庭。在家庭里,父母、祖辈与婴幼儿的互动不仅是婴幼儿生活中的主要活动,也是其社会角色形成与社会关系网构建的基础。家庭是婴幼儿时期的主要生存环境。所以,微观系统是对婴幼儿发展影响最深刻的一个环境系统。中观系统强调的是发展个体直接参与的环境间的相互作用,如家庭与托育机构之间的关系。这一系统更多是一种关系环境,但它对婴幼儿的影响也很大。这一关系环境的稳定会在很大程度上加强机构与家庭的合作,使机构的作用也得到充分发挥,最后落实到微观系统中。外部系统间接影响婴幼儿的发展,如父母的工作单位、经济地位等环境与婴幼儿没有直接互动,表面看来并不影响婴幼儿发展,其实不然,它们同样会通过微观系统的各个媒介作用于婴幼儿。宏观系统是从社会文化、经济和政治层面影响婴幼儿的发展的。宏观系统也是通过微观系统来和婴幼儿产生交互作用的。

儿童既是环境的产物,也是生产者。社会生态系统理论以系统的视角更全面地解释了环境因素对人的发展的影响,对幼儿来说,他们所处的生长环境和社会文化环境形塑了其发展路径。

# 第二节　托班课程设计原则

在设计托班课程时,全面、准确地把握并遵循托班课程设计原则,是使幼儿对托班课程产生兴趣、愿意参与课程活动的一个重要前提。托班课程设计应遵循生活性、游戏性、多样性、差异性、发展性原则。

## 一、生活性原则

著名教育学家陶行知指出,幼儿的课程包括全部的生活,一切课程都是生活,一切生活都是课程。托班保教工作应关注幼儿的现实生活、提供积极的生活体验、发展幼儿的生活能力,因为保教即生活,生活即课程。托班幼儿的发展是在真实的生活环境中实现的。真实的生活环境中有可供幼儿操作和探究的事物,幼儿能在操作和探究的过程中,建构对外部世界的认识,形成关于事物和现象的概念。

托班教育对内容的选择、环境的布置等都应该来源于幼儿的生活。对于托班幼儿而言,生活既是他们的学习内容,也是实现教育目标的重要方式和手段。教育者是在与托班幼儿共同生活的过程中,通过对其生活和其他活动提供帮助和支持来实现教育的。托班教育的过程就是教师在日常生活中引导幼儿学习解决生活中的各种问题,并帮助幼儿适应托育园集体生活的过程。因此,托班教育是在生活中进行的,教育的方法也来源于生活。在托班教育中,成人的作用就是努力理解并满足幼儿的需要,积极与幼儿进行多感官的交流,为幼儿创设真实的生活环境、提供活动材料和教育内容,鼓励幼儿去交往、探究和体验。

## 二、游戏性原则

游戏是幼儿最基本的活动形式,是幼儿生活经验的反映,是在托育机构里开展频率最高的活动。幼儿会把广泛的生活内容反映在游戏活动之中,也会把丰富的学习内容反映在游戏之中。他们往往是在游戏过程中实现身心健康与和谐发展,并从中习得一些知识或技能。

在托班教育中,教师应鼓励幼儿参与多种游戏,在游戏中再现生活场景,为幼儿运用所学知识及能力提供机会和条件。教师要善于发现幼儿感兴趣的事物和偶发事件中所隐含的教育价值,帮助幼儿不断得到发展。教师在设计托班课程、实施课程时需要借助一定的游戏或情境,提高幼儿注意力的持久性,唤起和调动他们的相关经验和感受,引导他们在游戏的假想情境中积极交往、活跃想象、主动表达……,最终达到在玩中学的目的。

## 三、多样性原则

托班课程设计与实施需要将集体活动、小组活动和个别活动有机结合起来。设计和组织多种层次、多种形式的课程活动,让幼儿可以根据自身的兴趣爱好选择合适的活动的内容与方式。教师还应当考虑幼儿的年龄特点和经验水平,选用适当的形式和方法,循序渐进,逐步提高,使课程活动开展得有声有色,不流于形式,从而使幼儿的综合能力真正得到提高。

## 四、差异性原则

多元智能理论强调:就个体而言,完整发展不等于各方面均衡发展或匀速发展,不同的幼儿有不同的发展优势和发展特点。同一名幼儿在不同的发展领域,发展情况不同,在同一发展领域的不同发展阶段,发展情况也不同。教师要尊重幼儿在身体发育、认知、语言、情感与社会性等方面的个体差异,了解幼儿的特点和家庭教养方式,在观察和深入了解幼儿的基础上,设计托班课程,开展有针对性的课程活动,促进幼儿富有个性地发展。

## 五、发展性原则

0—3岁不仅是生命早期的开端,更是奠定人一生发展基础的关键阶段。在这一发展过程中,每一阶段都在前一个阶段的基础上发展。教师要关注幼儿发展的持续性、潜在性和未来的延续性,注重幼儿潜能的开发过程。同时,教师应认识到,幼儿现有的经验不仅仅体现着当前的发展状况,还体现着过去经验的积累和未来能力发展的趋势与方向。基于此,教师应从实际情况出发,选择适宜的课程内容,帮助幼儿获得有益于身心发展的早期经验,为其一生的发展打好基础。

# 第三节　托班课程实施途径

课程实施作为教育活动的核心环节,也是托育机构保教工作的重要部分。如何有效地实施课程,是当下托班教师普遍面临的难题。教师掌握科学、有效的课程实施途径,是提高托班保教质量和效率的关键。

## 一、深化教养融合

在生命早期,幼儿情感需求的满足和发展是其他领域发展的基础。托班课程应强调以养为主,深化教养融合,努力探索保中有教、教中重保、教养合一的照护策略。教师应给予幼儿充分的尊重、科学的爱,施以回应性照护,给幼儿以温暖安全的感觉,营造充满温暖与爱的教养环境,帮助幼儿形成安全型依恋关系,促进托班幼儿生理与心理的和谐发展。

## 二、顺应发展,聚焦生活

0—3岁幼儿的学习与发展主要基于自身生理条件和已有发展水平,他们有自己的学习方式。在生活和游戏中,他们会自发地使用各种感官、多种动作和语言来探索周围的世界,通过不断重复的行为强化从环境中获得的能力,从而实现新的发展。因此,我们可以在课程中融入与节日、节气等相关的活动内容,引导幼儿关注身边的各种现象,并与之互动,让幼儿在与丰富多样的环境的互动中拓宽视野,并了解当地的民俗文化。

## 三、丰富幼儿感官体验

在婴幼儿的早期认知活动中,感知觉占据主导地位,它是幼儿探索世界、认识自我的第一途径,而兴趣是影响和控制幼儿认知活动的重要因素。美国教育学者丽莲·凯兹认为兴趣是儿童在没有预期奖赏的情形下，愿意从事某种活动或追求某个目标的气质。因此，我们追随、捕捉婴幼儿兴趣，作为托班课程设计的生长点，积极挖掘幼儿兴趣内含的教育价值，形成了一系列以幼儿兴趣为中心的创生课程。如在玩水游戏中，水独特的触感、声音和流动性等，给幼儿带来了丰富的感官刺激，这种新奇的体验让幼儿着迷，这种自主操作的感觉让幼儿感到满足和快乐。我们可以以五感体验为切入点，让时间慢下来，让探索完整起来，让幼儿沉浸在感官与自然建立联系的体验中，让他们的多个感官共同参与活动，帮助幼儿积累丰富的感官经验，促进其对事物的认知。

## 四、洞察幼儿个体差异

幼儿的神经系统一般发展快速，每个孩子都有独特的天性，无法用统一的发展标准去比较、衡量。教师需要观察、理解他们的表现，接纳、顺应他们的发展节奏，使课程内容设计多元化，提供丰富的自然体验主题和活动内容、不同的自然元素和场景，让不同发展水平的幼儿找到自己感兴趣的活动；提供多样化材料，灵活调整活动空间和时间安排，满足幼儿不同的发展和兴趣需求。幼儿年龄越小，自然发展的差异越明显，越需要得到个别化的教养。幼儿的活动无论在时间、内容还是方式上都应富有弹性，这种弹性不是指否定秩序，而是指改变以往"整齐划一、按部就班"的做法，是一种建立在秩序之上的尊重和满足个体差异需求的弹性，灵活多样化的活动方式更有助于教师充分观察幼儿，及时回应幼儿，从而让师幼互动更高效，尽最大可能地满足幼儿的不同需求。

## 五、家园社协同育人

家长是托班课程建设的重要支持者和参与者。在开展课程的过程中，我们积极与家长保持沟通和合作，通过多种方式引导家长参与到孩子的自然体验学习中。例如，定期组织亲子自然体验活动，让家长与孩子一同走进自然，在自然中增进亲子关系，同时，也让家长学习如何在日常生活中更好地引导孩子进行五感探索。通过家园合作，我们和家长共同为幼儿创造了丰富的自然体验机会，增强了幼儿对自然的热爱和保护意识。家庭和幼儿园可以充分利用社区的自然环境资源，如公园、步道等，开展户外自然体验课程，加强与社区服务中心的联系，实现资源共享，为孩子们提供更加丰富的自然体验活动。家园社紧密合作，是为幼儿提供良好托育服务的关键，我们相信，只有给予幼儿充分的自由，让他们在自然中尽情体验，才能让他们从自由的生活中获得真正的教育，开启充满无限可能的成长之旅。

# 第四节　五感自然体验课程思与行

大自然是幼儿最好的游戏场所,他们可以在其中自由探索、发现和学习。德国教育家福禄贝尔主张幼儿园应该有自然的户外环境,让幼儿能够与大自然亲密接触,加强幼儿与大自然的联系。

与过去相比,今天的许多幼儿缺乏通过自身的感官和身体接触自然的机会。社会环境和自然环境的改变,使幼儿自然游戏的机会受到越来越多的限制。置身于日益城市化的生活环境和快速发展的现代媒介技术浪潮之中,面对逐渐室内化与电子化的童年游戏生态环境,支持幼儿走向自然、拥抱自然、体验自然、释放个性、锻炼身心,不仅是现代托育实践体系的一种积极构建,更是对幼儿心灵与游戏天性的回归。

基于此,我们建构了托班五感自然体验课程,借由五感自然体验来唤醒幼儿对生活细微之美的探索意识,让幼儿在自然中丰富感官的多元体验,自由成长。

## 一、课程建设基础

### (一)课程建设的园所基础

人生百年,立于幼学;百年大业,托育为基。习近平总书记强调:"人口发展是关系中华民族伟大复兴的大事,必须着力提高人口整体素质,以人口高质量发展支撑中国式现代化。"将学前教育服务向下延伸,是为了更好地实现现代化强国向下扎根的教育先行工程目标。在生育成本过大,托育服务缺乏的当下,支持幼儿园服务下沉,将普及普惠教育体系向下延伸,既是对"婴有所托""幼有所育"的民生需求的回应,也是从长远上化解"不想生、不敢生"问题的源头治理策略之一。2019 年,国务院办公厅印发《关于促进 3 岁以下婴幼儿照护服务发展的指导意见》,为托育行业的发展指明了方向。随后,国家卫生健康委员会又制定了《托育机构设置标准(试行)》和《托育机构管理规范(试行)》,从设置到管理为托育机构提供了具体标准和规范。

在国家政策的引领以及地方政府的支持与鼓励下,2022 年 5 月,重庆市万州区鸡公岭幼儿园教育集团回应地方幼儿托育服务需求,紧扣幼儿发展脉搏,由鸡公岭幼儿园教育集团领办的鸡公岭玉龙幼儿园率先在渝东北片区迈出了公办托育的重要一步,成为该片区第一所公办托育一体园,创建了地方有序衔接的"托育一体化"服务体系,并探索出了"托育一体化"的办园路径。到了 2023 年,依托重庆幼儿师范高等专科学校,重庆市首个托育工作室——谭祥珍名园长工作室成立,该工作室组建了涵盖儿童医学、健康养育、早期教育等领域的专家团队,与30余所公办、民办托育园所和研究机构协同开展研究工作,在园所发展、师资培养、标准建设等方面起到了示范、引领与辐射作用。

鸡公岭玉龙幼儿园基于幼儿发展的需要,将自然情境作为空间元素,构建了"三五八"课程资源,因地制宜地规划了园内外三场域自然游戏空间;通过视、听、触、味、嗅五感经验的积累,开发了五感自然体验课程;创设了自然运动、自然感官、自然科探、自然艺创、自然建构、自然生活、自然百草、自然阅读等八大游戏区,致力促进每一个孩子自然、自信、自在、自主地成长。经过两年的持续探索,鸡公岭玉龙幼儿园已成为万州区首批示范托育机构和五星级托育机构,以开放的姿态、卓越的品质发挥引领作用。

### (二)课程建设的前期调研

#### 1.上下思维:"显"传统观念

医养融合发展欠"顺"。在"医"的层面,对幼儿在户外自然游戏中可能面临的健康风险的评估不够准确。如当幼儿出现身体不适或其他突发状况时,应急联动机制不完善,缺乏专业的医疗指导,难以保障研究的安全推进,从而限制了研究的深入开展。在"养"的层面,保育活动与户外自然游戏结合不够紧密,难以从养育照护的角度为研究提供有力支持。如不能很好地根据幼儿个体差异(幼儿在户外自然游戏中的营养需求、体力消耗等。)对保育活动进行科学调整,影响了研究的全面性和准确性。在"教"的层面,对户外自然游戏的教育价值和拓展形式挖掘不足,缺乏有效的教育策略来支持幼儿在游戏中获得更多的经验,从而使研究难以在教育成效上有更深入的分析和探讨。

托育保教理念欠"精"。当前家庭托育需求持续增长,出现部分幼儿教师向托育领域流动的态势,而托育一体化教师的相关培训与支持体系未能同步完善,导致转岗的幼儿教师无法系统地为幼儿提供大量自由探索的机会、丰富的感官体验以及细腻的情感呵护。在环境的营造方面,教师也难以充分考虑到安全性、适宜性以及丰富多样性等更高层面的需求,无法构建足够温馨且能有效激发幼儿主动参与意愿的环境氛围。

管理部门联动欠"密"。基于职能划分和资源优势,幼儿园段和托育段与上级管理部门在管理方式和要求上存在差异,而双方缺乏有效的沟通和协调机制,导致管理衔接不畅。在实际工作中,托育一体、托育机构的规划布局、标准制定、监督管理等方面需要多部门协同推进,实现资源共享和优势互补,促进托育服务质量提升。

#### 2.纵横比较:"显"空间局限

内"重"外"轻"。从横向看,在部分发达国家,托育机构注重打造丰富多样、富有教育意义的户外空间,有专门的游乐设施、自然景观、活动场地等,以满足幼儿探索自然、发展体能和社交能力的需求。从纵向看,我国部分托育机构受到传统观念的影响,认为:室内空间相对封闭,更容易营造出特定的教育氛围和主题场景,能更好地辅助教学活动的开展;相比户外,室内环境更容易掌控和管理,在安全性、秩序性等方面相对更好把握;在资源分配方面,在室内环境创设上投入更多资源,能更直接地提升托育服务的质量和形象;目前我们对室内环境创设的经验和模式较为熟悉,而对户外环境创设的认识和探索还不够全面深入。

受土地资源紧张、经济成本较高或是规划理念有待提升等因素的影响,一些托育机构的空间布局和资源分配不合理,幼儿发展空间受限,大大削减了幼儿与大自然充分接触的机会。

内"实"外"虚"。对幼儿发展空间适宜性的专业研究和实践经验的不足,导致户外环境具体的设计和建设缺乏科学依据和有效指导。在顶层规划上,缺乏科学系统规划的户外自然环境,对自然元素的融入较为随意,无法为幼儿提供丰富多样且具有教育意义的自然体验。在空间利用上,缺乏合理性与前瞻性,无法充分发挥户外自然环境对幼儿成长的积极作用。在安全保障规划上,未能有效消除潜在的风险隐患,对幼儿户外活动的安全造成一定威胁。

### 3.多维调研:"显"游戏短板

幼儿教育家陈鹤琴先生指出,大多数小孩子都喜欢野外生活,到门外去就欢喜,终日在家里就不十分高兴。这体现了幼儿喜欢户外游戏的天性。基于当下园所空间的限制,幼儿缺乏足够的机会去亲近自然、感受阳光和微风,错失了许多直接观察自然现象、了解动植物的机会,阻断了幼儿感受四季的变化、土地的质感、花草的芬芳,在自然中自由玩耍、尽情释放天性的美好体验。遵循对幼儿身心发展和全面成长的价值诉求,我们需要高度重视并积极寻求改善的方法。

我们应以儿童发展心理学为指导,深入剖析幼儿在认知发展、情绪情感、动作技能等方面所呈现的具体特征和阶段表现,精准规划高适配性园区的自然环境,包括园区自然元素的选取与布局、设施的配备等,同时构建与之相适应的互动模式,如探索活动的设计、互动引导的策略等,充分满足幼儿在成长过程中的多元化需求,从而构筑具有系统性与进阶性、融合多元教育要素的五感自然体验课程体系。

基于以上调研,我园明确课程方向,创生了五感自然体验课程。该课程利用五感唤醒幼儿对生活的兴趣、自然之美的体验,让幼儿在自然中丰富感官体验,实现多元、全面的发展。

## 二、课程建设的实践路径

### (一)重识现实:基于政策要求与幼儿发展规律

《关于促进3岁以下婴幼儿照护服务发展的指导意见》强调,要遵循婴幼儿身心发展规律,关注个体差异,制定科学的保育教育课程,促进每个婴幼儿在身体发育、动作、语言、认知、情感与社会性等方面的全面和谐发展。这为我园开展五感自然体验课程提供了宏观的政策引导。五感自然体验课程正是通过多种感官的刺激和体验,促进幼儿在多个方面的发展,符合了这一政策对课程科学性和全面性的要求。

在建构五感自然体验课程的过程中,我们紧密围绕《关于促进3岁以下婴幼儿照护服务发展的指导意见》的精神与要求,积极探索符合幼儿身心发展规律的照护模式,秉持陶行知先生"要解放孩子的头脑、双手、脚、空间、时间,使他们充分得到自由的生活,从自由的生活中得到真正的教育"这一理念,为课程提供了坚实的基础。

在课程的开展过程中,我们积极与家长保持沟通与合作,通过多种方式引导家长参与到孩子的自然体验学习中。例如,定期组织亲子自然体验活动,让家长与孩子一同走进自然,在自然中增进亲子关系,同时,也让家长学会如何在日常生活中更好地引导孩子进行五感探索。在社区资源利用方面,我们响应指导意见中加大对社区婴幼儿照护服务支持力度的要求,积极与社区合作,充分利用陈家坝社区的自然环境资源,如公园、步道等,开展户外自然体验课程。同时,加强与社区服务中心及江城一品小区的联系,实现资源共享,为孩子们提供更加丰富的自然体验活动。总之,我们要通过与社区的紧密合作,为各类家庭创造一个良好的托育服务环境。

### (二)重塑观念:打破固化陈旧的游戏理念

一是通过邀请自然教育专家入园举办培训、举办专题讲座以及建立体验式工作坊等方式,让教师将户外环境作为重要课堂,将户外的"玩"视作重要的"学";二是让教师通过主题式、案例式教研,实地参访等方式,学习在自然环境中开展活动的技巧,以及保护和改善自然环境的知识,形成对生长、自然循环、生态的正确理解;三是通过参与园内外自然环境的生态式研学活动和户外游戏等方式,深入理解幼儿成长经验和学习之间的关系。教师的角色从以前游戏的旁观者、安全的管理者转变成为游戏的积极参与者、学习与发展的户外资源的共构者。

### (三)重塑空间:打造三场域自然游戏空间

大自然是幼儿最好的游戏场所,他们可以在大自然中自由探索、发现和学习。德国教育家弗里德里希·福禄贝尔主张幼儿园应该有一个自然的户外环境,让幼儿能够与自然亲密接触,强调了幼儿与自然的联系。与过去相比,当今的许多幼儿缺乏自身感官体验自然的机会,社会环境和自然环境的改变,导致幼儿在户外的自然游戏受到越来越多的限制。我们应支持幼儿走向自然、拥抱自然、体验自然、释放个性、锻炼身心,这不仅是现代托育教育实践的一种积极尝试,也是一种让幼儿心灵回归游戏天性的途径。

基于幼儿园户外游戏空间对幼儿发展的重要性,我们以"自然情境"作为链接自然的空间元素,持续探索最适宜幼儿成长的自然教育体系,围绕"情感为先、能力为核、认知为基"的核心经验,因地制宜地开发出园内外三场域自然游戏空间,形成了"生活+探究+运动"三位一体的园内浸润式自然空间。

**1.园内资源"活创设"**

一是调整园区植被、地面、地形。首先,根据四季变化,春季种植月季花、迎春花、绣球花、桃花等;夏季种植栀子花、茉莉花、薄荷等;秋季种植桂花、红叶石楠等;冬季种植木芙蓉等。其次,将绿化带移植调整成"六质"地面:土质、沙质、沙土混合质、木质、草质、鹅卵石质的地面,不同的地面材质为幼儿创造不同的感官体验,使幼儿在更全面地感受自然、探索自然的过程中自然成长。最后,改造塑胶运动场,创设山洞、溪沟、隧道、拱门、石头墙、树屋等各种自然空间形态。通过以上对园区植被、地面和地形的调整,能让幼儿在自然环境中充分释放天性。

二是资源与领域融合,将自然环境与艺术、科学等不同领域紧密结合。例如:主题活动"秋天的100种游戏",充分运用园内秋天的树、花、果等自然资源进行游戏,从多领域、多视角丰富幼儿的自然体验与学习经验。

三是调动家长资源,建设两维家长资源行动联盟:一维是托育机构核心小组带领家委会成员,通过培训、研讨等方式建立适合幼儿发展的共享资源库,另一维是家委会成员带动幼儿园所有家长,通过成立结伴互助小组的方式,共同收集、整理、分类和管理资源,从而建立起自然资源库。

**2.社区资源"共联结"**

托育机构可根据幼儿自然游戏的需要与社区共联共建,科学规划社区资源,共同开发鸡公岭玉龙幼儿园独特的自然游戏场地。例如:利用小区内的草坪、梯步、小径、花草树木等资源,规划出适合幼儿发展的运动、探究、社交等游戏区,通过图式、同化、顺应的探究式学习,促进幼儿身、心、脑的自然和谐发展。

**3.区域资源"深融合"**

为了拓展幼儿学习广度,我们充分挖掘区域内自然、社会资源,搜索了本区域内距离托育机构1 km、3 km、5 km、10 km、20 km、40 km内有价值的地图圈层,与各资源方建立合作共识，开发出了步行一江（长江）、车行两河（密溪沟12km、苎溪河7.6km）、畅行三馆（三峡移民纪念馆3.5km、万州体育场5.1km、万县"九五"惨案纪念馆12km）、骑行四园（万州区南滨公园2.1km、江南新区南山公园1.9km、万州区翠屏山公园1.4km、万州区樱花渡体育公园3.4km）、同行五基地（万州区公安局警犬基地11km、重庆三峡学院美术学院9.5km、重庆三峡职业学院8.6km、万州区江南消防救援站0.7km、万州区同鑫现代农业甘宁园38km）等户外自然活动，让幼儿在真实的情境中丰富感知经验、拓展认知边界，建立对地方文化、自然生态的情感连接。

### （四）重塑游戏：创设八大自然游戏区

#### 1. 自然运动游戏区

自然运动游戏区分别打造了：大肌肉运动区，如跑、跳、追、躲、爬、挖、滚、扔、骑行、推拉、摇摆等运动区；前庭觉运动区，如滑行、跳跃、旋转、荡秋千等运动区；本体觉运动区，如腹部着地爬行、伸展、悬吊等运动区。在运动过程中，幼儿通过视觉判断距离、方向，观察周围环境；通过听觉接收运动时产生的各种声音；通过触觉感知地面、器材等的不同材质，强化本体觉感受，全方位刺激五感；通过动作来探索和认知世界。这些自然运动游戏区为幼儿大脑和身体的发展注入活力，也为他们的思维发展提供丰富的"食粮"。

#### 2. 自然感官游戏区

自然感官游戏区创设了光影、追视、配对、感光瓶等视觉游戏；创设了音乐节奏、风铃、石头相撞的声音等听觉游戏；创设了神秘触觉袋、竹子、木棍、麻绳等触觉区。这些游戏区可让幼儿通过感官获取信息并构建认知，支持幼儿在游戏中锻炼视觉追踪和辨别能力，提升专注力和观察力，提升听力敏锐度、对声音的辨别和节奏把握能力，这有助于幼儿语言能力的发展；通过针对性地刺激和强化视觉、听觉、触觉这三种感官，让幼儿对周围世界的感知更加敏锐和丰富，为幼儿各项能力的发展奠定基础。

#### 3. 自然科探区

研究表明，儿童游戏的人均空间密度为2.32—7 m²最为适宜。我园设立了多个独立、安静的空间和互动探究的区域，例如：镜子探秘区、沙水泥探索区、丰富感官区、自然观察区，支持幼儿在自然的，具有趣味性、变化性的互动环境中全方位调动五感。幼儿在探索过程中，通过视觉观察物体的形态、颜色、变化；通过听觉接收探索过程中的声音，如水流声、沙子的摩擦声；通过触觉感受物体的质地、温度；通过嗅觉感知泥土、植物等的气味。幼儿可以通过师幼、幼幼及自主探索，主动构建成长经验。

#### 4. 自然艺创区

自然艺创区通过创设有准备的环境与可创造的场景，投放动物类、植物类资源等，充分激发幼儿游戏的热情。园区投放的不同形状、质地、颜色的材料，也为他们提供了不同的感受和体验。在拼贴与拼插、拓印与喷画等艺术创作活动以及材料灵活组合运用中,幼儿得以自由地探索与想象。这不仅激发了他们的创造力、想象力和审美力,还锻炼了他们的手部精细动作与色彩感知搭配能力。同时,以视觉欣赏材料与作品,以触觉感受材料质地,以嗅觉感知自然气味,多感官的融合丰富了幼儿的艺术体验,促进了幼儿的艺术表达。

### 5. 自然建构区

我们通过在开放式建构游戏中提供废旧与自然材料,以及在主题式建构游戏中提供积木、积塑等材料,支持幼儿共同搭建并尝试多种搭建方法。幼儿通过视觉观察材料的形状、搭建结构,通过触觉感受建构材料的质地,在搬运、搭建的过程中强化本体觉感受。同时,搭建过程中的积木碰撞声等声音能刺激幼儿的听觉,多感官的协作进一步丰富了游戏经验,满足了幼儿认知发展中对物体结构和关系的探索需求。

### 6. 自然生活区

皮亚杰强调儿童在互动中发展认知。园内创设了贴近幼儿日常生活的环境,提供了围裙、厨师帽、锅碗等多种工具,支持幼儿动手操作、自主探索。这样的条件帮助他们在象征、假装、想象游戏中再现生活中的人、事、物,重构他们的生活经验。同时还能培养幼儿的生活自理与实践操作能力,帮助他们提升社会认知能力,理解生活中的基本事务和规则。

### 7. 自然百草区

我们重视环境对幼儿的作用,希望让幼儿在亲近自然的过程中更好地理解自然事物。园内的百草工具屋提供了用于挖土、浇水、切割、播种及收获等的工具;幼儿在百草种植区能体验挖土、松土和埋土的劳动乐趣;在百草观赏区能感受植物、土壤、水的自然关系。这都让幼儿能更好地亲近自然、理解自然,从而培养其对自然的观察力、探索精神和对植物的认知能力,同时提升他们的责任感和耐心。

### 8. 自然阅读区

自然阅读区能呈现出相对独立和安静的阅读氛围。我们创设立体故事区,带领幼儿即刻走进书中的有趣世界;创设"猜一猜""找一找"区,链接幼儿与无声图书的有声互动;设立环境美好的阅读区,在融合的自然环境中为幼儿提供更多样的阅读体验、更丰富的表达素材,让他们获得更愉快的阅读感受。幼儿通过眼睛看绘本,通过耳朵听故事,通过身体触摸立体绘本,感受图书材质,在自然环境中,鼻子能闻到花草香气。这种全方位的沉浸式阅读氛围,让幼儿在与自然融合的环境中更积极地投入阅读之中,这也契合了幼儿主动构建认知的规律。

### (五)重塑路径:凝练"123456"的实施路径

我园已凝练出"123456"五感自然体验课程实施路径,即1个基本点、2条逻辑线、3张地图、4维互动、5条通道、6个支持。

把握"1个基本点"。

一日活动与自然环境紧密结合,以游戏为基本活动点,充分利用园内、社区等的自然元素,让幼儿在游戏中尽情与自然互动。

理清"2条逻辑线"。

以0—3岁幼儿身心发展特点为逻辑明线,以幼儿养育照护为逻辑暗线,循序渐进地引导幼儿适应集体生活,并养成良好的行为习惯,让幼儿感受安全与信任,从而积极生活,快乐学习。明线与暗线共同支撑着课程体系的稳定运行。

绘制"3张地图"。

鸡公岭玉龙幼儿园户外自然游戏场地规划地图、鸡公岭玉龙幼儿园课程环境资源地图(如图1)、儿童成长地图。

推进"4维互动"。

1维:幼儿与环境、材料、资源的互动。

2维:幼儿与教师、家长、同伴、重要的其他人的互动。

3维:幼儿自我互动。

4维:幼儿与经验的互动。

连接"5条通道"。

通道1:在从资源开发到课程审议的全过程中,联动区教师进修学院、重庆幼儿师专儿童早期发展学院课程团队,开展课程审议。

通道2:顶层设计课程资源及游戏材料。

通道3:以五感自然体验课程为指引,开展家幼园系列的生活、运动、游戏、亲子、小组等活动。

通道4:涵盖多元互动体验,如师幼互动、幼儿与材料互动、幼幼互动等多层交互关系。

通道5:幼儿在与环境、人、事物的多层互动中将获得的点滴经验紧密连接起来,从而促进自身多元能力的发展。

搭建"6个支持"。

时间支持:大块时间保障游戏的开展,从时间层面出发,调整了春、夏、秋、冬四个季节的作息时间,以更好地适应不同季节的特点。在游戏安排上,注重融入与季节相关的主题。

图 1　鸡公岭玉龙幼儿园课程环境资源地图

空间支持：创设8大场景，探索、规划了社区资源；同时还开发了一江、两河、三馆、四园、五基地等丰富的课程资源。

环境支持：顶层3步规划，包括地面、地形和游戏场地的设计；对6种不同质地的地面——土质、沙质、沙土混合质、木质、草质、鹅卵石质，进行了调整和优化；并精心打造了4D环境，包括开阔区、遮挡区、固定装置区和移动装置区。

教研支持：围绕游戏材料，我们开展关键五要素教研活动，包括材料在不同区域的灵活性研究、材料以不同方式被重复使用的适应性研究、材料如何支持幼儿能力发展的研究、材料的可用性研究，以及材料的耐用性研究。通过这些研究，教师能够收集到更具开放性与持续性的优质材料。

评价支持：我们借用回应性照护评估量表，从"促进认知与情感发展""回应性"和"尊重自主性"这三个维度对幼儿给予情感支持。

制度支持：制定游戏材料管理制度、游戏材料更新制度、户外环境维护与管理办法，以及教师户外游戏指导指南。这些制度旨在确保幼儿在自然、自主、积极、安全的游戏环境中自由探索与成长。

# 第二章

# 托班五感自然体验课程实践

## 9月

# 玉龙园的小花生

玉龙园的小花生

我和花生玩游戏（1）
- 种花生 大米里找花生 小松鼠找花生 捡花生
- 拉粑粑
- 花生你从哪里来 剥花生 和爸爸一起变花生 我种了一块花生地

我和花生玩游戏（2）
- 花生牛轧糖 土地里的花生
- 我会剥花生 花生铃铛 水培花生
- 我会洗手

当中秋遇上国庆
- 小兔花生 花生灯笼 月亮的味道 中秋小兔子
- 送你一面小国旗
- 彩虹伞 挂彩灯 滚球球 追气球
- 我会用勺子

入园适应周
- 嗨！你好
- 我和娃娃一起玩 摘果果 拉个圆圈走走 猜猜是什么 毛毛虫穿花衣
- 认识标识

图例：
- 表示发展课程；
- 表示生活指导；
- 表示游戏活动；
- 表示户外活动；
- 表示社会实践；
- 表示家庭指导。

23

## 发展任务

可爱的托班宝宝们刚刚踏入幼儿园,教师要积极关注宝宝的情绪状态,建立温暖的适应性情感链接,创造温馨和有趣的环境。借力户外的自然互动空间,借助春种秋收的花生,帮助宝宝消除在新环境的陌生与不安。通过丰富感官体验,让宝宝在多样的游戏活动和有序的幼儿园生活中,与教师建立稳定和谐的师幼关系。

**9月活动视频**

1.让幼儿用多种感觉器官感知花生的外形特征,如颜色、形状、大小等。

2.让幼儿愿意和其他小朋友一起参与花生的多样游戏,建立对幼儿园的归属感。

3.让幼儿能够主动表达自己的需求,锻炼手部的精细动作。

## 环境规划

### 一、空间与规划

创设"花生奇妙屋":摆放各种花生实物,如带壳花生、去壳花生、不同品种的花生等。旁边放置放大镜,方便幼儿观察花生的细节特征。设置一个小型的展示台,展示幼儿用花生制作的手工作品,如花生壳小摆件、花生粘贴画等。

开辟"花生乐园":设置一些与花生相关的游戏设施,如花生形状的平衡木、花生壳隧道等,让幼儿在游戏中锻炼身体协调能力。

布置自然探索区:放置一些装有花生的透明容器,让幼儿观察花生在不同环境下的变化,如浸泡在水中的花生、放在阳光下的花生等。同时,提供一些简单的工具,如小铲子、小耙子等,让幼儿可以进行简单的土壤探索。

设置沙水区:在沙水区中投放一些花生壳,让幼儿可以在玩沙、玩水的过程中,利用花生壳进行创意搭建和游戏,如搭建花生城堡、制作花生水车等。

### 二、氛围与关系

教师要与幼儿建立良好的互动关系,观察每个幼儿的兴趣和需求,给予他们充分的支持和鼓励。在与花生相关的活动中,教师可以以游戏伙伴的身份参与其中,与幼儿一起探索,一起玩耍,分享彼此的发现和快乐。

### 三、可能的资源

社会资源:可以结合当地资源,组织幼儿参观花生加工的全过程,如花生的筛选、烘焙、压榨等环节。让幼儿了解花生是如何变成各种美味的食品的,加深他们对花生的认识。

家长资源:邀请家长参与幼儿园的活动,如亲子水培、土培花生,家长可以在家中与宝宝一起观察花生的生长过程,分享种植的经验和乐趣。

## 课程计划

| 生活指导 | 发展课程 | 游戏活动 | 户外活动 | 社会实践 | 家庭指导 |
|---|---|---|---|---|---|
| 认识标识<br>拉粑粑<br>我会洗手<br>我会用勺子 | 我和娃娃一起玩<br>摘果果<br>拉个圆圈走走<br>猜猜是什么<br>毛毛虫穿花衣<br>花生你从哪里来<br>剥花生<br>和爸爸一起变花生<br>我种了一块花生地<br>花生牛轧糖<br>土地里的花生<br>小兔花生<br>花生灯笼<br>月亮的味道<br>中秋小兔子 | 种花生<br>大米里找花生<br>小鼹鼠找花生<br>捡花生<br>我会剥花生<br>花生铃铛<br>水培花生 | 彩虹伞<br>挂彩灯<br>滚球球<br>追气球 | 送你一面小国旗 | 嗨!你好 |

## 生活指导

---

# 认识标识

### ❊ 核心经验

1.让幼儿认识自己物品的标记,知道物品有固定的摆放位置。

2.让幼儿初步形成生活活动习惯和秩序意识。

### ❊ 指导准备

幼儿照片若干(或其他标记),将照片分别贴在毛巾架、鞋柜、杯架上。

### ❊ 指导过程

游戏一:送水杯回家。

教师带领幼儿到杯架前,引导幼儿找到贴有自己照片(或其他标记)的杯子。

引导语:贴有宝宝照片(或其他娃娃标记)的水杯格,是宝宝水杯的"家",你找到了吗?引导幼儿说:"这是我的水杯。"请幼儿拿水杯喝水,再将水杯放回原处。

游戏二:送毛巾回家。

教师带领幼儿到毛巾架前,引导幼儿找到贴有自己的照片(或其他娃娃标记)的毛巾。

引导语:贴有宝宝照片的毛巾架,是宝宝毛巾的"家",你找到了吗?引导幼儿说:"这是我的毛巾。"请幼儿拿毛巾擦手,再挂回原处。

游戏三:找一找。

1.教师念儿歌,请幼儿根据儿歌内容摸一摸相应的物品,再回到教师身边,和教师拥抱。

2.教师变换儿歌内容,继续游戏。

如说:"我的衣服有娃娃笑。"就请幼儿摸一摸自己的标记图片;说:"这是我的小记号。"就请幼儿摸一摸自己的水杯。

附儿歌:

我的××有娃娃笑,这是我的小记号。

# 拉粑粑

## ❀ 核心经验

1.让幼儿初步学习如厕的方法。

2.让幼儿懂得如厕后要洗手的卫生习惯。

## ❀ 指导准备

1.创设让宝宝感到舒服、放松的厕所环境。

2.拉粑粑绘本故事,厕所里贴上如厕步骤图。

3.幼儿根据步骤图的指示进行如厕。

## ❀ 指导过程

1.出示绘本,引导幼儿观察画面。

引导幼儿观察:画面中小熊坐在哪里？小熊手里拿的是什么？

提问:画面上有谁？它在什么地方？它在干什么？你从哪里看出来的？

2.讲述故事,引导幼儿观察理解故事内容。

(1)引导幼儿理解故事,认识班级厕所。

(2)教师引导幼儿想拉粑粑时,能主动表达。

提问:小熊肚子胀胀的,有粑粑,它应该去哪里？如果小朋友想拉粑粑应该怎么说？

3.鼓励幼儿自己上厕所,讲解并示范如厕动作。

如厕5步骤:脱裤子—坐便盆—拉粑粑—提裤子—洗手。

## ❀ 活动延伸

1.请注意观察在如厕过程中遇到困难的幼儿,及时给予帮助。

2.及时鼓励幼儿自己整理衣裤,让幼儿体验到成就感。

# 我会洗手

❀ **核心经验**

1.让幼儿初步学习洗手的方法。

2.让幼儿懂得要勤洗手、讲卫生。

❀ **指导准备**

小毛巾、洗手液等。

❀ **指导过程**

1.教师带领幼儿一起洗手,观察幼儿洗手的方法。引导幼儿伸出小手,卷起小袖子。

2.教师示范洗手的正确方法。

3.教师指导幼儿掌握洗手的正确方法。

引导语:幼儿要经常洗手,保持手部清洁,做个讲卫生的好宝宝。

❀ **活动延伸**

1.在冬天时,洗手要注意调节水温。

2.在洗手前后,提醒幼儿卷起或是放下袖子。

附儿歌:

### 洗手儿歌

手心一起搓一搓,

手背一起搓一搓,

手指交叉搓一搓,

最后清水冲一冲,

小手干净好轻松。

# 我会用勺子

❀**核心经验**

1.让幼儿学会使用勺子的方法。

2.让幼儿愿意自己用勺子吃饭。

❀**指导准备**

勺子、娃娃等。

❀**指导过程**

1.推出餐车,激起幼儿兴趣。

引导语:猜猜今天给小朋友准备了什么好吃的食物?(幼儿自由回答)

提问:你们想吃什么? 吃东西时我们需要用到什么餐具?(勺子)

2.创设"娃娃"喂食游戏情景。

教师引导幼儿尝试模仿使用勺子,教师巡视指导幼儿拿勺子的方法。

小结:小朋友们都会使用勺子了,你们的小手真能干。

附儿歌:

变把"小手枪",

拿住小勺子,

送到嘴巴里,

一起吃光光。

**发展课程**

## 我和娃娃一起玩

❀ **适宜月龄**

24—30个月。

❀ **发展领域**

社会领域。

❀ **活动目标**

1.缓解幼儿的入园焦虑,建立他们的安全感。

2.锻炼幼儿的反应能力和专注力。

❀ **活动准备**

布娃娃、仿真食物等。

❀ **活动过程**

1.谈话导入,创设情境。

引导语:宝贝们今天第一次独立上幼儿园,棒棒的。娃娃也和我们一起上幼儿园,没有哭,没有闹,我们一起夸一夸,真勇敢!

2.提出问题。

引导语:娃娃哭了怎么办?(哄一哄,抱一抱,亲一亲。)饿了怎么办?(让我们找一找食物,喂娃娃吧。)

3.出示食物,请幼儿动手喂一喂。

4.魔术变变变,教师用布把娃娃藏起来。

提问:什么不见了? 谁的娃娃不见了?

❀ **活动延伸**

请幼儿扮演爸爸和妈妈,照顾娃娃。

# 摘果果

❀ **适宜月龄**

24—30个月。

❀ **发展领域**

动作领域。

❀ **活动目标**

1.让幼儿练习向上跳跃的动作,锻炼他们手眼协调的能力。

2.让幼儿体验集体游戏的快乐。

❀ **活动准备**

透明胶带、海洋球、音乐等。

❀ **活动过程**

1.音乐导入,激发幼儿兴趣。

播放音乐作品《摘苹果》,请幼儿听一听。

引导语:秋天到了,小朋友们在果园里欢快地摘果子呢!

2.请幼儿分享自己摘水果的经历。

师:你摘的是什么水果? 和谁一起去的呢? 你摘的水果是什么颜色的?

3.教师示范摘果子的动作。

提问:小朋友们知道怎么摘果子吗?

4.幼儿自由摘果子,活动自然结束。

❀ **温馨提示**

活动结束后,教师可以把幼儿在活动中摘水果的照片打印出来,并布置在教室墙面上,供幼儿观赏。

❀ **活动延伸**

可以把幼儿带来的水果做成果盘,请幼儿一边吃,一边讲一讲摘水果时发生的趣事。

# 拉个圆圈走走

## ❀ 适宜月龄

24—30个月。

## ❀ 发展领域

动作领域。

## ❀ 活动目标

1.让幼儿愿意参加集体活动,并能与同伴一起游戏。

2.让幼儿能够跟随音乐做动作。

## ❀ 活动准备

音乐、地垫。

## ❀ 活动过程

1.提问导入,引导幼儿拉成一个圆圈。

师:我们所有人手牵手,会变成什么样子呢? 我们来试一试,瞧一瞧吧!

2.播放音乐,教师带着幼儿先做热身游戏。

热身动作:蹲下、站好、慢慢走、跑。

幼儿跟随教师指令做出相应的动作,如:蹲下、站好。

3.再次播放音乐,带领幼儿跟随音乐指令做出动作。在此过程中,带队教师应根据幼儿实际情况,进行指令频率的切换,其他教师给予适当指导。

4.组织幼儿放松身体,然后坐下休息。

## ❀ 温馨提示

在游戏中,教师应注意动作的速度与频率,照顾到不同幼儿的实际情况。围圈走时,注意防踩踏。

## ❀ 活动延伸

在幼儿日常活动中加入如"排队"等的常规引导。

# 猜猜是什么

❀ **适宜月龄**

24—30个月。

❀ **发展领域**

认知领域。

❀ **活动目标**

1.让幼儿通过对不同玩具的触摸,感知软硬程度,尝试分类。

2.让幼儿乐于参与活动,大胆表现。

❀ **活动准备**

各种不同触感的玩具。

❀ **活动过程**

1.出示大口袋,吸引幼儿兴趣。

引导语:我的大口袋里藏着什么呀?请你来摸一摸。

2.让幼儿感受玩具,说一说。

教师引导婴幼儿触摸玩具,并说一说自己的感受。

3.让幼儿尝试分类。

提问:软软的东西有哪些?硬硬的东西有哪些?

❀ **活动延伸**

请幼儿在教室里找一找,哪些玩具跟自己的玩具宝宝很像的,它们就是好朋友。

❀ **温馨提示**

请幼儿提前从家中带来他们喜欢的玩具,并进行"猜猜是什么"的游戏。

# 毛毛虫穿花衣

❀ **适宜月龄**

24—30个月。

❀ **发展领域**

动作领域。

❀ **活动目标**

1.锻炼幼儿手指的精细动作,增强手指灵活性。

2.锻炼幼儿的手眼协调能力。

❀ **活动准备**

扭扭棒、吸管、毛毛虫图片等。

❀ **活动过程**

1.情景导入,激发幼儿兴趣。

引导语:宝贝们快看,是谁来啦?

2.出示毛毛虫图片,请幼儿观察毛毛虫的外形特征。

出示扭扭棒做成的毛毛虫,引导幼儿认真观察,说一说它们是用什么做成的。

3.教师示范制作过程。

4.幼儿自己操作,教师巡回指导。

❀ **活动延伸**

幼儿在家里可以利用同样的做法进行穿小鱼等活动。

# 花生你从哪里来

## ❀ 适宜月龄

24—30个月。

## ❀ 发展领域

语言领域。

## ❀ 活动目标

1.让幼儿能够在集体面前,大胆表达自己对花生的认识。

2.让幼儿对绘本感兴趣,愿意听故事。

## ❀ 活动准备

材料准备:图片、花生等。

环境准备:室内30平方米以上的空间。

## ❀ 活动过程

1.引导幼儿观察绘本封面,激发幼儿阅读的兴趣。

师:小朋友们,今天老师给你们带来了一个很好听的故事,故事里面有一种食物,是我们吃过的,它的名字叫花生。咦,花生会发生什么事情呢?

2.教师逐图讲述,让幼儿仔细观察。

教师声情并茂地讲述故事,并可以适时随机找1—2名幼儿进行互动,模拟出看到花生、摸到花生时夸张和惊讶的表情。

3.教师通过提问,帮助幼儿回忆故事内容,并进行总结。

师:花生是从哪里来的?

## ❀ 活动延伸

让幼儿回家跟爸爸妈妈一起探索花生的奥秘。

## ❀ 温馨提示

提出问题后,要给幼儿充分的思考时间。

# 剥花生

❀ **适宜月龄**

24—30个月。

❀ **发展领域**

动作领域。

❀ **活动目标**

1.让幼儿初步了解花生的生长过程及结构特征,并探索剥花生的方法。

2.让幼儿乐意用语言表达自己的感受和发现。

3.让幼儿体验亲自动手操作的乐趣。

❀ **活动准备**

材料准备:花生若干、各种积木、人手一个盘子等。

环境准备:室内30平方米以上的空间。

❀ **活动过程**

1.情境导入。

引导语:今天早上小松鼠给我们送来了一份"礼物"(展示礼盒),会是什么呢? 我们看一看吧! 哇! 原来是花生。你们想尝尝吗?

2.探索剥花生的方法。

引导语:你们想尝尝花生的味道吗? 让我们自己来剥一剥。

剥花生:花生有一层硬硬的、厚厚的壳,这需要用到我们的工具(示范剥花生),把剥下来的花生米放在盘子里。

3.尝一尝。

让幼儿品尝自己剥的花生,并说说花生的味道。

❀ **活动延伸**

让家长可带领孩子尝试用多种方式剥花生。

❀ **温馨提示**

1.提前进行安全教育,避免幼儿敲到手。

2.在活动前,组织幼儿将手洗干净。

# 和爸爸一起变花生

❀ **适宜月龄**

24—30个月。

❀ **发展领域**

语言领域。

❀ **活动目标**

1.让幼儿初步了解花生的生长过程。

2.让幼儿喜欢听绘本故事,养成阅读习惯。

❀ **活动准备**

材料准备:绘本PPT或者绘本《和爸爸一起变花生》等。

环境准备:30平方米以上的空间。

❀ **活动过程**

1.展示绘本《和爸爸一起变花生》,激发幼儿兴趣。

引导语:今天我们和爸爸一起去旅行。你们瞧,我们来到了花生壳里。会发生什么故事呢? 让我们一起走进花生的世界吧。

2.教师逐图讲述绘本故事,让幼儿仔细观察。

3.教师通过提问帮助幼儿回忆故事内容,并进行总结。

提问:小小的花生发芽了吗? 它们是在土地里发芽,还是在水里发的芽呢? 它们开花了吗? 是什么颜色的花?

小结:爸爸和我们都变成了花生。从种子发芽到开花结果。这真是一场不可思议的植物生长旅程。

❀ **活动延伸**

1.回家后,幼儿和家长一起阅读关于花生的绘本故事。

2.可以更换种子,观察其他种子的生长过程。

❀ **温馨提示**

教师需要多和幼儿面对面说话,并放慢说话速度。提出问题后,要给幼儿充分的思考时间。

# 我种了一块花生地

❀ **适宜月龄**

24—30个月。

❀ **发展领域**

动作领域。

❀ **活动目标**

1.让幼儿学习种花生的方法。

2.让幼儿在种花生的过程中,锻炼他们的动手能力和专注力,激发他们的积极性。

❀ **活动准备**

材料准备:黏土、胶棒、花生地图片、花生壳、卡纸等。

环境准备:室内30平方米以上的空间。

❀ **活动过程**

1.带领幼儿去户外观察花生地,了解花生是长在地底下的。

引导语:小朋友们,我们来找找花生在哪里。

2.展示事先完成的作品,引导幼儿观察。

引导语:刚刚我们去户外观察了花生是怎样生长在土里面的,那看看老师种的花生是在土里吗?今天我们用黏土来自己"种植"花生吧。

3.教师示范种花生。

引导语:我先将棕色黏土铺在卡纸的下半部分,当作土地,然后"种"上花生,将花生壳按压在黏土上。

4.发放材料,引导幼儿自己操作,并从旁指导。

❀ **活动延伸**

在家里,家长可以带领孩子一起"种"花生。

❀ **温馨提示**

1.提前进行安全教育,避免幼儿将黏土放到嘴里。

2.活动结束后,幼儿要清洗双手。

# 花生牛轧糖

❀ **适宜月龄**

24—30个月。

❀ **发展领域**

动作领域、社会领域。

❀ **活动目标**

1.让幼儿喜欢动手操作,感受制作美食的快乐。

2.让幼儿积极参加活动,培养他们的自理能力。

❀ **活动准备**

材料准备:花生、棉花糖、奶粉、黄油、包装纸等。

环境准备:室内30平方米以上的空间。

❀ **活动过程**

1.出示牛轧糖,激发幼儿兴趣。

引导语:宝贝们,你们瞧! 猜猜这是什么呀? 牛轧糖。今天老师邀请小朋友一起来做一做花生牛轧糖。

2.演示操作过程。

(1)教师介绍做美食所需食材。

引导语:我们一起来看一看,制作花生牛轧糖需要哪些食材呢? 有花生、奶粉、黄油,还有小朋友最喜欢吃的棉花糖。

(2)教师示范制作过程。

①开小火,将黄油搅拌至融化。

②倒入棉花糖,搅拌至棉花糖全部融化。

③关火,倒入奶粉,搅拌均匀。

④倒入花生碎,搅拌均匀,使混合物呈拉丝状。

⑤将混合好的材料放入烤盘中,并压平整。

⑥放凉后,切块装袋。

3.一起制作花生牛轧糖。

(1)请幼儿将花生捣碎。

(2)逐步倒入食材。

(3)将放凉切好的牛轧糖用包装纸包好。

4.让幼儿品尝花生牛轧糖,并说一说味道。

### ❀ 活动延伸

回家后,幼儿跟爸爸妈妈分享牛轧糖,并邀请他们一起做一做。

### ❀ 温馨提示

在活动前,组织幼儿将手洗净。

# 土地里的花生

### ❀ 适宜月龄

24—30个月。

### ❀ 发展领域

认知领域、动作领域。

### ❀ 活动目标

1.让幼儿感知花生的形状和特点。

2.锻炼幼儿手部精细动作,增强幼儿动手能力和劳动意识。

3.激发幼儿探索自然的兴趣。

### ❀ 活动准备

材料准备:花生实物、花生图片、盆子、铲子等。

环境准备:室内30平方米以上的空间或室外的花生地。

### ❀ 活动过程

游戏一:观察花生。

1.教师用谜语导入,激发幼儿兴趣。

引导语:小朋友们,今天,我们教室里面来了一位小朋友,让我们一起来猜猜它是谁。

(谜语:小屋子,红帐子,里面住着白胖子)

2.出示花生图片,引导幼儿认识花生。

引导语:小朋友们,你们知道花生生活在哪里吗?

3.出示花生,请小朋友摸一摸、捏一捏、闻一闻。

提问:花生还可以做什么好吃的美食呢?(花生粥、花生糖、花生浆等)

小结:认识花生后,我们就一起去挖花生吧。

游戏二:拔花生游戏。

1.参观花生地。

教师带领幼儿到达花生地,观察花生的根茎和花生叶。

2.拔花生游戏。

教师引导幼儿用双手拔出花生,并放到盆里。

游戏三:晒花生游戏。

引导幼儿将花生洗干净,然后平铺在地上晒干。

### ❀ 活动延伸

1.鼓励幼儿在自由活动时间去观察花生地里花生的变化。

2.回家和家长一起查找资料,并探索花生的奥秘。

### ❀ 温馨提示

1.提前进行安全教育,在活动中,避免碰撞。

2.注意不要让泥土弄到幼儿的眼睛、嘴巴、鼻子等地方。

3.游戏结束后,幼儿要清洗双手。

# 小兔花生

❀ **适宜月龄**

24—30个月。

❀ **发展领域**

艺术领域。

❀ **活动目标**

1.让幼儿愿意参加活动,体验活动带来的乐趣。

2.让幼儿能够听懂并遵守教师的指令。

3.增强幼儿手指精细动作的能力,提高手眼协调性。

❀ **活动准备**

1.材料准备:花生壳、花生叶、双面胶、小兔图片等。

2.环境准备:室内30平方米以上的空间。

❀ **活动过程**

1.出示小兔图片,激发幼儿兴趣。

教师引导宝宝观察小兔的外形特征。

引导语:今天小兔来我们教室做客啦,让我们跟小兔打个招呼吧。

2.魔法变变变,花生壳变小兔。

提问:花生壳是怎么变成小兔的?

3.教师示范如何将花生变成小兔。

4.请幼儿自己变出小兔。

(1)先用双面胶粘上花生壳,模拟小兔。

(2)再用双面胶粘上花生叶,模拟小兔吃草。

❀ **活动延伸**

1.可以让幼儿自己尝试剥出花生。

2.鼓励幼儿自己画出兔耳。

❀ **温馨提示**

活动结束后,让幼儿清洗双手。

# 花生灯笼

❀ **适宜月龄**

24—30个月。

❀ **发展领域**

艺术领域。

❀ **活动目标**

1.让幼儿认识花生的多种用途,激发他们的创造力和想象力。

2.让幼儿通过制作花生灯笼,感受中秋节的氛围,提高他们的动手能力。

3.丰富幼儿对色彩和形状的认知,提高他们的审美能力。

❀ **活动准备**

灯笼照片、花生若干、纸杯、麻绳、双面胶等。

❀ **活动过程**

1.导入环节。

(1)展示一些漂亮的灯笼图片,激起幼儿的兴趣。

提问幼儿:"小宝贝们,你们见过这些漂亮的灯笼吗? 你们知道中秋节的时候为什么要挂灯笼吗?"

(2)引导幼儿了解中秋节挂灯笼的习俗。

2.认识花生。

(1)拿出花生实物,让幼儿观察花生的形状、颜色和大小。

提问幼儿:"小朋友们,你们知道花生可以用来做什么吗?"

(2)引导幼儿思考花生的用途。

3.制作花生灯笼。

(1)准备材料:花生、纸杯、麻绳、双面胶。

(2)教师示范制作花生灯笼的步骤:

①将双面胶贴在纸杯上作为灯笼的灯罩;

②将花生贴在灯罩上,作为装饰;

③在灯罩的顶部,系上麻绳,方便悬挂。

(3)幼儿动手制作花生灯笼,老师巡回指导,帮助幼儿解决在制作过程中遇到的问题。

4.展示与分享。

(1)幼儿将制作好的花生灯笼悬挂起来,展示给大家看。

(2)引导幼儿互相欣赏作品,并分享制作过程中的感受和体会。

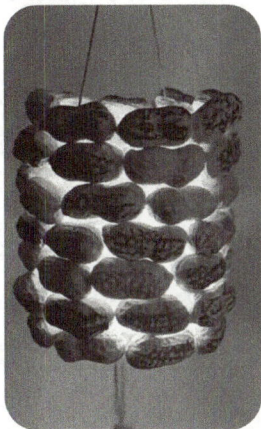

# 月亮的味道

### ❀ 适宜月龄

24—30个月。

### ❀ 发展领域

语言发展。

### ❀ 活动目标

1.让幼儿观察故事画面,初步理解故事内容。

2.让幼儿体验故事带来的乐趣,能够说出故事中小动物的名字。

### ❀ 活动准备

1.材料准备:《月亮的味道》绘本,动物图片若干等。

2.环境准备:室内30平方米以上的空间。

### ❀ 活动过程

1.问题导入,激发幼儿兴趣。

师:宝贝们,月亮是什么味道的,你们知道吗?请你们来闻一闻。

2.出示绘本图片,根据图片提问。

师:你们看到了什么?

3.教师完整讲述绘本故事。借助奇妙的道具,升华故事,让幼儿感受集体合作的力量。

师:月亮的味道怎么样?在这个夜晚,发生了一件什么事情呀?

4.借助教具图片引导幼儿感知动物叠高的情景。

5.复述故事,邀请幼儿根据故事内容粘贴动物图片。

教师小结:原来能摘到月亮并不只是小老鼠一个人的功劳,而是需要大家一起努力,一起合作才能成功。

### ❀ 活动延伸

幼儿可与家人一起分享绘本《月亮的味道》,并用积木或玩具玩叠叠乐的游戏。

### ❀ 温馨提示

教师可在语言区摆放关于月亮主题的绘本《月亮,生日快乐》《月亮,你好吗》,引导幼儿了解更多的关于月亮的故事。

# 中秋小兔子

❀ **适宜月龄**

24—30个月。

❀ **发展领域**

创意美育。

❀ **活动目标**

1.让幼儿尝试用拓印的方法作画,感受用海绵棒拓印的乐趣。

2.让幼儿通过感知和操作,培养他们的观察能力及动手操作能力。

❀ **活动准备**

1.材料准备:海绵棒、颜料、棉花、提前剪贴好的兔子等。

2.环境准备:室内30平方米以上的空间。

❀ **活动过程**

1.出示完成的小兔子拓印画,激发幼儿兴趣。

2.教师示范拓印的方法,鼓励幼儿尝试拓印。

3.幼儿自由操作,使用拓印海绵棒蘸取颜料,拍打上色。

4.引导幼儿给兔子造型,粘上棉花尾巴。

5.作品展示。

❀ **活动延伸**

幼儿可将拓印画带回家,与爸爸妈妈一起欣赏并展示。

❀ **温馨提示**

教师可在美工区投放各种图片与绘画材料,鼓励幼儿继续进行拓印画的创作。

游戏活动

# 种花生

❀ **活动目标**

1.让幼儿参与种植活动,关注花生的生长过程。

2.让幼儿体验自然种植带来的乐趣。

❀ **活动材料**

花生米、每人一个小纸杯、小铲子等。

❀❀ **活动场地**

户外有泥土的场地。

❀ **活动过程**

1.引导幼儿观察花生生长的土地。

2.教师示范种植花生的方法:先用小铲子铲一块泥土装进纸杯里,然后放入一粒花生米,再铲一块泥土盖住花生米,最后用手轻轻压一压。

3.引导幼儿动手种植花生。

4.引导幼儿随机观察自己种植的花生的变化。

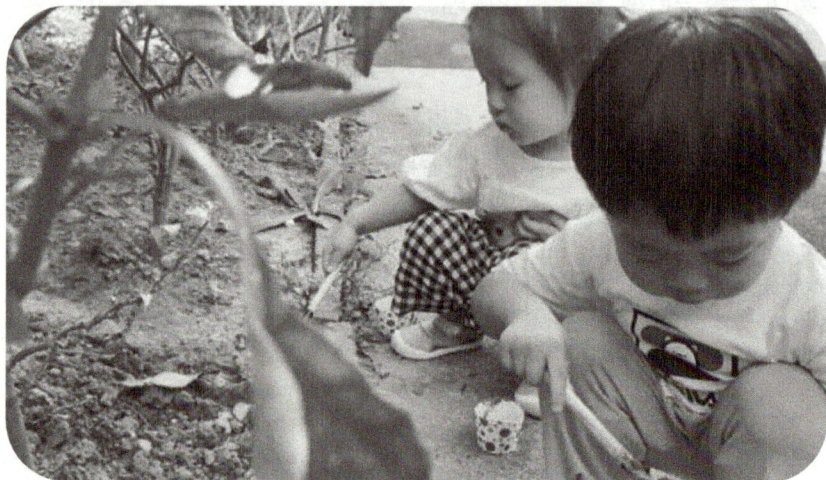

# 大米里找花生

❀ **活动目标**

1.让幼儿通过触摸,感受花生和大米的质地和特性。

2.锻炼幼儿的触觉感知能力,促进其前庭觉系统的发展。

❀ **活动材料**

大米若干、花生少许(提前将大米倒入盆中,放入花生粒,将其混合)等。

❀ **活动场地**

室内。

❀ **活动过程**

1.幼儿通过触摸,感受花生和大米的不同。

2.教师示范游戏方法,引导幼儿将手放入大米中,寻找花生。

3.第一次,幼儿可以睁开眼睛寻找花生;第二次,蒙住幼儿的双眼寻找花生。

# 小鼹鼠找花生

❀ **活动目标**

1.锻炼幼儿的手部精细动作,提高其手眼协调性。

2.增强幼儿对数字的认知。

❀ **活动材料**

一张白纸、花生、画笔。

❀ **活动场地**

室内。

❀ **活动过程**

1.情景设定:小鼹鼠挖花生。

引导语:小朋友扮演小鼹鼠。冬天来了,天气越来越冷,小鼹鼠要去找花生储存起来,以备过冬。

2.教师引导幼儿将找到的花生放在纸上,并用笔圈起来,帮小鼹鼠"储存"起来。

# 捡花生

## ❀ 活动目标

1.提升幼儿手部三指捏的精细动作能力,增强其身体的平衡性。

2.激发幼儿参与游戏的积极性,让他们遵守游戏规则。

## ❀ 活动材料

水杯、花生粒若干等。

## ❀ 活动场地

室外。

## ❀ 活动过程

1.情景布置:摆放杯子,藏起花生粒。

2.教师示范游戏规则:打开杯子,捡起花生粒放进篮子里。

3.分组游戏,激励幼儿积极参与游戏。

# 我会剥花生

❀ 活动目标

1.锻炼幼儿指尖精细动作、手眼协调的能力。

2.让幼儿体验用手剥花生和用工具打开花生的不同乐趣。

❀ 活动材料

花生、盘子、积木块等。

❀ 活动场地

室内。

❀ 活动过程

1.引导幼儿运用感官体验来认识花生。

2.教师示范剥花生的方法。

3.引导幼儿自己动手剥花生,可借助积木块等工具进行辅助。

4.引导幼儿分类堆放剥好的花生米及花生壳。

# 花生铃铛

❀ 活动目标

1.让幼儿体验音乐游戏的乐趣。

2.让幼儿感知什么是音高和音质。

3.让幼儿能够将花生放入瓶中,锻炼手眼协调能力。

❀ 活动材料

花生、矿泉水瓶、音乐。

❀ 活动场地

操场。

❀ 活动过程

1.引导幼儿观察瓶子,玩一玩,初步体验制造声音的过程。

2.教师提醒幼儿装好花生后拧紧瓶盖。

让幼儿玩一玩瓶子和花生,发现把两种材料放在一起摇晃时能发出声音。

3.配合音乐,一起摇一摇。

教师引导幼儿跟随音乐的节奏,先用力摇瓶子,再轻轻摇瓶子,感知用力的大小不同,声音的大小也不同。

# 水培花生

❀ **活动目标**

1.有兴趣玩水培花生游戏。

2.喜欢观察水培花生的变化。

❀ **活动材料**

泡过水的花生、透明瓶子、纸巾等。

❀ **活动场地**

室内。

❀ **活动过程**

1.教师带领幼儿将瓶子装满水,用打湿后的纸巾盖住瓶口。

2.引导幼儿选择几粒泡过水的花生。

3.让幼儿将花生一粒一粒插在瓶口的纸巾上。

4.水培花生完成了,让幼儿根据水位适当进行加水,并观察。

## 🦋 户外活动

# 彩虹伞

### ❀ 活动目标

1.通过游戏锻炼幼儿手臂肌肉和手指抓握的力量。

2.让幼儿体验游戏的乐趣。

### ❀ 活动材料

彩虹伞、音乐等。

### ❀ 活动场地

户外空旷的场地。

### ❀ 活动过程

1.创设情景,激发幼儿兴趣。

2.教师介绍游戏规则。

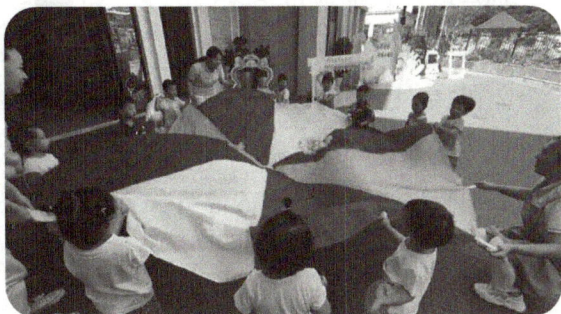

幼儿要蹲下,双手拉着彩虹伞的拉环。随着音乐的节奏,抖动彩虹伞,让彩虹伞像海浪一样翻滚。教师会喊出不同的口令,幼儿要根据口令做出相应的动作,例如:

当老师喊到"小海浪"时,幼儿就轻轻抖动彩虹伞。

当喊到"大海浪"时,幼儿要站起来,用力地抖动彩虹伞。

当喊到"暴风雨"时,幼儿要蹲下,双臂快速抖动彩虹伞。

当喊到"龙卷风"时,幼儿要围着彩虹伞转圈抖动。

当老师说"风停了"时,游戏就结束了,幼儿要立刻停下来。

3.播放音乐,进行游戏。

幼儿拉着彩虹伞转圈圈,边走边跟着音乐唱歌,当音乐停止时,老师会喊道:"大灰狼来了!"这时,幼儿要立马躲进彩虹伞里面,并把周围压紧,防止大灰狼钻进来。

4.放松运动。

游戏结束后,教师带领幼儿坐在彩虹伞上,拍腿、揉腿、抖胳膊,让身体放松下来。最后,教师可以让幼儿躺下来滚一滚、翻一翻,享受一下游戏的快乐时光。

# 挂彩灯

### ❀ 活动目标

1.锻炼幼儿的手眼协调能力、专注力及手指灵活度。

2.鼓励幼儿积极参与游戏,体验游戏的乐趣。

### ❀ 活动材料

海洋球若干、宽胶带、纸杯。

### ❀ 活动场地

室内、室外均可。

### ❀ 活动过程

1.把胶带固定在合适的位置,适宜幼儿高度即可。

2.教师向幼儿示范挂彩灯的方法。

3.引导幼儿自己动手挂彩灯,教师巡回指导。

4.提高难度,引导幼儿利用纸杯挂彩灯。在此过程中,幼儿的手不能触碰到海洋球。

# 滚球球

### ❀ 活动目标

1.让幼儿把球滚向指定的方向。

2.让幼儿愿意与教师或同伴互动。

3.让幼儿能够听懂教师的指令,具备初步的规则意识。

### ❀ 活动材料

小皮球、大篮子。

### ❀ 活动场地

户外。

### ❀ 活动过程

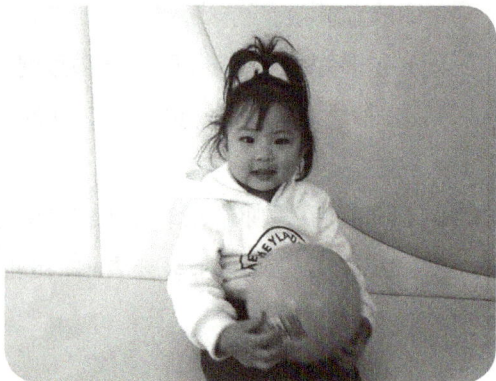

1.让幼儿围成圆圈,教师站在圆心中间;或将装满球的篮子放在教师身边,让幼儿站成一排,教师面对幼儿站立。

2.教师把球依次滚向每个幼儿,幼儿追随球滚动,并在球停止后拿起它。

3.当幼儿捡起球后,请他们逐一将球抛给或滚给教师,教师再把球滚向下一个幼儿。

# 追气球

❀ **活动目标**

让幼儿能在指定的范围内自如地跑动。

❀ **活动材料**

吹好的气球若干。

❀ **活动场地**

户外。

❀ **活动过程**

1.教师出示气球,引起幼儿兴趣。

2.教师带领幼儿唱儿歌。

3.教师把气球抛起,请幼儿在指定的范围内自由跑动,追逐气球。

附儿歌:

气球飞啊,我们追啊,

飞啊飞,追啊追,

飞啊飞,追啊追。

🐌 **社会实践**

# 送你一面小国旗

## ❀ 活动目标

1. 让幼儿了解国庆的由来和意义,增强他们的爱国意识。

2. 让幼儿认识国旗,知道它的颜色、形状、图案。

3. 让幼儿认识数字1-5。

## ❀ 活动场地

派出所、消防站。

## ❀ 活动准备

小国旗若干。

## ❀ 活动过程

1. 国旗导入,激发幼儿兴趣。

出示小国旗,引导幼儿观察国旗,说一说国旗的特征。

提问:小朋友们仔细看一看,这是什么?它是什么颜色的,什么形状的呢?国旗上有什么图案呢?上面有几颗小星星呢?

小结:五星红旗代表着我们的祖国妈妈,我们要爱护我们的国旗。

2. 出发送国旗。

引导幼儿有序地出园。教师带领幼儿前往派出所(1个教师牵2个小朋友),跟警察叔叔和警察阿姨打招呼,说"您好"。

引导幼儿将手中的小国旗送给警察叔叔或警察阿姨,并对叔叔阿姨说"谢谢你"。

引导语:现在呀,我们要出发去派出所给警察叔叔、阿姨送国旗,那宝贝们送国旗的时候想对警察叔叔或警察阿姨说些什么呢?(引导幼儿说一说)

3. 活动结束后,教师带领幼儿回到幼儿园。

## ❀ 安全保障措施

1. 过马路要走斑马线,看红绿灯,牵紧幼儿的手。

2. 保健医生、保安同行。

**家庭指导**

# 嗨！你好

### ❁ 指导目标

1.让幼儿体验亲子游戏的快乐。

2.让幼儿体验交往的快乐,缓解入园时的紧张和焦虑情绪。

### ❁ 指导准备

问好歌《你的名字叫什么》。

### ❁ 指导过程

1.谈话导入。

引导语:欢迎小朋友、大朋友的到来。(主动认识老师,并跟老师打招呼)。

2.播放问好歌。

(1)教师跟随音乐的节奏进行示范,引导幼儿跟教师打招呼,并问好。

(2)鼓励幼儿跟随音乐的节奏用简单的动作向家长问好,并与家长互动。

(3)鼓励、引导幼儿跟身边的小伙伴打招呼、问好。

小结:原来我们有礼貌地与他人打招呼是一件让人很开心、很快乐的事。遇到朋友我们就可以拉拉手、打招呼、抱一抱、挥挥手、点点头……(让幼儿体会到打招呼这件事会让他们很开心)。

3.引导幼儿大胆说出自己的名字。

(1)播放问好歌《你的名字叫什么》,教师进行示范并引导。

(2)鼓励幼儿大声说出自己的名字。

(3)引导幼儿轮流介绍自己。

小结:我们今天认识了这么多新的小伙伴、新的老师,下一次见面的时候也要记得甜甜地打招呼、问好哦。

# 10月

# 秋天的100种游戏

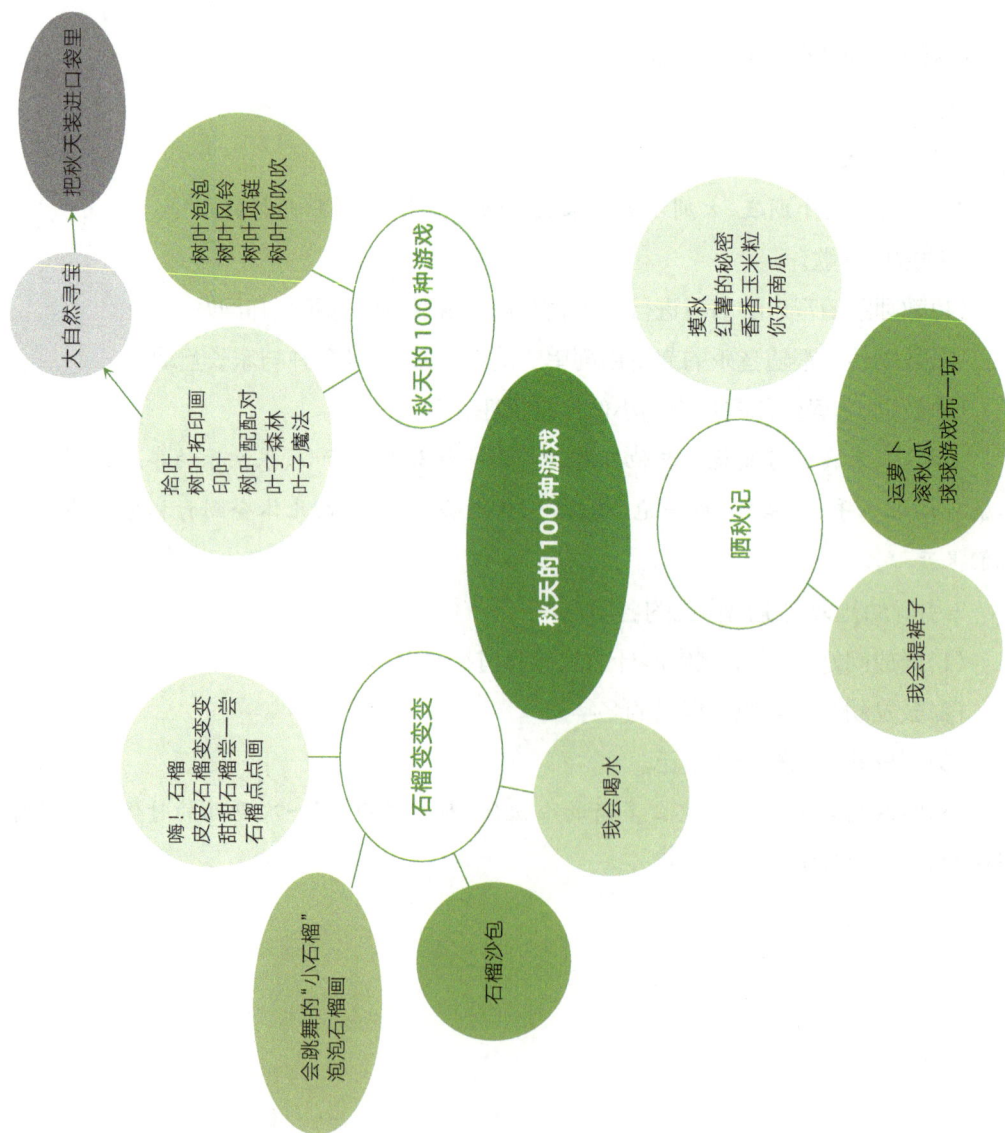

大自然寻宝

把秋天装进口袋里

树叶泡泡
树叶风铃
树叶项链
树叶吹吹吹

秋天的100种游戏

拾叶
树叶拓印画
印叶
树叶配配对
叶子森林
叶子魔法

摸秋
红薯的秘密
香香玉米粒
你好南瓜

运萝卜
滚秋瓜
球球游戏玩一玩

晒秋记

我会提裤子

秋天的100种游戏

嗨！石榴
皮皮石榴变变变
甜甜石榴尝一尝
石榴点点画

石榴变变变

我会喝水

石榴沙包

会跳舞的"小石榴"
泡泡石榴画

## 发展任务

当秋天悄然降临,幼儿如同灵动的小精灵,敞开身心,尽情投入大自然那温暖而慷慨的怀抱中,欣然接纳着秋的馈赠。在这个月里,我们将为可爱的幼儿创造更多亲近大自然的契机,尽情摆弄与探索自然物。通过生活化、趣味化的游戏活动,给予幼儿真实、全面、丰富的感官刺激,帮助幼儿自主建构并积累关于秋天的相关经验。

**10月活动视频**

《3岁以下婴幼儿健康养育照护指南(试行)》指出,托育机构要坚持尊重婴幼儿的原则,尊重婴幼儿成长的特点和规律。关注个体差异,促进每个婴幼儿全面发展。在生活的每一个瞬间,我们需高度关注幼儿各不相同的需求以及能力水平,为他们提供个性化的有力支持。同时,鼓励幼儿尝试用自己所喜爱且适宜的方式,去表达自我需求以及他们对秋天的独特而多元的感受。

1. 根据幼儿的最近发展区,提供个性化的支持和指导,促进每个幼儿的个性化发展。

2. 让幼儿充分感知落叶、瓜果等,积累秋天的相关经验。

3. 让幼儿适宜参与秋天的户外活动,提高身体平衡能力和运动协调能力。

4. 让幼儿感受到其他照护者的关爱,让他们在教师的帮助下,表达简单的需求。

## 环境规划

### 一、空间与规划

开辟"秋天小花园":在幼儿园的花园中,提前种植一些秋天的花卉,如菊花、桂花等。让幼儿可以直观地观察花朵的生长和变化。在花园中设置小路径,让幼儿可以在花园中漫步,感受秋天的气息。还可以设置一个落叶收集区,提供篮子和袋子,引导幼儿收集各种颜色和形状的落叶。

### 二、氛围与关系

创设"秋天游戏小角落":教师和幼儿一起摆放各种秋天的自然物,让幼儿可以随时观察和触摸,营造出浓厚的秋天氛围。

收集秋天的声音:收集风声、雨声、落叶声等,并制作成音频文件,让幼儿通过听声音来感受秋天的变化。

### 三、可能的资源

秋天的自然物:收集如树叶、果实、花朵、树枝等,可以用于手工制作、装饰、科学探索等活动。

秋天的气候:如凉爽的风、温暖的阳光等,适宜带幼儿进行户外活动,如散步、游戏等,让幼儿亲身感受秋天的气候特点。

社区资源:教师和幼儿一起到社区、附近的公园等进行秋游活动,让幼儿观察秋天的自然景观,如树叶的颜色变化、花朵的开放等。

## 课程计划

| 生活指导 | 发展课程 | 游戏活动 | 户外活动 | 社会实践 | 家庭指导 |
|---|---|---|---|---|---|
| 我会喝水<br>我会提裤子 | 嗨!石榴<br>皮皮石榴变变变<br>甜甜石榴尝一尝<br>石榴点点画<br>拾叶<br>树叶拓印画<br>印叶<br>树叶配配对<br>叶子森林<br>叶子魔法<br>摸秋<br>红薯的秘密<br>香香玉米粒<br>你好南瓜 | 树叶泡泡<br>树叶风铃<br>树叶项链<br>树叶吹吹吹<br>会跳舞的"小石榴"<br>泡泡石榴画 | 石榴沙包<br>运萝卜<br>滚秋瓜<br>球球游戏玩一玩 | 大自然寻宝 | 把秋天装进口袋里 |

⬤ **生活指导**

# 我会喝水

❀ **核心经验**

1.幼儿在教师的提示下,愿意多喝水。

2.幼儿在儿歌的帮助下,学习用杯子喝水。

❀ **指导准备**

敞口水杯。

❀ **指导过程**

1.教师为幼儿介绍小朋友专用的水杯。

师:宝贝们看一看,我们的水杯口宽宽的,所以我们喝水时需要慢慢喝,才不会洒出来。

2.教师指导幼儿学习用水杯喝水的方法。

师:小朋友们喝水时,要一手拿水杯把,一手扶着水杯,小口小口慢慢喝。一定要保护好我们的小水杯,避免掉到地上,如果把小水杯摔疼了,小朋友们就喝不到水了。

3.教师协助幼儿找到自己的水杯,为幼儿倒适量的水,边唱儿歌边让幼儿模仿老师如何使用水杯喝水。

师:小水杯手中拿,咕噜咕噜喝水啦,身体棒棒是我呀!

4.引导幼儿分组接水、喝水。

附儿歌:

小水杯手中拿,

咕噜咕噜喝水啦,

身体棒棒是我呀!

# 我会提裤子

## ✿ 核心经验

1.幼儿在教师的指导下,尝试自己提裤子。

2.让幼儿体验自我服务的乐趣。

## ✿ 指导准备

幼儿提裤子的步骤图,一条幼儿的裤子,小朋友提裤子的视频。

## ✿ 指导过程

1.教师引导幼儿观察自己的裤子,并指一指自己裤子的前面、后面,以及裤子的裤腰在哪里。

2.教师播放小朋友提裤子的视频,引导幼儿观察。

师:我们一起来看一看视频里的小朋友是怎么提裤子的?

提裤子前先做了什么? 他的手抓在哪里往上提? 裤子的中间对准了哪里?

3.教师边说边引导幼儿自己尝试抓裤腰并往上提的动作。

4.教师通过步骤图为幼儿讲解提裤子的步骤。

5.教师带领幼儿模仿提裤子的动作,并进行个别指导。

**发展课程**

# 嗨！石榴

❀ **适宜月龄**

24—36个月。

❀ **发展领域**

认知探索。

❀ **活动目标**

1.让幼儿通过观察、触摸石榴,了解石榴的外形特征。

2.培养幼儿的动手能力。

3.让幼儿体验剥石榴的乐趣,品尝美味的石榴。

❀ **活动准备**

材料准备:石榴、盘子等。

环境准备:室内30平方米以上的空间。

❀ **活动过程**

1.活动导入。

师:今天老师给小朋友们带来了一个新朋友:"圆圆红灯笼,藏着红宝石,剥开尝一尝,味道甜又爽。"小朋友们猜出这个谜语的答案是什么了吗? 对了,它就是石榴。

2.出示石榴。

师:请小朋友说一说石榴是什么样子的? 你们吃过石榴吗? 打开后的石榴又是什么样子的?

3.剥石榴。

老师示范如何剥石榴,然后请幼儿自己一颗一颗地将石榴剥在盘子里。

4.尝一尝。

让幼儿品尝自己剥下来的石榴,说一说石榴是什么味道的。

❀ **活动延伸**

音乐活动——切水果。

❀ **温馨提示**

活动前组织幼儿将手洗净。

# 皮皮石榴变变变

❀ **适宜月龄**

24—36个月。

❀ **发展领域**

艺术与五感发展。

❀ **活动目标**

1.让幼儿感知石榴皮的色彩特征。

2.让幼儿尝试学习扎染的方法,体验扎染的乐趣。

❀ **活动准备**

材料准备:石榴皮、明矾、白色的布、夹子、扎染的图片等。

环境准备:室外,平整的活动场地。

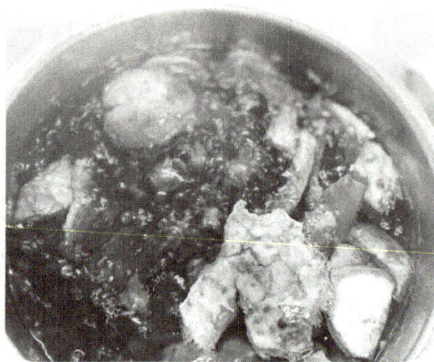

❀ **活动过程**

1.出示各种扎染图片,激发幼儿兴趣。

2.将晒干的石榴皮放入锅中煮烂,过筛后,装入另一容器内。

3.教师讲解捆绑布的方式。

4.将扎好的布放入石榴水中浸泡,并等待半小时,再加入明矾。

❀ **活动延伸**

幼儿捞出布,并拆开晾晒。

❀ **温馨提示**

1.活动后,组织幼儿将手洗净。

2.提前进行安全教育,避免幼儿被烫伤。

# 甜甜石榴尝一尝

## ❀ 适宜月龄

24—36个月。

## ❀ 发展领域

食育课程。

## ❀ 活动目标

1.激发幼儿探究的欲望,让幼儿体验自己动手的快乐。

2.让幼儿学会用工具锤、挤、压,提高他们的动手能力,锻炼其手眼协调能力。

## ❀ 活动准备

材料准备:石榴、小锤子、食品封口袋等。

环境准备:30平方米以上的室内空间。

## ❀ 活动过程

1.在教师的引导下,幼儿通过摸、看、闻的形式认识石榴。

2.教师示范动作"剥",随后让幼儿动手操作。幼儿在剥石榴的过程中观察石榴的内部结构。(一颗一颗的,红红的。)

3.教师出示石榴汁,激起幼儿兴趣。

师:今天,让我们和石榴玩另一种游戏。你们瞧(石榴汁),想一想,我们是怎么把石榴变成石榴汁的呢?(幼儿自由讨论)我们可以用手挤一挤,看看可以挤出果汁吗? 或者用小锤子锤一锤,用小盘子压一压呢?

4.幼儿实操。

师:请小朋友们把刚刚剥好的石榴放进封口袋里。让我们一起试一试吧。

5.石榴汁制作好后,品尝石榴汁。

## ❀ 活动延伸

音乐活动:榨果汁。

# 石榴点点画

❀ **适宜月龄**

24—36个月。

❀ **发展领域**

创意美术。

❀ **活动目标**

1.让幼儿认识石榴,观察石榴的特征。

2.让幼儿尝试用手指点画,感受用手指点画的乐趣。

3.培养幼儿对色彩的兴趣,能够说出红、黄等基本颜色。

❀ **活动准备**

材料准备:石榴、石榴轮廓的画纸、颜料等。

环境准备:室内30平方米以上的空间。

❀ **活动过程**

1.活动导入,观察石榴。

(1)出示石榴,引导幼儿观察石榴的外形特点和颜色,并说一说。

石榴是什么形状?什么颜色?石榴的里面是什么样子的?

(2)引导幼儿通过剥皮,观察石榴里面的样子。(石榴宝宝一粒挨着一粒坐着)

2.提供材料,创作石榴画。

师:看着这么好看的石榴宝宝,我都忍不住想画下来了。

(1)介绍石榴轮廓画纸、颜料等,并讲解其使用方法。

(2)幼儿进行创作,教师巡回指导。

3.出示幼儿完成的作品,并进行评价。

❀ **活动延伸**

幼儿还可使用其他绘画工具,如拓印棒,气泡纸等材料进行创作。

# 拾叶

## ❀ 适宜月龄

24—36个月。

## ❀ 发展领域

自然科学探索。

## ❀ 活动目标

1.让幼儿喜欢参与拾落叶的活动,尝试讲述操作过程。

2.让幼儿感知落叶的不同特征。

3.让幼儿感受秋天的美。

## ❀ 活动准备

材料准备:装树叶的容器。

环境准备:树木比较集中的地方,宽阔的地方。

## ❀ 活动过程

1.拾落叶。

教师带领幼儿到附近树木种类比较多的地方开展活动。

教师和幼儿一起随意拾起地上的落叶并请幼儿自行探究下列问题。

(1)找一找,自己拾的叶子是从哪棵树上掉下来的?它的"妈妈"是谁?

(2)数一数,你捡了几片树叶?比一比,是树上的叶子多,还是我们手上的叶子多?

(3)看一看,自己手里的叶子是什么样子的?像什么?摸一摸叶子的正面和反面,它们是不是一样的?再和相似的叶子比一比,它们有什么不一样?

2.教师引导幼儿互相交流自己的发现。

3.活动结束后,教师引导幼儿将捡到的树叶收集起来,并带领幼儿回到教室。

## ❀ 活动延伸

在活动区内投放更多的落叶,鼓励幼儿创造性地玩树叶,如串树叶项链、用树叶印画、制作树叶书签等。

# 树叶拓印画

❀ **适宜月龄**

24—36个月。

❀ **发展领域**

自然艺术探索。

❀ **活动目标**

1.让幼儿通过观察树叶,感知树叶的不同形状、颜色等特征。

2.让幼儿尝试用树叶拓印画,体验拓印画的乐趣。

❀ **活动准备**

树叶、颜料、画纸、拓印工具、图片等。

❀ **活动过程**

1.出示树叶,引出活动主题。

(1)让幼儿认真观察树叶,每片树叶的样子都一样吗?

(2)树叶都有什么形状? 像什么?

小结:每片叶子的样子都不一样,即使形状差不多,但叶子上的图案也是不一样的。有的树叶像扇子,有的像手掌,有的像小船……

2.出示树叶拓印画的示范图,引导幼儿观察。

(1)这些好看的画都是用树叶画出来的。

(2)这些树叶是怎么变成好看的画的呢? 用到了哪些材料?

(画纸、树叶、颜料、拓印工具)

3.教师示范用树叶拓印画的步骤。

4.幼儿自主选择树叶和颜料,进行自由创作,教师巡回指导。

❀ **活动延伸**

幼儿可以尝试拓印在其他材料上,如橡皮泥、玻璃上,探索新的作画方式。

❀ **温馨提示**

在活动中,可以给幼儿穿上罩衣,防止衣物被弄脏。

# 印叶

❀ **适宜月龄**

24—36个月。

❀ **发展领域**

自然艺术探索。

❀ **活动目标**

1.让幼儿感受树叶印画的美,体验拓印画的乐趣。

2.提高幼儿手指灵活度,培养他们的控笔能力。

❀ **活动准备**

材料准备:卡纸、蜡笔。

环境准备:室内30平方米以上的空间。

❀ **活动过程**

1.活动导入。

(1)出示不同的树叶,激发幼儿兴趣。

(2)引导幼儿观察各种树叶。

2.欣赏作品。

3.教师示范,体验拓印。

(1)摸一摸,感受树叶正、反面的触感。

(2)给幼儿介绍凸起的叶脉就是我们要拓印的面。

(3)分发树叶,让幼儿在白纸上拼出想要的图案,然后拓印。

(4)幼儿自由创作。

4.作品展示。

❀ **活动延伸**

1.幼儿可以回家和爸爸妈妈一起寻找秋天的颜色。

2.幼儿可以尝试多种拓印画的方法。

❀ **温馨提示**

幼儿用蜡笔画画时,可给他们穿上罩衣,防止衣物被弄脏。

# 树叶配配对

❀ **适宜月龄**

24—36个月。

❀ **发展领域**

社会认知。

❀ **活动目标**

1.让幼儿通过简单观察,比较、区分不同的树叶。

2.让幼儿体验探索树叶活动的乐趣。

❀ **活动准备**

1.请家长带领幼儿收集一些落叶,并带到幼儿园来。

2.各种树叶图片若干,自制不同种类的树叶图卡。

❀ **活动过程**

1.活动导入,出示树叶。引导幼儿参与谈话,激发幼儿兴趣。

师:宝贝们和爸爸妈妈一起收集了好多漂亮的树叶呀,它们是什么样子呢?这些树叶像什么呢?(鼓励幼儿自由回答)

2.带领幼儿观察不同的树叶,认识树叶的形状及颜色。

展示分装在各类小篮子里的树叶,引导幼儿观察树叶特征。教师依次拿出不同篮子里的树叶进行提问。

3.出示树叶图卡,引导幼儿对相同形状、颜色的树叶进行分类。教师巡回指导。

❀ **活动延伸**

可将树叶配对材料投放进游戏区域里,以便幼儿自主操作。

# 叶子森林

❀ **适宜月龄**

24—36个月。

❀ **发展领域**

艺术与五感发展。

❀ **活动目标**

1.让幼儿喜欢秋天。

2.培养幼儿的动手能力、想象力和创造力。

❀ **活动准备**

1.材料准备：蛋托、树叶、树枝、泥土、森林图片等。

2.环境准备：30平方米以上的室内空间或室外平整的活动场地。

❀ **活动过程**

1.营造氛围，激发幼儿的兴趣。

师：秋天到了，森林里的树长得很高，变得很美，我们一起来看看吧（出示秋天森林的图片）。请小朋友们说一说，看到了什么？是什么样子的？

2.我们一起去找找秋天的颜色。

带领幼儿寻找秋天的颜色（找树枝、树叶），同时观察雨后的泥土。

3.手工制作。

(1)介绍材料，示范步骤。

引导幼儿将泥土装进蛋托里，利用各种树叶、树枝等自然材料进行装饰。

(2)幼儿大胆创作，制作秋天的"森林"。

4.秋天的森林模型制作好后，让幼儿自由观察。

❀ **活动延伸**

1.在区域里投放大量的树叶和其他材料，方便幼儿下次的创作。

2.幼儿可以回家和爸爸妈妈一起寻找秋天的颜色。

❀ **温馨提示**

幼儿在活动时，要注意安全，避免碰撞。

# 叶子魔法

❀ **适宜月龄**

24—36个月。

❀ **发展领域**

认知探索。

❀ **活动目标**

1.提高幼儿的观察能力及动手能力。

2.激发幼儿对科学的兴趣和探索大自然的好奇心。

❀ **活动准备**

材料准备:红、黄、绿三种颜色的树叶,酒精,透明杯,厨房纸。

环境准备:室内30平方米以上的空间。

❀ **活动过程**

1.谈话导入,介绍所需材料。

2.实验过程。

(1)请幼儿将树叶按颜色分类,用剪刀剪碎(不会用剪刀的幼儿可以用手撕),并分别放入透明杯中。

(2)将酒精倒入透明杯中,直至没过叶片。

(3)将纸巾轻轻卷成筒状,放入透明杯中,并确保可以吸到酒精。

(4)静置并观察颜色变化。

3.魔术变变变。

(1)教师把透明杯放入箱子里,请幼儿念"魔法变变变"。

(2)教师可以问透明杯中发生了什么变化? 变成了什么颜色?

4.科学小知识。

叶子中的天然色素可溶于酒精。叶子中含有很多天然色素,比如叶绿素、叶黄素、花青素……,由于各种色素含量不同,叶片颜色也不同。

❀ **活动延伸**

树叶会变色的秘密。

❀ **温馨提示**

1.提醒幼儿使用剪刀要小心。

2.为了观察树叶颜色的变化,幼儿需要提前一天准备好实验。

# 摸秋

❀ **适宜月龄**

24—36个月。

❀ **发展领域**

认知领域。

❀ **活动目标**

1.让幼儿感知秋天的丰收,在摸、闻的过程中感受季节变化的魅力。

2.让幼儿认识秋天的农作物。

❀ **活动准备**

南瓜、白萝卜、红薯、柠檬、一块布。

❀ **活动过程**

1.教师出示秋天的农作物,一一介绍其名称。

2.请幼儿看一看、摸一摸、闻一闻。

3.将秋天的农作物放到一块干净的布下面,让幼儿通过触摸来判断是什么。

❀ **活动延伸**

秋天还有什么农作物呢?请幼儿和爸爸妈妈一起找一找。

# 红薯的秘密

❀ **适宜月龄**

24—36个月。

❀ **发展领域**

自然探索。

❀ **活动目标**

1.让幼儿认识红薯,了解红薯的结构和生长环境。

2.让幼儿体验劳动的快乐和收获的喜悦。

❀ **活动准备**

松了土的红薯地,儿童小锄头若干。

❀ **活动过程**

1.出示红薯,引起幼儿兴趣。

请小朋友仔细观察,看一看,摸一摸,闻一闻。

师:你们认识这是什么吗?吃过吗?你知道它生长在哪里吗?

2.引导幼儿观察红薯地,认识了解红薯。

师:红薯是生长在土地里的。

3.老师示范挖红薯,幼儿分组挖红薯。

师:老师这里准备了小锄头,我们一起来挖红薯。

❀ **活动延伸**

在挖完红薯后,教师可邀请幼儿一起把红薯清洗干净。

❀ **温馨提示**

在幼儿使用小锄头时,教师应在一旁时刻提醒幼儿注意安全。

# 香香玉米粒

## ❀ 适宜月龄

24—36个月。

## ❀ 发展领域

认知领域。

## ❀ 活动目标

1.锻炼幼儿的动手能力及专注力。

2.让幼儿认识并了解玉米的外形特征。

## ❀ 活动准备

材料准备:玉米、盘子。

环境准备:室内30平方米以上的空间。

## ❀ 活动过程

1.出示玉米,引出主题。

师:今天我们班来了一位新朋友,看看它是谁?(玉米)

2.引导幼儿观察玉米,了解玉米的基本特征。

教师展示玉米,引导幼儿通过看一看、摸一摸、闻一闻,了解玉米的外形及结构特征。

师:黄黄的玉米藏在叶子里。看一看,玉米的叶子是什么样子的?(绿色的)摸一摸(有一条条的纹路),闻一闻(香香的)。请说一说剥干净的玉米长什么样?(黄黄的,一粒粒的)答对了,玉米是一列一列的,很整齐。

3.剥玉米。

(1)教师示范剥玉米的动作。

(2)让幼儿自主尝试剥玉米。

## ❀ 活动延伸

幼儿可以对剥好的玉米进行烘烤,做成玉米美食;做成美食后,幼儿品尝自己劳动所得的美食。

# 你好南瓜

❀ **适宜月龄**

24—36个月。

❀ **发展领域**

自然探索。

❀ **活动目标**

1.让幼儿通过观察、触摸,感受南瓜的特征。

2.让幼儿尝试用多种方式探究南瓜的特征。

❀ **活动准备**

南瓜,每人一个小盘子。

❀ **活动过程**

1.出示南瓜,师、幼交流自己的发现。

(1)鼓励幼儿看一看、摸一摸、抱一抱南瓜,感知南瓜的特征。

师:这是什么?你们认识吗?你们在哪里见过南瓜?

(2)引导幼儿从颜色、形状、大小等方面,进行观察和交流。

2.切开南瓜,引导幼儿观察南瓜的内部形态特征。

引导幼儿认识里面的南瓜果肉,南瓜子,南瓜瓤。

3.挖出南瓜瓤,鼓励幼儿将南瓜子一粒一粒挑拣出来,并放在盘子里。

4.晒晒南瓜子。

引导幼儿将挖出的南瓜子晒一晒。

❀ **活动延伸**

幼儿可以用挖出的南瓜子进行发芽实验,进一步了解南瓜的生长过程。

## 游戏活动

# 树叶泡泡

### ❀ 活动目标

1.让幼儿在吹泡泡的游戏中,锻炼口腔肌肉。

2.让幼儿体验用树叶吹泡泡的乐趣,激发他们对自然探究的兴趣。

### ❀ 活动材料

树叶、儿童剪刀、泡泡水。

### ❀ 活动场地

操场。

### ❀ 活动过程

1.活动导入。

2.教师示范用树叶吹泡泡的方法。

3.幼儿自由操作。

(1)带领幼儿来到户外寻找自己喜欢的树叶。

(2)引导幼儿用剪刀在树叶中间剪出一个小洞(教师给予适当指导)。

(3)将剪好的树叶放在洗洁精里浸泡,然后拿起来吹。

(4)幼儿可以自由地在操场上吹泡泡。

4.活动结束。

可以将树叶放置于美工区,或让幼儿带回家自己玩。

# 树叶风铃

## ❀ 活动目标

1.通过学习穿、涂等动作,提高幼儿专注力以及手眼协调能力。

2.让幼儿体验利用树叶制作风铃的乐趣,感受秋叶的美丽。

## ❀ 活动材料

树叶、塑料杯(杯底打好孔)、麻绳、马克笔。

## ❀ 活动场地

操场。

## ❀ 活动过程

1.活动导入。

出示已经做好的树叶风铃,讲解做风铃的方法。

2.分发制作材料,让幼儿自主操作。幼儿可先在塑料杯涂上自己喜欢的颜色,然后把叶子粘到麻绳上,最后将麻绳穿过已打孔的塑料杯。教师巡回检查并进行指导。

3.请幼儿展示自己的树叶风铃。

# 树叶项链

## ❀ 活动目标

1.让幼儿通过学习穿的动作,锻炼他们的专注力和手眼协调能力。

2.让幼儿乐于参与活动。

## ❀ 活动材料

已打孔的树叶、扭扭棒。

## ❀ 活动场地

操场。

## ❀ 活动过程

1.游戏导入,出示已经穿好的树叶项链,并讲解穿项链的方法。

2.幼儿自主动手操作,将已打孔的树叶一片一片穿进扭扭棒。教师巡回指导。

3.幼儿将穿好的树叶项链戴在脖子上,并展示。

# 树叶吹吹吹

## ❀ 活动目标

1. 锻炼幼儿的口腔肌肉和肺活量。

2. 提高幼儿的专注力。

## ❀ 活动材料

树叶、麻绳。

## ❀ 活动场地

操场。

## ❀ 活动过程

1. 提问导入，教师出示叶子，引起幼儿的兴趣。

师：今天我们要和叶子玩一个奇妙的游戏。

2. 教师示范，展示玩法。

师：宝贝们，观察我们在轻轻地吹气时，树叶会慢慢地摇晃；而当我们用力吹气时，树叶就会被吹得很高。

3. 幼儿自己尝试，开始游戏。

# 会跳舞的"小石榴"

## ❀ 活动目标

1. 培养幼儿对上、下空间的感知能力。

2. 锻炼幼儿身体的平衡能力，让他们体验集体游戏的快乐。

## ❀ 活动材料

海洋球、彩虹伞。

## ❀ 活动场地

操场。

## ❀ 活动过程

1. 游戏导入，出示"小石榴"(海洋球)。

2. 教师讲解活动玩法，配班教师拉开彩虹伞，把一盒海洋球倒在彩虹伞上，引导幼儿在彩虹伞下顶起海洋球。

3. 幼儿进行自主跳动游戏。

4. 游戏结束。

# 泡泡石榴画

## ❀ 活动目标

1.培养幼儿对色彩的兴趣,并锻炼他们手指的灵活性。

2.让幼儿尝试用泡泡来表现石榴的形态,同时关注画面的布局。

## ❀ 活动材料

自制泡泡水、纸杯、纱布、水粉颜料。

## ❀ 活动场地

室内30平方米以上的空间。

## ❀ 活动过程

1.教师将红色颜料、洗洁精、水混合搅拌均匀,制作成泡泡水,并示范如何吹出泡泡。

2.幼儿用纸杯吹出泡泡,拓印在纸上,泡泡"爆炸"的时候会拓印出一颗颗的石榴籽。

3.石榴籽画完后,请幼儿用黄色颜料在泡泡边缘画出一个圆圈,这样,泡泡石榴画就制作完成了。

## ❀ 户外活动

### 石榴沙包

❀ **活动目标**

1.促进幼儿手眼协调能力的发展。

2.激发幼儿对体育运动的兴趣。

❀ **活动材料**

沙包、篮子。

❀ **活动场地**

操场。

❀ **活动过程**

1.幼儿带着石榴沙包到户外运动(石榴沙包陪我一起玩),教师出示石榴沙包。

2.教师给每个幼儿分发一个石榴沙包,让他们通过自由地抛、接等游戏方式,感受石榴沙包的重量和形状。

3.教师讲解游戏规则,请幼儿向提前准备好的篮子里扔石榴沙包。

### 运萝卜

❀ **活动目标**

1.鼓励幼儿能大胆、勇敢地参加游戏。

2.让幼儿体验游戏的快乐。

❀ **活动材料**

萝卜、篮子。

❀ **活动场地**

操场。

❀ **活动过程**

1.教师"以小小送货员"的情境引出游戏。

2.情境体验。

师:我们的萝卜都成熟了,让我们去把它摘下来吧。

3.教师讲解游戏规则。

4.幼儿游戏,教师巡回指导。

# 滚秋瓜

## ❀ 活动目标

1.锻炼幼儿的四肢协调能力、双手控物能力。

2.让幼儿认识并能说出南瓜的外形特征。

## ❀ 活动材料

南瓜。

## ❀ 活动场地

操场。

## ❀ 活动过程

1.教师展示南瓜。幼儿通过看一看、摸一摸的方式了解南瓜的外形特征。

2.教师讲解游戏方法。幼儿双手滚动南瓜向前行。

3.比一比,看谁滚南瓜的速度最快。

# 球球游戏玩一玩

## ❀ 活动目标

1.练习向上跳起顶球,锻炼幼儿的弹跳能力。

2.培养幼儿视觉追踪能力。

## ❀ 活动材料

气球。

## ❀ 活动场地

操场。

## ❀ 活动过程

1.教师出示气球,引起幼儿兴趣。

师:这是什么呀? 气球可以怎么玩?

2.请幼儿试一试。

3.展示气球玩具并讲解游戏方法。

师:你们瞧! 老师准备了一种新玩法。我们可以向上跳一跳,看看头可不可以触碰到气球。

4.幼儿自由游戏。

## 社会实践

# 大自然寻宝

### ❀ 活动意图

陈鹤琴先生认为,大自然、大社会都是活教材。大自然是世界上最好的老师。托班幼儿好奇心强,愿意运用多种感官去认识世界。我们要保护幼儿对周围事物的好奇心和求知欲。

### ❀ 活动目标

1.增强幼儿的好奇心和探索欲望,培养幼儿热爱大自然,感受户外探索、寻宝的乐趣。

2.逐步提高幼儿的观察能力和手部的精细动作能力。

3.教幼儿认识常见的大树、树叶、花瓣、石头等自然物,培养幼儿爱上自然环境中的各种自然物,并了解其基本特征。

### ❀ 活动场地

草坪。

### ❀ 活动准备

每人一个小挎包。

### ❀ 活动过程

1.户外活动。

教师和幼儿开着小火车来到户外。教师提问:我们看到了什么?(大树、草地、落叶。)

2.寻宝游戏。

(1)引导幼儿用心观察草坪中的物体,并捡起来放进小挎包里。

引导语:小朋友们,今天我们一起来寻宝。大自然里有好多宝藏,比如……。如果有发现你们喜欢的东西,都可以捡起来,并放进小挎包里。

(2)邀请小区的幼儿一起来参与寻宝,看看谁寻的宝藏最多、最有趣。

3.分享自己寻到的宝藏,一起来说一说。

### ❀ 安全保障措施

1.确保场地安全,无危险物品。

2.外出活动时,要牵紧幼儿的手,时刻关注幼儿的安全状况。

3.保健医生和保安同行。

# 把秋天装进口袋里

❀ **核心经验**

1.让幼儿了解秋天的季节特征,感受秋天的美。

2.让幼儿亲近大自然,热爱大自然,欣赏秋天的景色。

3.让幼儿体验亲子互动的快乐。

❀ **指导准备**

纸口袋。

❀ **指导过程**

1.家长带领幼儿到附近树木种类比较多的地方,进行活动。

2.爸爸妈妈和幼儿一起随意拾起地上的落叶,想一想,说一说。

①自己拾的落叶是从哪棵树上掉下来的?它的"妈妈"是谁?

②你拾了几片树叶?比一比,是树上的叶子多,还是我们手上的叶子多?

③看一看,自己手里的叶子是什么样子的?像什么?摸一摸叶子的正面和反面,它们是不是一样的?

3.家长拍下幼儿拾落叶的照片,并分享他们的感受。

4.幼儿将拾到的落叶放进纸口袋里,收集起来,上学时带到幼儿园进行展示。

**11月**

# 我和伙伴一起玩

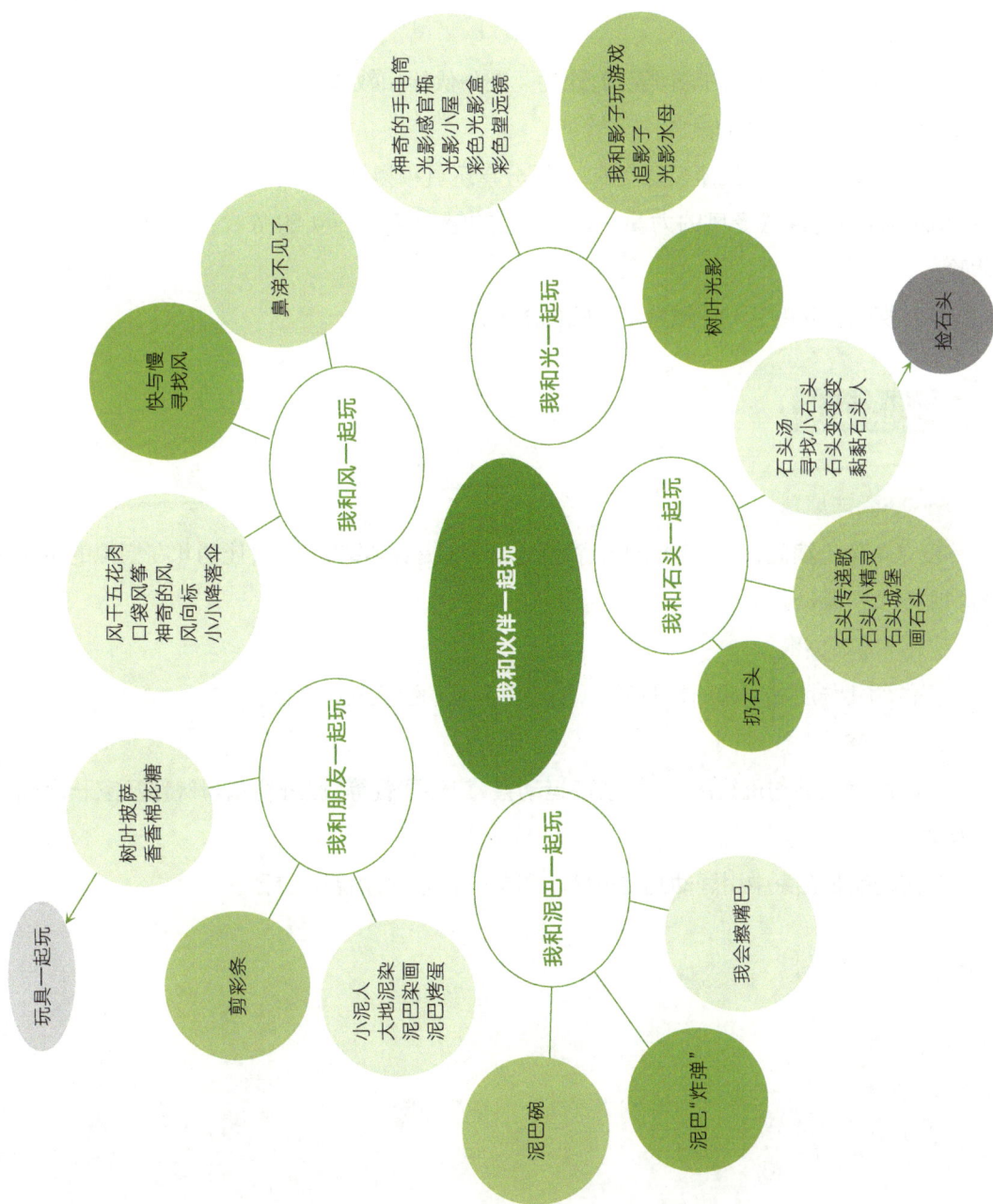

神奇的手电筒
光影感官瓶
彩色光影盒
彩色望远镜

我和影子玩游戏
追影子
光影水母

鼻涕不见了

树叶光影

快与慢
寻找风

我和光一起玩

捡石头

我和风一起玩

石头汤
寻找小石头
石头变变变
黏黏石头人

风干五花肉
口袋风筝
神奇的风
风向标
小小降落伞

我和伙伴一起玩

我和石头一起玩

石头传递歌
石头小精灵
石头城堡
画石头

扔石头

树叶披萨
香香棉花糖

我和朋友一起玩

我和泥巴一起玩

玩具一起玩

我会擦嘴巴

剪彩条

小泥人
大地泥染画
泥巴染画
泥巴烤蛋

泥巴"炸弹"

泥巴碗

## ☀ 发展任务

　　自然是孩子们最好的老师,本月我们将以"和伙伴一起玩"作为起点,以温暖、回应式的陪伴方式,让宝宝在与伙伴们的互动中一起感受风的力量,体验光影的魅力,在和石头的游戏中发现自然的神奇。通过这样的方式,我们将为宝宝提供真实、全面、丰富的感官刺激,让宝宝在探索中不断成长。

**11月活动视频**

　　1.营造温暖、回应式的陪伴氛围,让幼儿在与伙伴和教师的互动中感受到被关爱与被支持的温情。

　　2.鼓励幼儿积极与伙伴互动交流,尝试分享玩具和物品。

　　3.让幼儿通过感受风的力量、体验光影的魅力和与石头的游戏,丰富幼儿的感官体验。

　　4.在探索自然的活动中激发幼儿的创造力。

## 🍃 环境规划

**一、空间与规划**

　　设立角色扮演区,布置娃娃的家、商店等场景,提供丰富的道具,让幼儿在模拟的生活情境中与朋友互动。

**二、氛围与关系**

　　提供幼儿与朋友一起玩耍的照片,创造更多互动游戏的可能性。

**三、可能的资源**

　　1.邀请家长参与班级活动,如亲子运动会、户外野餐等,促进幼儿与伙伴及家长之间的互动。

　　2.鼓励家长在家中引导幼儿与小区小朋友一起互动,拓展社交圈。

**课程计划**

| 生活指导 | 发展课程 | 游戏活动 | 户外活动 | 社会实践 | 家庭指导 |
|---|---|---|---|---|---|
| 鼻涕不见了<br>我会擦嘴巴 | 树叶披萨<br>香香棉花糖<br>风干五花肉<br>口袋风筝<br>神奇的风<br>风向标<br>小小降落伞<br>神奇的手电筒<br>光影感官瓶<br>光影小屋<br>彩色光影盒<br>彩色望远镜<br>石头汤<br>寻找小石头<br>石头变变变<br>黏黏石头人<br>小泥人<br>大地泥染<br>泥巴染画<br>泥巴烤蛋 | 我和影子玩游戏<br>追影子<br>光影水母<br>石头传递歌<br>石头小精灵<br>石头城堡<br>画石头<br>剪彩条<br>泥巴碗 | 快与慢<br>扔石头<br>寻找风<br>泥巴"炸弹"<br>树叶光影 | 玩具一起玩 | 捡石头 |

💧 **生活指导**

# 鼻涕不见了

❀ **核心经验**

1.让幼儿学习用纸巾擦鼻涕的方法。

2.让幼儿知道流鼻涕时要及时擦干净。

❀ **指导准备**

小狗流鼻涕的图片、纸巾。

❀ **指导过程**

1.请幼儿说一说:流鼻涕了,怎么办? 告诉幼儿;流鼻涕时要及时用纸巾擦干净。

2.老师请幼儿尝试自己擦鼻涕,观察幼儿擦鼻涕的方法。

3.老师用儿歌帮助幼儿掌握正确的擦鼻涕方法。

4.请幼儿练习正确的擦鼻涕方法。

5.请幼儿讨论:纸巾除了擦鼻涕还可以擦什么? 告诉幼儿,我们要和纸巾做朋友,做个爱清洁的好宝宝。

附儿歌:

小纸巾,手中拿,
对折一下好方法,
按住鼻子轻轻擦,
擦完鼻涕扔纸篓,
小手洗净笑哈哈。

# 我会擦嘴巴

## ❀ 核心经验

1. 让幼儿模仿并掌握擦嘴的动作,学会自己擦嘴。

2. 借故事和展示,让幼儿明白擦嘴的重要性,养成爱干净的习惯。

## ❀ 指导准备

"脏嘴巴大怪物"毛绒玩偶、嘴巴部分可粘贴食物残渣贴纸、"魔法擦嘴巾"。

## ❀ 指导过程

1. 教师抱着"脏嘴巴大怪物"走进"美食小天地":"小朋友们,大怪物刚刚吃了好多好吃的,可它吃完不擦嘴巴,结果嘴角沾满残渣,说话臭臭的,小伙伴们都不愿意和它玩啦。"

2. 教师拿出"魔法擦嘴巾",念咒语"擦擦擦,变干净",边说边示范为"脏嘴巴大怪物"正确擦嘴的步骤:先展开毛巾,轻轻从嘴角往脸颊方向擦拭,再擦嘴唇下方。最后展示擦拭后的干净效果。

3. 幼儿分组在"美食小天地"进行用餐模拟,用餐结束后,每人领取一条"魔法擦嘴巾",尝试自己擦嘴。教师巡回指导,用趣味的语言进行鼓励,如"你像个小魔法师一样,把嘴巴变得亮晶晶啦"。

# 树叶披萨

## ❀ 适宜月龄

24—36个月。

## ❀ 发展领域

认知探索。

## ❀ 活动目标

1.让幼儿观察各种树叶的形状、颜色等的不同之处,初步了解植物的多样性。

2.锻炼幼儿的奔跑能力和身体协调能力。

3.让幼儿用不同的材料装饰"披萨",体验装饰披萨的快乐。

## ❀ 活动准备

1.材料准备:树枝、叶子等。

2.环境准备:一片宽阔的能捡树枝的场地。

## ❀ 活动过程

1.活动导入,认识披萨。

师:宝贝们,你们吃过披萨吗?披萨是什么样子的?什么形状的?

出示披萨的图片,并结合幼儿的生活经验,帮助他们总结出披萨是由一个大大的面饼和上面装饰各种食材组成的。

师:今天,老师将带领宝宝们,用树枝和树叶等自然材料,制作一个特别的"树枝披萨"。

2.带领幼儿到户外捡树枝的地点,先观察环境。地上散落着一些长短不一的树枝,还有各种颜色和各不相同形状的树叶。

3.引导幼儿拾捡树枝,并拼成一个披萨的形状。

4.让幼儿再次收集各种颜色的树叶,和其他感兴趣的材料,开始制作美味的"披萨"。

5.树叶披萨制作活动结束。

## ❀ 活动延伸

与幼儿一起阅读关于树叶的绘本《落叶跳舞》。教师可以和幼儿一起围坐在事先制作

好的树叶披萨周围。教师给幼儿讲述绘本故事,引导幼儿根据树叶披萨的样子,用一句话来描述树叶。比如,可以说树叶是从森林里的大树上飘下来的;或者比较自己和同伴捡的树叶,指出它们在颜色或者形状上的不同之处,并想象它们在旅途中发生了什么有趣的事情(如它从树上落下来的时候就像是蝴蝶在飞舞)。

# 香香棉花糖

## ❀ 适宜月龄

24—36个月。

## ❀ 发展领域

自然探索。

## ❀ 活动目标

1.让幼儿体验烤棉花糖的乐趣,丰富生活体验。

2.锻炼幼儿小肌肉群的运动能力。

3.培养幼儿的耐心和专注力。

## ❀ 活动准备

1.安全的小型烤炉(或蜡烛、防火装置等,本次活动我园采用的是自垒柴火烤炉)、棉花糖、竹签(或专门的棉花糖棒),数量要保证每个幼儿都有。

2.湿纸巾,用于幼儿清洁手部。

3.布置一个安全的操作区域,远离易燃物品。

## ❀ 活动过程

1.导入环节。

教师拿出棉花糖,问幼儿:"小朋友们,看看这是什么呀?"激发幼儿的兴趣。告诉幼儿,今天要一起做一件有趣的事情——烤棉花糖。

2.讲解与示范制作棉花糖的环节。

教师将棉花糖串在竹签上,展示给幼儿看。把串好棉花糖的竹签放在烤炉上方,一边操作,一边讲解:"我们要把棉花糖放在火的上方,慢慢转动,不要让棉花糖太靠近火哦,不然会烤煳的。"让幼儿观察棉花糖在烤制过程中逐渐变黄并膨胀的过程。

3.教师指导幼儿制作棉花糖环节。

给每个幼儿发放棉花糖和竹签,让他们在教师的监督下,将棉花糖串好。引导幼儿将竹签放在烤炉上,提醒幼儿注意安全,不要触摸烤炉的发热部位。鼓励幼儿慢慢转动竹

签,并观察棉花糖的变化。当棉花糖烤制完成后,帮助幼儿取下棉花糖。

4.品尝与分享环节。

(1)让幼儿品尝自己烤好的棉花糖,并说说味道怎么样。

(2)引导幼儿和旁边的小伙伴分享自己的感受。

5.清洁环节。

教师用湿纸巾帮幼儿擦拭手部,清理场地的杂物。

### ❀ 活动延伸

可以在角色扮演区投放一些与烤棉花糖相关的道具,供幼儿进行烤棉花糖的角色扮演活动。

# 风干五花肉

### ❀ 适宜月龄

24—36个月。

### ❀ 发展领域

食育课程。

### ❀ 活动目标

1.让幼儿认识五花肉,了解其基本外观特征。

2.让幼儿学会简单地处理五花肉。

3.激发幼儿对食物制作的兴趣,培养他们珍惜食物的意识。

### ❀ 活动准备

1.新鲜的五花肉适量,切成适合幼儿操作的小块。

2.盐、糖、生抽、料酒等调料(少量且安全无毒)等。

3.小刷子若干,用于涂抹调料。

4.展示架,用来展示风干过程中的五花肉。

5.关于制作风干五花肉的图片或视频。

### ❀ 活动过程

1.活动导入。

教师播放制作风干五花肉的视频或者展示图片,吸引幼儿的注意力。

提问幼儿:"小朋友们,你们知道这是什么好吃的吗?今天我们要一起制作风干五花肉哦。"

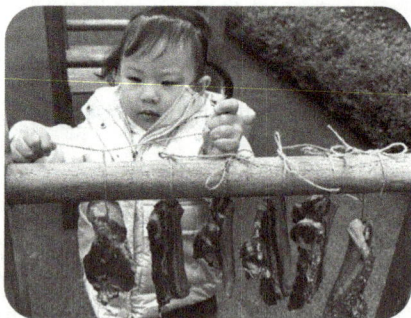

2.认识五花肉。

(1)教师拿出准备好的五花肉,让幼儿观察五花肉的颜色(红色和白色相间)、纹理等。

(2)请幼儿用小手轻轻地摸一摸五花肉,感受它的油脂。

3.制作风干五花肉。

(1)教师向幼儿展示调料,简单介绍调料的名称(如盐,可以让肉变得更有味道等)。

(2)教师示范用小刷子蘸取调料,然后均匀地涂抹在五花肉上。

(3)幼儿分组,然后在教师的指导下,用小刷子给五花肉涂抹调料。

(4)提醒幼儿不要把调料弄到眼睛或者嘴巴里。

4.展示与期待。

教师和幼儿一起将涂抹好调料的五花肉放在展示架上,并告诉幼儿,将这些五花肉放在通风的地方,进行风干。过一段时间后,就可以变成美味的风干五花肉啦。

❀ 活动延伸

1.在日常生活区域设置一个观察点,让幼儿可以观察五花肉风干的整个过程。

2.待五花肉风干后,可简单烹饪,并让幼儿品尝,感受劳动成果。

❀ 安全保障措施

1.确保调料对幼儿是安全无毒的,避免幼儿误食调料。

2.在操作过程中,教师要密切关注幼儿,确保幼儿的操作安全。

3.提前检查五花肉是否新鲜,有无变质等情况。

# 口袋风筝

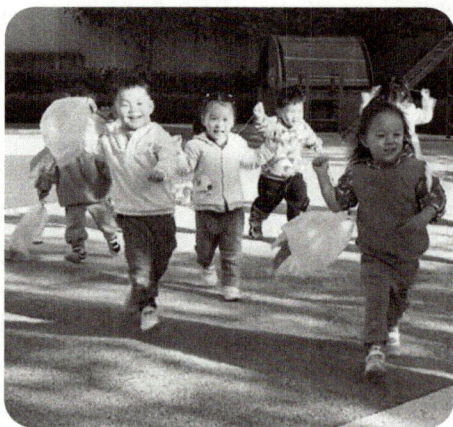

❀ **适宜月龄**

24—36个月。

❀ **发展领域**

艺术创作。

❀ **活动目标**

1.让幼儿学习折叠、粘贴等简单的手工技巧,提高他们的动手操作能力。

2.让幼儿乐于参加户外活动和手工制作,提高他们的耐心和专注力。

3.让幼儿了解风筝起飞的简单原理(借助风力)。

❀ **活动准备**

1.材料准备:塑料口袋、彩色纸条、毛线等。

2.环境准备:宽阔的场地。

❀ **活动过程**

1.认识风筝。

教师拿出一个准备好的口袋风筝,向幼儿介绍风筝的组成材料,身体是塑料口袋,尾巴是彩色的皱纹纸。

2.简单讲解风筝起飞的原理,告诉幼儿,风筝是靠风的力量飞起来的。

3.老师讲解口袋风筝的做法。

引导幼儿粘贴彩色纸条,制作漂亮的口袋风筝。幼儿在教师的指导下开始制作,教师巡回指导,帮助幼儿完成制作。

4.幼儿展示作品。

5.让幼儿自由地放飞他们做好的口袋风筝。

6.试飞风筝。

教师带领幼儿来到空旷的户外活动场地。让幼儿拿着自己制作的风筝,尝试在有风的时候让风筝飞起来,感受放风筝的乐趣。

❀ **活动延伸**

1.在美工区放置更多制作风筝的材料,让幼儿可以继续制作出不同样式的风筝。

2.开展放风筝的比赛活动,鼓励幼儿积极参与。

# 神奇的风

❀ **适宜月龄**

24—36个月。

❀ **发展领域**

认知探索。

❀ **活动目标**

1.让幼儿认识吹风机及其基本功能,如吹风机吹的风能让轻盈的物体飘浮等。

2.让幼儿学会观察吹风机吹出的风对不同物体的影响,并尝试用吹风机让物体动起来。

3.激发幼儿对探索自然现象——风的兴趣,培养他们的好奇心和探索精神。

❀ **活动准备**

1.材料准备。

(1)多台小功率的儿童安全吹风机。

(2)各种轻的物品,如羽毛、小纸条、薄丝巾、小气球等。

(3)大的透明塑料箱(用于在箱内操作,避免物品被吹得到处都是)。

2.环境准备:30平方米以上的室内空间。

❀ **活动过程**

1.活动导入。

教师拿出吹风机,问幼儿:"小朋友们,你们知道这是什么吗?今天我们来看看它有什么神奇的地方。"

2.认识吹风机。

教师简单地介绍吹风机的外形和基本功能(可以吹出风),并打开吹风机,让幼儿感受吹风机吹出的风。

3.探索吹风机的风。

(1)教师将准备好的各种轻的物品放入透明塑料箱中。

(2)请幼儿围坐在一起,教师示范用吹风机对着塑料箱内的物品吹,让幼儿观察塑料箱内的羽毛、小纸条等物品在风中飘浮的现象。

(3)幼儿分组,在教师的指导下,轮流使用吹风机,尝试让不同的物品飘浮起来,引导幼儿观察并描述自己看到的现象。

4.总结与交流。

关闭吹风机,教师与幼儿一起讨论刚才的活动。

提问幼儿:"你们看到了什么? 吹风机的风让哪些物品飘起来了?"

### ❀ 活动延伸

教师引导幼儿,在户外观察自然风对树叶、花朵等物体的影响。

# 风向标

### ❀ 适宜月龄

24—36个月。

### ❀ 发展领域

自然科学。

### ❀ 活动目标

1.教幼儿认识风向标,知道它可以指示风向,并初步感知风的不同方向。

2.让幼儿学会观察风向标转动的方向,并尝试制作简单的风向标。

3.提升幼儿对科学活动的兴趣。

### ❀ 活动准备

1.制作风向标的材料:卡纸、吸管、大头针、铅笔等。

2.用于制造人工风的风扇。

3.与风相关的图片或视频,如树叶随风摇曳、旗帜随风飘扬的图片或视频等。

### ❀ 活动过程

1.活动导入。

(1)教师引导幼儿观察周围环境中的树叶或幼儿园里其他被风吹动的物品。

提问幼儿:"宝贝们,你们知道是什么让这些物品动起来的吗?"从而引出风的话题。

(2)展示风向标。

师:"今天,让我们来认识一个神奇的东西,它可以告诉我们风是从哪个方向吹来的。"

2.认识风向标。

教师拿着风向标,并向幼儿介绍风向标各部分的名称(如箭头、尾翼等)。

3.教师示范制作简单的风向标。

(1)将卡纸剪成箭头和尾翼的形状。

（2）将吸管穿在卡纸上，用大头针固定。

（3）将铅笔插在吸管的一端，一个简单的风向标就做好了。

（4）在教师的指导下，幼儿动手制作风向标，而教师在必要时帮助幼儿完成那些较难的步骤。

4.探索风向标。

（1）幼儿拿着自己制作的风向标，站在风扇前，观察风向标在风中转动。

（2）教师引导幼儿在不同的位置观察风对风向标转动的影响。

### ❀ 活动延伸

1.在科学区放置更多样式的风向标，让幼儿继续观察和探索。

2.带领幼儿到户外，观察自然风中风向标是如何转动的。

### ❀ 温馨提示

1.制作风向标的时候要注意安全，小心划到手指。

2.帮助有操作困难的幼儿。

# 小小降落伞

### ❀ 适宜月龄

24—36个月。

### ❀ 发展领域

艺术创作。

### ❀ 活动目标

1.让幼儿认识降落伞，了解其基本形状和简单用途。

2.让幼儿学会制作简单的降落伞，提高他们的动手能力。

3.激发幼儿对科学现象——空气阻力的好奇心，提高他们的专注力。

### ❀ 活动准备

1.各种不同样式的降落伞模型或图片等。

2.制作降落伞的材料，如手帕或者轻薄的方形塑料布、绳子、小重物（如小塑料玩具、小珠子等）、剪刀等。

3.较高的活动空间（如室内的高架子或者户外的滑梯顶部等），用于测试降落伞。

### ❀ 活动过程

1.活动导入。

教师展示降落伞模型或者图片。

提问幼儿："小朋友们,你们知道这是什么吗? 它有什么作用呢?"

2.认识降落伞。

(1)教师拿着降落伞模型,向幼儿介绍降落伞的形状(通常是圆形),以及它在现实生活中的用途,比如,可以帮助人从高空安全降落等。

(2)简单解释降落伞能慢慢飘落是因为空气的作用。

3.制作降落伞。

教师示范制作过程。

(1)把方形的手帕或者塑料布平铺在桌面上。

(2)将绳子剪成相同长度的4段,分别系在手帕的四个角。

(3)把4根绳子的另一端系在小重物上。

(4)在教师的协助下,幼儿制作降落伞。教师需要帮助幼儿完成打结等较难操作的部分。

4.测试降落伞。

(1)教师带领幼儿来到较高的活动空间。

(2)幼儿依次站在高处,拿着自己制作的降落伞,松手让降落伞飘落,并观察降落伞降落的过程。

### ❀ 活动延伸

1.在美工区放置材料,让幼儿制作不同颜色和大小的降落伞。

2.可以开展降落伞比赛,看谁的降落伞降落得最慢最稳。

# 神奇的手电筒

❀ **适宜月龄**

24—36个月。

❀ **发展领域**

认知探索。

❀ **活动目标**

1.让幼儿知道手电筒可以发光。

2.让幼儿学会正确使用手电筒的开关,培养手眼协调能力。

3.让幼儿尝试用手电筒照亮不同的物体,感受光影的乐趣。

❀ **活动准备**

1.材料准备:手电筒、各种动植物图片、贴上图片的盒子等。

2.环境准备:30平方米以上的室内空间。

❀ **活动过程**

1.活动导入。

教师神秘地拿出一个手电筒,问幼儿:"小朋友们,你们知道这是什么吗？今天我们要一起探索它的神奇之处。"

2.认识手电筒。

(1)教师将手电筒打开,让幼儿观察手电筒发出的光。

(2)向幼儿介绍手电筒的基本构造。简单展示灯泡、开关等部件。

3.使用手电筒。

(1)教师示范如何打开和关闭手电筒,让幼儿跟着操作。

(2)幼儿分组,在明亮的环境下,教师引导幼儿用手电筒照射周围各种动植物的图片、贴上图片的盒子,并观察光照射在物体上的效果。

(3)教师带领幼儿进入黑暗的小房间或者暗室,再一次让幼儿用手电筒照亮不同的物品,如会透光的彩色塑料片、不透光的木板等,引导幼儿发现光对不同物体的穿透性存在差异。

4.游戏环节。

玩"手电筒寻宝"游戏。教师在暗室里藏一些小玩具,让幼儿用手电筒寻找,增加活动的趣味性。

❀ **活动延伸**

1.在科学区放置手电筒和各种物品,让幼儿继续探索光与物体的关系。

2.在晚上,让幼儿在户外活动中使用手电筒,并观察环境中光的传播。

# 光影感官瓶

### ❋ 适宜月龄

24—36个月。

### ❋ 发展领域

认知。

### ❋ 活动目标

1.刺激幼儿五官发育。

2.锻炼幼儿精细动作的能力。

### ❋ 活动准备

1.材料准备:彩色玻璃纸、透明瓶子等。

2.环境准备:室内30平方米以上的空间。

### ❋ 活动过程

1.活动导入。

教师关灯营造氛围,并拿出光影感官瓶,用手电筒照射出美丽的彩色光影。

2.制作光影感官瓶。

(1)教师出示不同颜色的玻璃纸,请幼儿看一看、摸一摸,并听一听玻璃纸发出的声音。

(2)请幼儿用儿童剪刀将彩色玻璃纸剪碎。

(3)将剪好的玻璃纸放到瓶子里。

3.走进光影世界。

引导幼儿用手电筒照一照感官瓶,一起探索光影的世界,感受光影色彩的美丽。

### ❋ 活动延伸

1.在做好的光影感官瓶里加入水,变成不同形态的感官瓶。

2.可以用不同的材料做感官瓶,比如,不同的树叶、花朵等。

### ❋ 温馨提示

让幼儿使用剪刀的时候要注意安全,帮助操作困难的幼儿。

# 光影小屋

❀ **适宜月龄**

24—36个月。

❀ **发展领域**

艺术创作。

❀ **活动目标**

1.利用粘贴的方式制作光影小屋,锻炼幼儿手部精细动作的能力。

2.让幼儿对光影现象产生好奇心和探索欲望,感受光影游戏的快乐。

❀ **活动准备**

材料准备:已经剪裁好的小屋造型卡纸,双面胶,彩色玻璃纸等。

环境准备:阳光充足的天气。

❀ **活动过程**

1.活动导入,展示已经做好的光影小屋。

教师关灯营造氛围,出示光影感官瓶,用手电筒照射出美丽的彩色光影。

2.教师出示裁剪好的小屋造型卡纸,请幼儿自由创作,引导幼儿自己粘贴彩色玻璃纸。

3.幼儿展示自己做的光影小屋,到户外的阳光下,进行光影探索。

❀ **活动延伸**

1.在科学区放置更多的物体和一个小型光源,让幼儿继续探索光影现象。

2.可以在以后的户外活动中,在阳光充足的时候,带领幼儿观察阳光下物体的影子。

# 彩色光影盒

❀ **适宜月龄**

24—36个月。

❀ **发展领域**

艺术与五感发展。

❀ **活动目标**

1.通过活动设计,为幼儿提供视觉刺激,激发他们对艺术活动的兴趣。

2.让幼儿感知色彩带来的乐趣。

❀ **活动准备**

材料准备:彩色玻璃纸、透明胶、空盒子、手电筒等。

环境准备:30平方米以上的室内空间。

❀ **活动过程**

1.活动导入,激发幼儿对活动的兴趣。

师:小朋友们,今天,我要和你们玩一个很好玩的游戏。

2.展示事先完成的作品,引导幼儿观察。

师:宝贝们,你们看到了什么?今天我要请宝贝们自己动手制作彩色光影盒。

3.教师示范。

师:选择自己喜欢的颜色、图形,然后将玻璃纸贴在盒子上。

4.发放材料,引导幼儿自己操作,教师指导。

❀ **活动延伸**

幼儿可以用手创造出各种形状,在白墙上投射出有趣的影子。

# 彩色望远镜

❀ **适宜月龄**

24—36个月。

❀ **发展领域**

认知领域。

❀ **活动目标**

1.提高幼儿动手操作的能力。

2.让幼儿用彩色望远镜观察大自然,体验彩色的自然世界。

❀ **活动准备**

1.材料准备:纸筒、彩色玻璃纸、皮筋等。

2.环境准备:平整的室外活动场地。

❀ **活动过程**

1.教师出示望远镜,对幼儿说:"今天我们要做一个不一样的望远镜——彩色望远镜。"

2.制作望远镜。

请幼儿把玻璃纸贴在纸筒上,并用皮筋固定住。教师帮助操作困难的幼儿。

3.戴着彩色望远镜,发现不一样的世界。

(1)教师和幼儿一起拿着望远镜,看看大自然的变化。

(2)大自然变成什么样子了? 你看到了什么颜色?

❀ **活动延伸**

1.在科学区放置望远镜,让幼儿在不同的时间(如晴天、阴天),观察户外的景色。

2.可以组织幼儿到公园等户外场所,用望远镜观察自然景物。

# 石头汤

❀ **适宜月龄**

24—36个月。

❀ **发展领域**

自然探索。

❀ **活动目标**

1.让幼儿愿意与同伴分享,体验活动的快乐。

2.让幼儿知道分享也是一种快乐。

❀ **活动准备**

1.材料准备:石头(选择安全无毒的石头)、各种蔬菜(土豆、胡萝卜、洋葱)、肉丸子等食材和调料。

2.环境准备:幼儿园生活区,宽阔的生火场地。

3.《石头汤故事》绘本。

❀ **活动过程**

1.活动导入,激发幼儿的兴趣。

师:小朋友在幼儿园喝过什么汤呀? 你最喜欢喝什么汤? 小朋友喝过这么多汤,一定没喝过石头汤吧。你们一定很好奇石头怎么用来做汤,我们一起去绘本里寻找答案吧。

2.讲述石头汤的故事。

提问:故事里的人用什么煮出了美味的汤? 他们是怎么做到的?

3.制作石头汤。

(1)把石头放入锅中。将清洗干净的石头小心地放入准备好的大锅中。

(2)加水。在锅中加入足量的水,确保石头完全被水淹没,并将锅放在炉灶上,开大火将水烧开。

(3)加入食材。水烧开后,放入准备好的肉类(如果有添加的话),让其在沸水中煮几分钟后,撇去浮沫。接着依次放入切好的蔬菜,比如,先放入比较难煮熟的胡萝卜、土豆等,再放入相对容易煮熟的洋葱、白菜等。

(4)炖煮。让汤保持微沸的状态,小火慢慢炖煮。具体时间取决于食材的种类和数量,以及想要达到的口感。其间可以偶尔搅拌一下,确保所有食材都能均匀受热。

(5)调味。根据个人口味加入适量的盐、胡椒粉、生抽等调料。也可以先少量添加,尝一下味道后再进行调整。在关火前可以滴入几滴香油,增加汤的香味。

(6)取出石头。汤煮好后,用漏勺小心地将石头从汤中捞出。

(7)盛汤享用。将煮好的石头汤盛入碗中,和幼儿一起品尝。需要注意的是,石头在这个过程中只是起到一个引发创意和象征意义的作用,它本身并不能食用。并且要选择安全无毒的石头,避免石头在加热过程中释放有害物质。

✿ **活动延伸**

在角色扮演区放置相关道具,让幼儿可以继续进行石头汤的角色扮演游戏。

# 寻找小石头

✿ **适宜月龄**

24—36个月。

✿ **发展领域**

自然探索。

✿ **活动目标**

1.让幼儿观察不同石头的特征,如颜色、形状、大小、纹理等,以激发幼儿对自然界中物体的探究兴趣。

2.通过在户外行走、弯腰捡石头等动作,锻炼幼儿腿部和腰部大肌肉群,以及身体的协调性。

✿ **活动准备**

1.小篮子或小布袋,供幼儿装石头用,确保每个幼儿都有一个。

2.准备若干放大镜,方便幼儿更仔细地观察石头。

✿ **活动过程**

1.活动导入,认识石头。

师:石头是什么样子的?他们通常是什么颜色?什么形状?他们是硬的还是软的?有味道吗?

2.带领幼儿来到安全的、有石头分布的户外区域,如操场边、花园小径处等。

(1)给每个幼儿发放一个小篮子或小布袋,让他们开始寻找小石头。

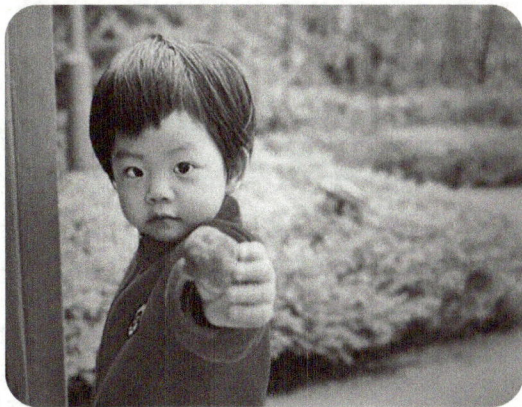

(2)教师在旁边监督,提醒幼儿注意安全,避免到危险的地方去。

3.观察石头。

(1)带领幼儿回到教室,让他们把捡到的石头放在桌子上。

(2)分发放大镜,引导幼儿从颜色、形状、大小、纹理等方面仔细观察石头。

(3)邀请幼儿分享自己找到的石头有什么特别之处。

❀ **活动延伸**

园区可以在科学区设置一个"石头展示角",让幼儿把自己捡到的石头展示出来。

# 石头变变变

❀ **适宜月龄**

24—36个月。

❀ **发展领域**

认知。

❀ **活动目标**

1.让幼儿了解圆形、三角形、正方形。

2.增强幼儿的注意力。

❀ **活动准备**

1.材料准备:石头、图形(三角形、圆形、正方形)卡片等。

2.环境准备:30平方米以上的室内空间或者户外草坪。

❀ **活动过程**

1.情景导入。

(1)教师告诉幼儿要到花园里做游戏,创设情景,让幼儿在花园里找石头。

(2)幼儿找到石头后,教师引导他们坐回到地垫上,观察自己找到的石头是什么样的,跟小伙伴的石头比一比,看一看有什么不一样。

2.石头变变变。

(1)教师向幼儿展示三种图形,帮助他们初步感知圆形、三角形、正方形。

(2)请幼儿尝试用找到的石头沿着图形卡片的边缘摆一摆,模拟出图形的轮廓。

提问:还可以摆出什么形状?请在垫子上自由发挥,摆一摆。

3.送石头回家,培养幼儿的归位意识。

### ❀ 活动延伸

1.可在活动区域放置更多的石头和各种图案卡片,让幼儿有更多的机会继续进行石头摆一摆和形状识别的练习。

2.在户外活动时,带领幼儿在幼儿园里寻找石头,观察石头在自然环境中的样子,拓宽幼儿的认知视野。

3.开展亲子活动,邀请家长和幼儿共同参与,一起收集石头,并尝试制作石头工艺品,增进亲子间的互动与合作。

# 黏黏石头人

### ❀ 适宜月龄

24—36个月。

### ❀ 发展领域

艺术创作。

### ❀ 活动目标

1.让幼儿利用黏土对石头进行装饰,制作石头娃娃。

2.让幼儿尝试用石头创造出不同的形象,培养他们的想象力和创造力。

3.激发幼儿对自然物的兴趣和探索欲望,让他们体验动手操作的快乐和成就感。

### ❀ 活动准备

材料准备:

1.各种形状、大小、颜色的石头(提前洗净并消毒);

2.超轻的黏土;

3.托盘,用于展示幼儿作品。

环境准备:地垫或草坪等户外场地。

### ❀ 活动过程

1.活动导入。

教师向幼儿展示创意石头、黏土作品的图片,以此激发幼儿的兴趣。

提问:"宝贝们,你们看这些石头变得多有趣呀,想不想自己动手试试呢?"

2.感知石头与黏土。

教师分发石头,让幼儿触摸,感受石头的硬度、光滑度等特征。再分发黏土,让幼儿观察黏土的颜色,用手捏一捏,感受黏土的柔软和可塑性。

3.制作黏黏石头人。

(1)教师示范。选择一块石头,然后取适量黏土。首先,将黏土搓成圆球作为石头人的脑袋;其次,将黏土搓成细条作为石头人的四肢;最后,再将黏土粘贴在石头上。

(2)幼儿开始动手操作,教师在旁边巡回指导,鼓励幼儿发挥想象力,制作出各种独特的石头人,例如,可以给石头人加上眼睛、嘴巴等。

4.展示与分享

(1)请幼儿将自己制作好的黏黏石头人放在展示台上。

(2)幼儿轮流介绍自己的作品,介绍石头人的名字、特点等。

❀ **活动延伸**

1.在美工区放置更多石头和黏土,让幼儿继续创作不同主题的石头黏土作品。

2.也可以引导幼儿用树叶、树枝等自然材料与石头、黏土一起制作综合手工。

# 小泥人

❀ **适宜月龄**

24—36个月。

❀ **发展领域**

自然探索。

❀ **活动目标**

1.通过绘本讲读,让幼儿了解用泥巴作图的创作方式。

2.让幼儿体验天然玩具——泥巴,享受玩泥巴的乐趣。

3.让幼儿通过和泥、用泥巴创作的过程,充分体验自然材料的乐趣,释放幼儿天性。

❀ **活动准备**

材料准备:《小泥人》绘本、泥巴、水等。

❀ **活动过程**

1.绘本导入,激发幼儿兴趣。

(1)出示《小泥人》绘本,引导幼儿讲一

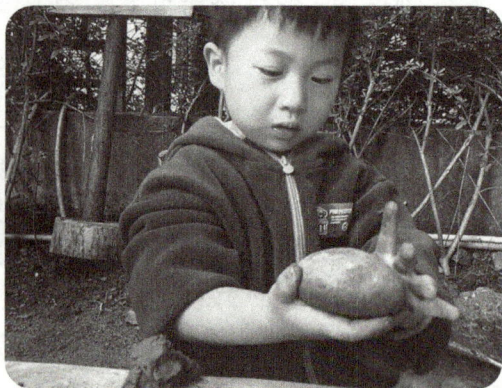

讲自己观察到的画面。

(2)教师完整讲述绘本故事。

2.出示泥土。

教师请幼儿自由玩一玩、捏一捏、团一团泥巴,并用五感去感受泥巴。

3.教师引导幼儿将泥巴捏成小泥人。

4.展示与分享。

(1)请幼儿把自己制作的小泥人放在展示台上。

(2)幼儿依次介绍自己的小泥人,说说小泥人的名字、特点等。

5.活动结束,引导幼儿将手清理干净。

### ❀ 活动延伸

1.在美工区放置更多的黏土和相关工具,让幼儿继续制作不同的小泥人。

2.在幼儿玩小泥人时,适时鼓励幼儿创编"小泥人故事",一句话,一个情景都可以。

# 大地泥染

### ❀ 适宜月龄

24—36个月。

### ❀ 发展领域

自然领域。

### ❀ 活动目标

1.让幼儿提升动手能力,体验制作的乐趣。

2.让幼儿热爱大自然,喜欢户外游戏。

### ❀ 活动准备

材料准备:泥土、白布、皮筋、小桶等。

环境准备:室外平整的活动场地。

### ❀ 活动过程

1.活动导入,魔术变变变。

教师从箱子里拿出用泥染过的布。请幼儿观察,这是怎么做成的呢?

2.泥染活动。

(1)请幼儿在户外挖一挖泥土,并把挖好的泥土放进小桶里。

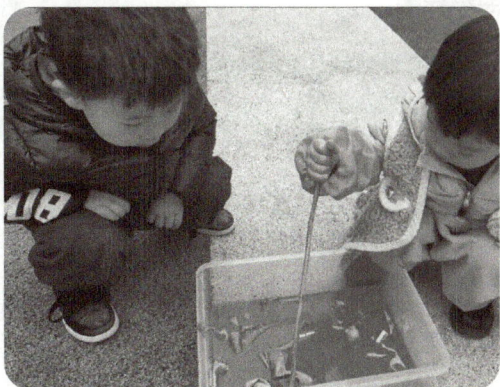

（2）再加入水，用手将泥土和水搅拌均匀。

（3）教师分发布和皮筋，请幼儿在布上扎出自己喜欢的形状。

（4）扎好的幼儿将布放在泥水里浸泡，等到泥水将布染上颜色后，再将布拿出来晾干。

3.分享经验。

幼儿自己将泥染的布放在太阳能晒到的地方，将其晾干，最后分享自己的泥染布。

❀ **活动延伸**

幼儿回到家后，可以和自己的爸爸妈妈分享泥染布，教一教他们怎么制作。

❀ **温馨提示**

在活动过程中，不要将泥土弄到眼睛和衣服上以防受伤。

# 泥巴染画

❀ **适宜月龄**

24—36个月。

❀ **发展领域**

艺术创作。

❀ **活动目标**

1.锻炼幼儿的动手能力，提高他们的想象力、创造力。

2.让幼儿感受创意泥巴染画的乐趣，热爱大自然。

❀ **活动准备**

材料准备：泥巴、颜料水、大白纸、海绵棒等。

场地准备：户外宽阔的场地。

❀ **活动过程**

1.活动导入，出示泥巴。

师：泥巴是什么颜色？泥巴可以画画吗？（师幼讨论泥巴如何画画。）

2.出示颜料水，激发幼儿兴趣。

师：加入颜料水的泥巴可以画画吗？

3.展示颜料泥巴画，讲解作画方法。

4.请幼儿在大白纸上自由创作。

5.展示作品，活动结束。

❀ **活动延伸**

1.在美工区投放泥巴和画纸等材料,让幼儿继续进行泥巴染画创作。

2.家长可以把幼儿的作品装订成册,制作成一本"泥巴染画集"。

# 泥巴烤蛋

❀ **适宜月龄**

24—36个月。

❀ **发展领域**

食育课程。

❀ **活动目标**

1.让幼儿体验制作泥巴烤蛋的乐趣,提升他们的动手能力。

2.让幼儿热爱大自然。

❀ **活动准备**

材料准备:鸡蛋、泥巴、锡箔纸等。

环境准备:室外平整的活动场地。

❀ **活动过程**

1.创设情景,活动导入。

师:农场里面的鸡妈妈们下了很多的蛋;农场里的爷爷邀请我们一起去帮助他收鸡蛋。

2.寻找鸡蛋。

幼儿在草坪上寻找鸡蛋。

3.用鸡蛋制作美食。

教师示范制作泥巴烤蛋。

4.幼儿自己动手制作烤蛋。

❀ **活动延伸**

幼儿可将烤好的泥巴烤蛋带回家和爸爸妈妈一起分享。

## 我和影子玩游戏

❀ **活动目标**

1.让幼儿喜欢探索影子。

2.让幼儿在探索过程中体验游戏的快乐。

❀ **活动材料**

树叶、儿童剪刀、形状打孔器等。

❀ **活动场地**

操场。

❀ **活动过程**

1.教师带着幼儿去户外探索,并寻找影子。

2.带领幼儿藏到没有阳光照射的地方,感受影子的变化。

3.让幼儿捡起自己喜欢的树叶,用打孔器打孔后,在阳光下,观察阳光透过树叶孔投射在地面的影子。

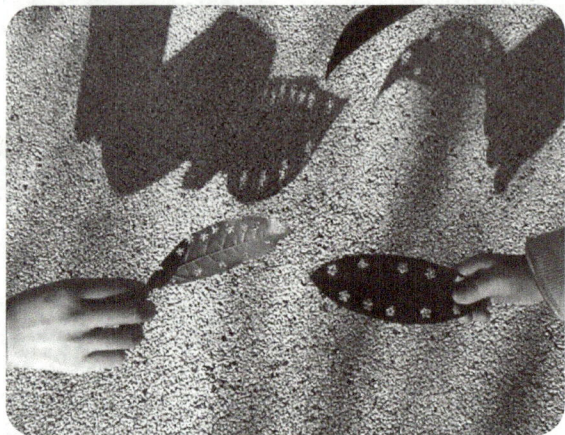

# 追影子

❀ **活动目标**

1.让幼儿能大胆探索,发现影子的变化。

2.让幼儿感受玩影子游戏的乐趣。

❀ **活动材料**

音乐。

❀ **活动场地**

操场。

❀ **活动过程**

1.教师引导幼儿进行热身活动,带领他们在音乐伴奏下做各种跳跃动作,音乐一停,请幼儿猜猜自己做的影子造型像什么动物。

2.幼儿与同伴相互踩对方的影子。教师会不断提醒幼儿要注意安全,避免互相碰撞。

3.活动结束后,幼儿踩着影子,有序地返回教室。

# 光影水母

## ❀ 活动目标

1.和幼儿一起欣赏水母瓶,提高他们对小实验的兴趣。

2.提高幼儿的动手能力和思维能力。

## ❀ 活动材料

颜料滴管、矿泉水瓶(每人一个)、用一次性手套制作的"水母"等。

## ❀ 活动场地

光线较暗的室内。

## ❀ 活动过程

1.出示已经制作好的光影水母瓶,请幼儿仔细观察。

2.给幼儿分发矿泉水瓶,指导他们将水瓶灌满水,然后将"水母"放进瓶中。

3.引导幼儿使用颜料滴管,往水瓶中滴入自己喜欢的颜色,并拧紧瓶盖。

4.引导幼儿用手电筒从瓶子底部向上照射,并观察瓶子的变化。

5.幼儿自由探索和玩耍光影水母瓶。

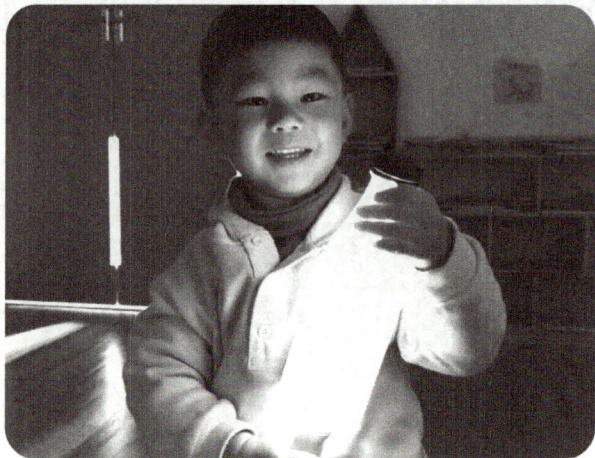

# 石头传递歌

## ❀ 活动目标

1.让幼儿欣赏歌曲,感受音乐旋律的不同。

2.让幼儿尝试用传递石头的方式表现乐曲节奏。

3.让幼儿乐于参与游戏,同时能与他人合作游戏。

## ❀ 活动材料

石头、音乐、地垫等。

## ❀ 活动场地

室内。

## ❀ 活动过程

1.小朋友围坐成一个圈,欣赏音乐,感受音乐的节奏变化。

2.展示石头。教师用石头示范,并引导幼儿感知音乐的变化,根据音乐的变化传递石头。

3.教师引导幼儿根据音乐节奏的变化传递石头。

4.可重复多次。

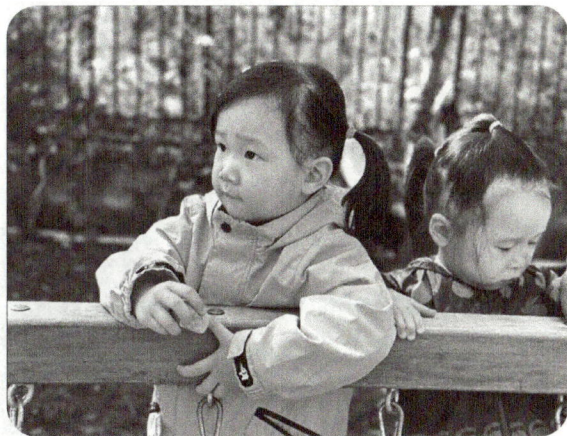

# 石头小精灵

❀ **活动目标**

1.让幼儿认识石头，感知石头大小、重量、颜色的不同。

2.锻炼幼儿的想象力和创造力，提高他们的动手能力。

❀ **活动材料**

石头、各种植物等。

❀ **活动场地**

操场。

❀ **活动过程**

1.教师带着幼儿去户外探索，寻找小伙伴——小石头。

2.幼儿捡自己喜欢的石头，观察石头的不同（大小、重量、颜色）。

3.幼儿寻找植物给石头变妆，装饰石头，让石头变成小精灵。

# 石头城堡

❀ **活动目标**

1.让幼儿乐意参与玩石头的游戏，体验玩石头的乐趣。

2.让幼儿通过玩石头城堡游戏，对周围事物产生探索的兴趣。

❀ **活动材料**

各种各样的石头。

❀ **活动场地**

室内。

❀ **活动过程**

1老师出示石头，让幼儿仔细观察石头的不同特征。

2.引导幼儿说一说，如何用石头搭建城堡。

3.引导幼儿用石头自由搭建城堡，老师适时指导。

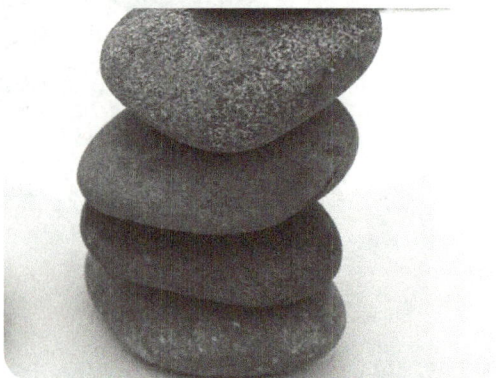

# 画石头

🌼 **活动目标**

1.锻炼幼儿的观察能力和配对能力。

2.让幼儿学会使用蜡笔。

🌼 **活动材料**

石头、纸、蜡笔等。

🌼 **活动场地**

操场。

🌼 **活动过程**

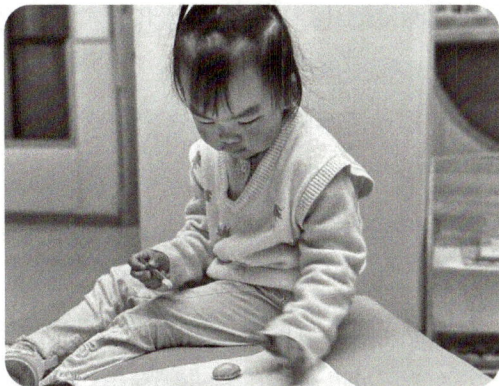

1.教师和幼儿一起去户外寻找石头,并讲解游戏规则。

2.指导幼儿用蜡笔在纸上画出石头的轮廓。

3.让幼儿仔细观察石头的形状和纸上的轮廓图形,并找出相对应的石头。

# 剪彩条

🌼 **活动目标**

1.让幼儿学习儿童剪刀的使用方法。

2.锻炼幼儿的手部精细动作,培养幼儿的专注力。

🌼 **活动材料**

儿童剪刀、彩色卡纸。

🌼 **活动场地**

教室。

🌼 **活动过程**

1.道具导入。

教师用纸条为宝宝引出主题。

2.剪刀娃娃变魔术。

(1)教师出示儿童剪刀,并示范怎样使用剪刀。

(2)分发剪刀,请幼儿拿出小手试一试,慢慢地剪纸条。

3.幼儿操作,教师指导。

# 泥巴碗

### ❀ 活动目标

1.激发幼儿探索的欲望,使他们通过实践提升动手能力。

2.激发幼儿对自然的热爱和保护意识,促进他们的想象力和创造力的发展。

### ❀ 活动材料

一次性透明碗、泥巴、小铲子等。

### ❀ 活动场地

户外泥巴地。

### ❀ 活动过程

1.展示制作好的泥巴碗,激发幼儿的兴趣。

2.引导幼儿借助工具进行操作,用铲子挖泥巴,并装进碗里。

3.引导幼儿在泥巴碗中模拟自然环境,创造小型自然生态的场景。

4.请幼儿自由展示自己的作品,鼓励他们用简单的语言描述自己的创作。

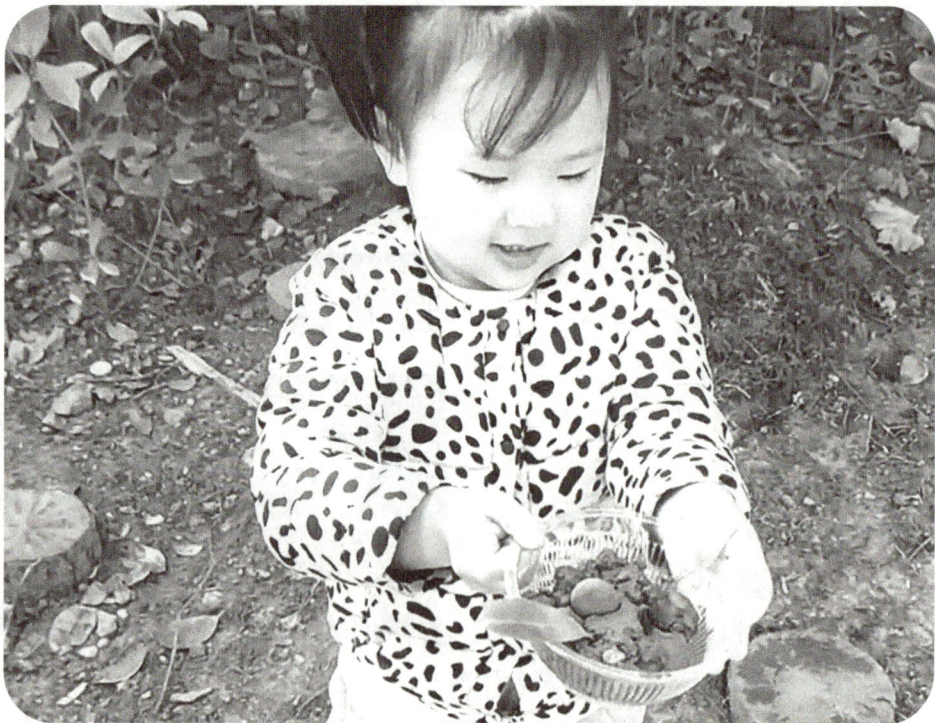

❀ 户外活动

## 快与慢

❀ **活动目标**

1.让幼儿感受音乐《快与慢》,懂得快与慢的节奏。

2.让幼儿喜欢参与音乐活动,体验音乐活动的快乐。

❀ **活动材料**

彩虹棒、音乐。

❀ **活动场地**

操场。

❀ **活动过程**

1.音乐导入,感受音乐快与慢的节奏。

2.引导幼儿跟随音乐节奏挥动彩虹棒。

3.引导幼儿围成圆圈,跟随音乐的快慢节奏,进行快快走和慢慢走。

4.以上步骤重复多次,最后在舒缓的音乐声中结束游戏。

# 扔石头

❀ **活动目标**

1.让幼儿感知力气与水花之间的关系。

2.让幼儿对探索自然感兴趣。

❀ **活动材料**

石头、轮胎。

❀ **活动场地**

操场。

❀ **活动过程**

1.教师引导幼儿观察轮胎里面的水。

2.游戏:溅起小水花。

3.让幼儿知道石头扔到水里会溅起小水花,用的力气越大,水花越大。

4.让幼儿知道石头扔到水里会发出"咚"的声音。

# 寻找风

❀ **活动目标**

1.让幼儿感受风的神奇。

2.让幼儿体验自然现象的神秘、有趣。

❀ **活动材料**

风车。

❀ **活动场地**

操场。

❀ **活动过程**

1.让幼儿观察自然界中的风。

2.让幼儿寻找风吹来的方向。

3.带着风车寻找风,观察风。

4.幼儿在自主奔跑中感受风。

# 泥巴"炸弹"

❀ **活动目标**

1.锻炼幼儿的动手能力、想象力和创造力。

2.让幼儿感受泥土里的多样化世界。

❀ **活动材料**

泥巴、白纸、彩笔等。

❀ **活动场地**

操场。

❀ **活动过程**

1.让幼儿随意抓起泥巴,像扔"炸弹"一样扔在白纸上。

2.根据扔的力度,泥巴在纸上呈现出不同的形态,形成一幅独特的画作。

3.请幼儿给它们添上小眼睛,小嘴巴。

# 树叶光影

❀ **活动目标**

1.锻炼幼儿的动手能力。

2.激发幼儿探索自然的兴趣。

❀ **活动材料**

压花器。

❀ **活动场地**

操场。

❀ **活动过程**

1.引导幼儿来到户外,自由捡取各种不同形状的落叶。

2.引导幼儿用压花器在树叶上压出各种形状。

3.引导幼儿将树叶拿到阳光下,并说一说,树叶通过光影投射出的形状。

## 社会实践

# 玩具一起玩

### ❀ 活动目标

1.让幼儿初步懂得与他人一起玩玩具,懂得分享的重要性。

2.让幼儿能够大胆表达愿意把自己的玩具借给别人玩的想法。

3.让幼儿积极参与分享活动,体验分享带来的快乐。

### ❀ 活动场地

室内。

### ❀ 活动准备

地垫、手偶、每个幼儿都从家中带一样自己喜欢的玩具。

### ❀ 活动过程

1.活动导入,教师出示玩具。

师:小朋友们,快看看这是什么?(展示玩具小汽车)

2.师幼讨论。

师:小朋友们,你们喜欢玩玩具吗? 那你们喜欢玩什么玩具? 它是什么样的? 请小朋友们来说一说。

3.幼儿介绍自己带来的玩具。

师:现在,请小朋友们来介绍一下自己带来的玩具吧。

4.幼儿分享玩具,体验分享玩具的乐趣。

师:你愿意把你的玩具和好朋友一起交换着玩吗?(引导小朋友互相交换玩具,共同玩耍)

5.整理玩具。

引导幼儿归还玩具,并将玩具整理好,从哪里拿的就放回哪里。

### ❀ 安全保障措施

1.邀请幼儿一起参加整理玩具的活动,随时注意引导幼儿养成良好的整理习惯。

2.当幼儿不愿意进行分享时,教师要耐心引导。

🏠 **家庭指导**

# 捡石头

❀ **指导目标**

1.让幼儿认识不同形状、颜色、大小的石头;了解石头存在于自然环境中。

2.让幼儿学会在环境中发现石头,能够捡起石头并进行简单地分类。

3.增进亲子间的情感交流与合作,培养幼儿对大自然的热爱之情。

❀ **指导场地**

室外。

❀ **指导准备**

1.给家长发放活动通知,说明活动的意图(收集好看的石头)和注意事项。

2.为每个家庭准备一个小篮子或者小袋子,用于装石头。

❀ **指导过程**

1.观看视频,激发兴趣。

家长和幼儿一起观看一些关于石头的简单图片或者视频。比如,美丽的雨花石、河边的鹅卵石等。教师在看视频时简单讲解一下石头的多样性。

家长向幼儿说明,今天,要和他们一起去捡石头。激发幼儿的兴趣。

2.户外捡石头。

(1)家长带领幼儿来到户外的指定地点。

(2)家长引导幼儿观察周围环境,开始寻找石头。鼓励幼儿自己动手捡起石头,并放入小篮子或小袋子中。

(3)家长可以和幼儿交流,比如"宝宝,你看这块石头是圆形的""这块石头是灰色的"等,帮助幼儿认识石头的特征。

3.石头分类。

(1)家长带领幼儿回到室内或者在户外找一个安全的地方坐下。

(2)家长和幼儿一起将捡到的石头倒出来,然后进行简单分类。可以按照石头的颜色(如红色石头一堆、白色石头一堆)、大小(大的石头一堆、小的石头一堆)或者形状(圆形石头一堆、方形石头一堆)来进行分类。

4.分享与交流。

请幼儿向家长介绍自己最喜欢的石头,说说为什么喜欢这块石头。

家长可以和幼儿一起讨论石头的用途,比如可以用于装饰、建筑等。

### ❀ 活动延伸

1.在家里,幼儿可以用捡到的石头进行简单的手工制作,如石头画、石头摆件等。

2.家长可以和幼儿一起将石头清洗干净,然后在石头上标记捡到的日期和地点,作为一个特殊的纪念品。

### ❀ 安全保障措施

1.提醒家长在户外活动时,注意幼儿的安全,避免幼儿靠近水域或者危险区域。

2.家长应确保捡回来的石头在经过清洗和消毒后才能进行后续活动,避免细菌感染。

3.告诉家长要注意防止幼儿把捡到的石头放入口中。

# 12月

## 三色宝宝

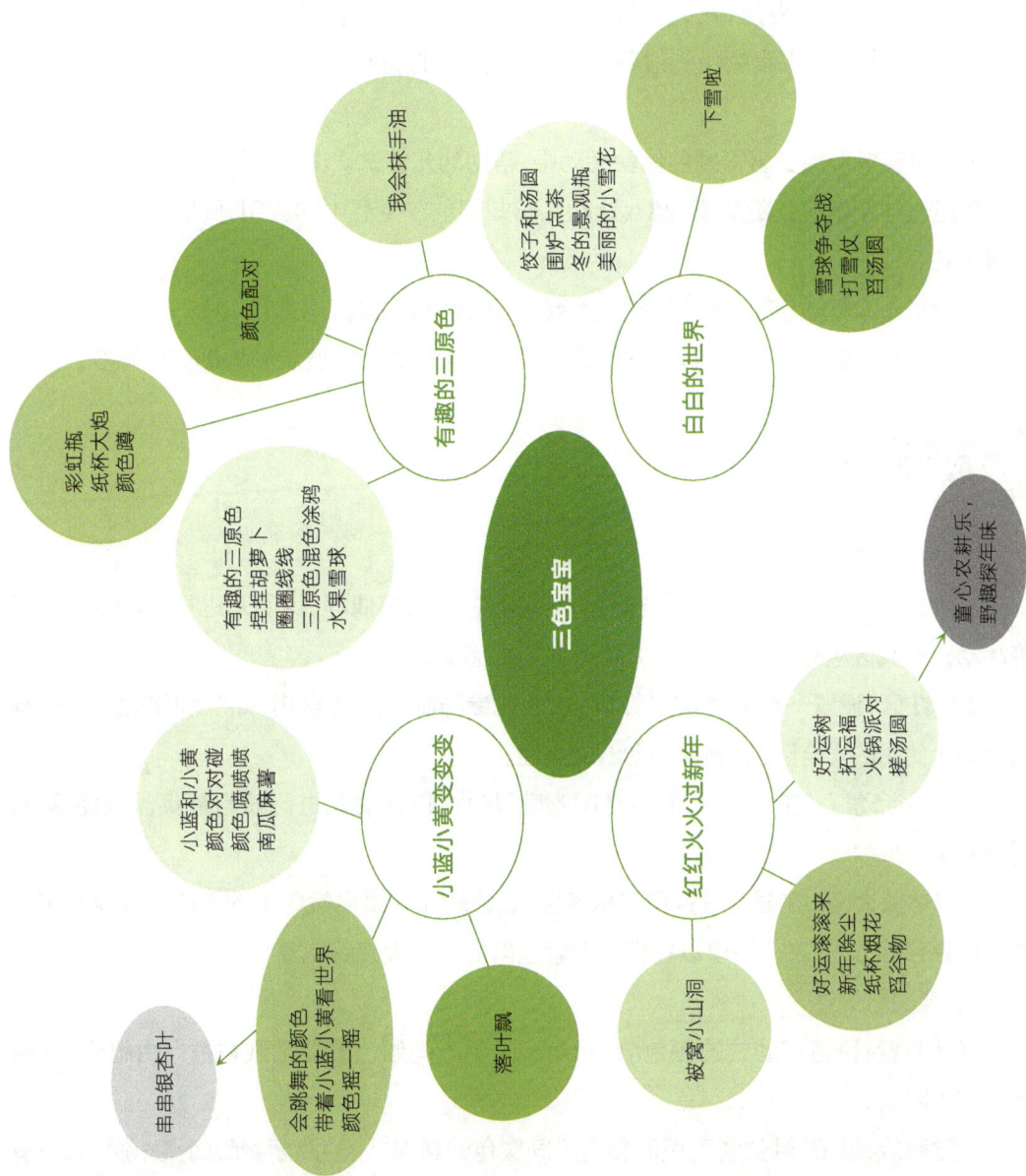

下雪啦

雪球争夺战
打雪仗
冒汤圆

我会抹手油

饺子和汤茶
围炉点茶
冬观瓶的小雪花
美丽的小雪花

颜色配对

彩虹瓶
纸杯大炮
颜色蹲

有趣的三原色

白白的世界

有趣的三原色
捏捏胡萝卜
圈圈色混线
三原色混色涂鸦
水果雪球

三色宝宝

童心农耕乐，
野趣探索球

好运树
好运福
火锅派对
搓汤圆

小蓝和小黄
颜色对对碰
颜色喷喷喷
南瓜麻薯

小蓝小黄变变变

红红火火过新年

好运滚滚来
新年除尘
纸杯烟花
冒合物

串串银杏叶

会跳舞的颜色
带着小蓝小黄看世界
颜色摇一摇

落叶飘

被窝小山洞

## 发展任务

在孩子们的世界里,每一抹颜色都蕴含着无限的想象力和创造力。从春天绽放的第一朵花,到夏日天空中飘过的云朵,再到秋天斑斓的落叶,直至冬日白雪皑皑的大地,色彩不仅仅是视觉上的呈现,更是大自然给予我们的最美丽的礼物。

**12月活动视频**

在"三色宝宝"主题月,我们将带领宝宝们进入一个充满色彩与奇迹的世界,让宝宝在探索颜色的过程中,发现生活中的美好,感受成长的乐趣。

1.在丰富多彩的多感官颜色体验活动中,帮助幼儿尝试认识与了解颜色。

2.通过与颜色有关的故事、游戏让幼儿感知颜色在生活中的应用,同时描述自己看到的颜色在哪些。

3.让幼儿体验颜色的混合和变化,体验不同的涂鸦方式。

4.让幼儿能表达参与活动时的喜悦和心情,能够在活动中展示积极的情感态度。

## 环境规划

### 一、空间与规划

1.游戏区:设立游戏区,放置与颜色相关的拼图板、布偶等,供幼儿进行"颜色对对碰"等活动。游戏区应有足够的空间,方便幼儿自由活动。

2.烹饪区:设置一个简单的烹饪区,让幼儿参与制作彩色食物,如"南瓜麻薯"。配备适合幼儿使用的安全厨具,确保活动的安全性。

3.户外活动区:在户外设置"颜色喷喷喷"场地,以便幼儿进行喷洒游戏,体验色彩的混合变化。

4.自然探索区:在园内设置自然探索区域,让幼儿观察自然界中的颜色,如树叶、花朵的颜色等,并记录下来。还可以在自然探索区内提供放大镜等工具。

### 二、氛围与关系

互动装置:设置互动式的颜色墙,幼儿可以用不同颜色的磁贴或贴纸自由组合,创造出不同的图案。

触觉游戏:设置"触觉袋",里面装有不同颜色的材料,让幼儿闭着眼睛摸一摸,猜一猜触觉袋里是什么颜色。

声音装置:安装带有各种颜色的按钮的声音装置,每个按钮对应一种颜色,按下按钮会有相应的音效或音乐响起。

同伴互动:设计角色扮演游戏,如"颜色宝宝探险记",引导幼儿自由扮演。

### 三、可能的资源

专家资源:与美术教师或艺术家合作,邀请他们来园指导幼儿进行颜色创作,提供专业的艺术指导。

自然与社会资源:利用幼儿园的户外环境,如花园、操场等,开展自然探索活动,让幼儿在自然环境中寻找各种颜色,体验颜色的多样性。

社区活动:参加当地展馆等举办的与颜色相关的文化活动,如艺术展览、亲子手工坊等,拓宽幼儿的视野。

## 课程计划

| 生活指导 | 发展课程 | 游戏活动 | 户外活动 | 社会实践 | 家庭指导 |
|---|---|---|---|---|---|
| 我会抹手油<br>被窝小山洞 | 小蓝和小黄<br>颜色对对碰<br>颜色喷喷喷<br>南瓜麻薯<br>有趣的三原色<br>捏捏胡萝卜<br>圈圈线线<br>三原色混色涂鸦<br>水果雪球<br>饺子和汤圆<br>围炉煮茶<br>冬的景观瓶<br>美丽的小雪花<br>好运树<br>拓印福<br>火锅派对<br>搓汤圆 | 会跳舞的颜色<br>带着小蓝小黄看世界<br>颜色摇一摇<br>彩虹瓶<br>纸杯大炮<br>颜色蹲<br>下雪啦<br>好运滚滚来<br>新年除尘<br>纸杯烟花<br>舀谷物 | 落叶飘<br>颜色配对<br>雪球争夺战<br>打雪仗<br>舀汤圆 | 串串银杏叶 | 童心农耕乐,野趣探年味 |

◯ 生活指导

# 我会抹手油

✿ **核心经验**

1.让幼儿初步学习抹手油的方法。

2.让幼儿感受自我服务的乐趣。

✿ **指导准备**

手油。

✿ **指导过程**

1.教师带幼儿做手指游戏,引入活动。

师:现在,我们把藏起来的小手举起来,你们看看自己的小手,摸摸自己的小手,看看是滑溜溜的,还是干巴巴的,我们应该怎么保护自己的小手呢?

2.教师边念儿歌,边示范抹手油的方法。

3.教师教幼儿抹手油,引导幼儿跟随教师,边念儿歌边学习抹手油的方法。

附儿歌:

> 小小手,伸出来,
> 手油挤在掌心来,
> 搓一搓,揉一揉,
> 小手变得滑溜溜。

# 被窝小山洞

## ❀ 核心经验

1.让幼儿学习冬天睡觉盖被子的方法。

2.让幼儿愿意在教师的协助下自己钻进被窝。

## ❀ 指导准备

小白兔毛绒玩具、小床1张、被子1条

## ❀ 指导过程

1.兔兔睡觉觉。

(1)出示毛绒玩具。

师:今天我们请来了小白兔宝贝,跟小白兔打个招呼吧。

(2)引出话题"小白兔要睡觉"。

师:小白兔要睡觉了,可是它的床还没有铺好,怎么办呢?(引导幼儿帮小白兔把被子拉开)

2.暖暖小被窝。

(1)示范将被窝拉成小山洞状。

师:看,老师把小白兔的被子拉开啦,被窝变成了什么? 一起来瞧一瞧。(引导幼儿发现被窝变成了一个小山洞)

(2)示范给小白兔盖被子。

师:小白兔要睡觉了,怎么睡进去呢?(教师边念儿歌,边给小白兔盖好被子)

3.我也要睡觉觉。

引导幼儿有序地找到自己的小床,练习钻被窝山洞睡觉。

师:小白兔已经睡着啦,我们也钻个山洞睡觉吧。找一找自己的被窝在哪里,钻进去美美地睡一觉。(引导幼儿像小白兔一样钻山洞睡觉)

附儿歌:

小兔来睡觉,

打开小山洞,

身子扭一扭,

轻轻钻进去,

温暖抱怀中。

**发展课程**

## 小蓝和小黄

❀ **适宜月龄**

24—36个月。

❀ **发展领域**

认知领域。

❀ **活动目标**

1.让幼儿喜欢听绘本故事,初步了解故事内容。

2.让幼儿对色彩变化产生兴趣,愿意动手探索颜色的奥秘。

❀ **活动准备**

故事绘本《小蓝和小黄》。

❀ **活动过程**

1.教师展示绘本封面:今天老师分享的故事名字叫《小蓝和小黄》,你们猜猜小蓝和小黄是谁呀?(有颜色的小纸片)

2.教师展示小蓝图片:这就是小蓝,我们一起和小蓝打个招呼吧!

3.教师带领幼儿一起阅读绘本故事,感知故事内容。

4.师幼讨论:小蓝和小黄干了什么? 他们变成了什么颜色?

教师小结:蓝色和黄色一起会变成绿色。

❀ **活动延伸**

户外活动时,可以在幼儿身上粘贴蓝、黄两种颜色的贴纸,请幼儿找出颜色相对应的朋友。

# 颜色对对碰

❀ **适宜月龄**

24—36个月。

❀ **发展领域**

社会认知。

❀ **活动目标**

1.让幼儿认识蓝色和黄色,提高对色彩的感知能力。

2.让幼儿通过观察颜色进行配对,锻炼手眼协调能力。

❀ **活动准备**

1.蓝色和黄色的圆点贴纸。

2.各种生活物品。

3.绘本《小蓝和小黄》。

❀ **活动过程**

1.出示小蓝、小黄贴纸,引导幼儿认识蓝色和黄色。

师:今天我们班来了两位小客人,猜猜它们都是谁?

分别出示小蓝和小黄贴纸,引导幼儿说出它们分别是什么颜色。

2.引导幼儿说一说,生活中见到过的小蓝和小黄。

3.分发贴纸,请幼儿在园内自由寻找蓝色和黄色的物品,给它们贴上对应颜色的贴纸。

师:小朋友们,在我们生活中有很多小蓝和小黄,现在让我们一起去找一找吧。

❀ **活动延伸**

可请幼儿在家里将玩具按颜色分类。

❀ **温馨提示**

户外活动时,要注意幼儿的安全。

# 颜色喷喷喷

❀ **适宜月龄**

24—36个月。

❀ **发展领域**

艺术。

❀ **活动目标**

1.让幼儿知道蓝色和黄色混合会变成绿色。

2.锻炼幼儿的手部精细动作能力。

❀ **活动准备**

喷壶、蓝色和黄色颜料。

❀ **活动过程**

1.教师展示喷壶,并告诉幼儿喷壶的作用。

师:宝宝们,你们知道这是什么吗?它的作用有哪些?

2.教师提问:蓝色和黄色在一起会变成什么颜色呢?(绿色)我们用喷壶试试,观察它会不会变成绿色呢?

3.请幼儿拿喷壶尝试,体验蓝色和黄色喷在一起会变成绿色。

4.活动结束,进行总结。

师:宝宝们,你们刚才用喷壶喷出了不同颜色的水,它们碰在一起有什么变化呢?(变成了绿色)

❀ **活动延伸**

后续可以提供多种不同颜色的颜料,让幼儿体验颜色的变化。

# 南瓜麻薯

❀ **适宜月龄**

24—36个月。

❀ **发展领域**

食育课程。

❀ **活动目标**

1.让幼儿通过实践活动,亲身体验麻薯的制作过程。

2.让幼儿在揉捏面团的过程,锻炼手部肌肉以及精细动作能力,感受制作美食带来的快乐。

3.在烹饪的过程中,培养幼儿爱劳动的习惯,让幼儿体验烹饪的乐趣。

❀ **活动准备**

南瓜、白砂糖、糯米粉。

❀ **活动过程**

1.活动导入,认识食材:南瓜,糯米粉。

向幼儿介绍食材,引导幼儿看一看、闻一闻、摸一摸,并谈一谈自己的感受。

2.出示南瓜,师幼共同讨论:使用南瓜可以制作出的美食(引出今日将制作的美食:南瓜麻薯)。

3.讲解制作南瓜麻薯的步骤,幼儿操作,教师巡回指导。

(1)将南瓜洗净,削皮后切成块,上锅蒸15分钟,将南瓜蒸熟蒸烂。

(可提前将南瓜蒸好,幼儿直接压成泥。)

(2)将南瓜蒸熟后取出,然后压成泥,再加入白砂糖,最后酌量加入糯米粉,揉成不会散开的南瓜面团即可。

(3)取一小块面团搓成球状,再轻轻压一压,使其大小基本均匀。

(4)最后送至厨房烤箱,将其烤熟。

❀ **活动延伸**

让幼儿将制作好的美食装袋,带回家和爸爸妈妈分享。

# 有趣的三原色

❀ **适宜月龄**

24—36个月。

❀ **发展领域**

艺术与五感发展。

❀ **活动目标**

1.增强幼儿对色彩的感知能力,让幼儿知道不同的颜色可以混合成其他颜色。

2.提高幼儿对颜色的辨识能力。

❀ **活动准备**

材料准备:卫生纸,红、黄、蓝色水彩笔。

环境准备:30平方米以上的室内空间。

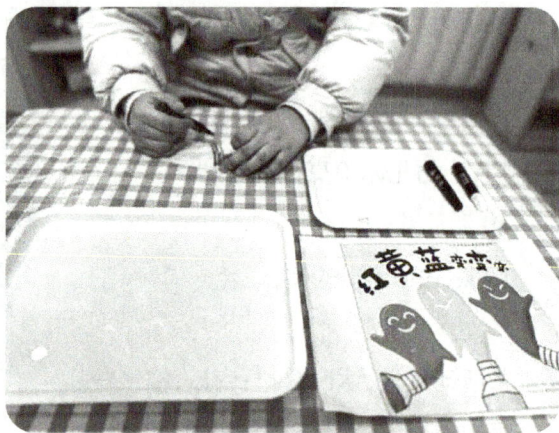

❀ **活动过程**

1.谈话导入,引起幼儿对活动的兴趣。

出示三原色图片,进行导入。

提问:宝宝们,你们知道这些是什么颜色吗?

2.教师示范游戏。

引导语:今天我们要和颜色宝宝们一起来玩游戏,宝贝们先看看我的示范。

3.引导幼儿观察红、黄、蓝三种颜色可以组合成什么色彩,并说出来。

4.分发工具,幼儿开始自由涂画。

5.活动结束。

邀请幼儿介绍自己的绘画作品,并给予肯定。

❀ **活动延伸**

幼儿可回家用不同的颜色继续创作。

# 捏捏胡萝卜

❀ **适宜月龄**

24—36个月。

❀ **发展领域**

艺术美育。

❀ **活动目标**

1.让幼儿在混色的基础上,通过感官袋中的颜色和图形特征识物。

2.让幼儿在使用神奇的三原色颜料时,通过拍打、揉捏等动作来让颜料混合,从而创作出新的颜色。

❀ **活动准备**

胡萝卜图纸、颜料、胡萝卜。

❀ **活动过程**

1.用变魔术引入,吸引幼儿注意力。

师:今天老师带来了一样东西,并且要用它给小朋友们表演一个魔术,让我们一起来看看它是什么吧。

2.出示胡萝卜实物,请幼儿看一看、摸一摸、闻一闻,引导幼儿说一说胡萝卜的特征。

3.教师出示没有颜色的胡萝卜图纸:我们一起帮它穿上衣服吧。

4.教师示范操作,幼儿实操。

❀ **活动延伸**

结束后,幼儿可以和教师一起整理罩衣和餐桌。

❀ **温馨提示**

玩颜料前请幼儿穿好罩衣,以免弄脏衣服。

# 圈圈线线

❀ **适宜月龄**

24—36个月。

❀ **发展领域**

艺术美育。

❀ **活动目标**

1.让幼儿认识并区别红色、黄色、蓝色。

2.让幼儿能够根据指令找到并圈出相应的颜色。

3.让幼儿乐意愉快地参与活动,并大胆地进行创作。

❀ **活动准备**

画有红、黄、蓝点状图案的大图纸、彩色笔。

❀ **活动过程**

1.活动导入,展示红、黄、蓝三种颜色的卡片,引导幼儿说一说看到的颜色。

2.出示画有红、黄、蓝点状图案的大图纸,请幼儿观察上面有哪些颜色。

3.分发彩色笔,教师说颜色。引导幼儿根据听到的指令,圈出相应的颜色。

4.幼儿也可在纸上自由创作,可将相同颜色的圆点用线连接起来。

❀ **活动延伸**

可请幼儿在家里将玩具也按颜色分类。

❀ **温馨提示**

户外活动时,要注意幼儿的安全问题。

# 三原色混色涂鸦

❀ **适宜月龄**

24—36个月。

❀ **发展领域**

艺术与五感发展。

❀ **活动目标**

1.加深幼儿对三原色的认识。

2.让幼儿在自由创作的过程中,学习三原色混色方法。

❀ **活动准备**

材料准备:海绵棒,红、黄、蓝色颜料,纸胶带,白色卡纸。

环境准备:室外。

❀ **活动过程**

1.谈话导入,激发幼儿对活动的兴趣。

2.教师出示图片,并示范。

师:今天我们要用三原色来完成一幅好看的画。(出示提前涂鸦好的画)

3.教师示范如何涂鸦,并给幼儿分发材料。

4.开始制作。

幼儿在卡纸上用不规则的粘贴法粘好胶带,然后使用红、黄、蓝三原色进行填色。

❀ **活动延伸**

活动结束后,幼儿可在颜料干后,撕下胶带感受三原色的神奇。

❀ **温馨提示**

玩颜料前,请幼儿穿好罩衣,以免弄脏衣服。

# 水果雪球

❀ **适宜月龄**

24—36个月。

❀ **发展领域**

食育课程。

❀ **活动目标**

1.培养幼儿喜欢吃水果的习惯,让幼儿知道吃水果对身体好。

2.提高幼儿的动手制作能力,培养他们热爱劳动的好品质。

❀ **活动准备**

蓝莓、圣女果、小橘子、白糖。

❀ **活动过程**

1.教师介绍三种水果。

请幼儿看一看、闻一闻、摸一摸,并引导幼儿说一说这些水果的特征。

师:今天有不一样的水果吃法。

3.让幼儿分工清洗水果,并将洗好的水果放在容器里。

4.开始熬糖水。将锅中的糖和水以1:1的比例煮至冒小泡后放凉。

5.倒入水果后用工具进行翻滚,水果雪球就做好啦。

(在活动过程中,教师可以邀请幼儿亲手倒入糖、水、水果,参与到制作的过程之中)

❀ **活动延伸**

幼儿可以把制作好的水果雪球带回家,和家人一起品尝。

# 饺子和汤圆

❀ **适宜月龄**

24—36个月。

❀ **发展领域**

社会认知。

❀ **活动目标**

1.让幼儿通过仔细观察绘本图画,自主发现饺子和汤圆的不同。

2.激发幼儿对中国传统节日及民族饮食文化的兴趣与热爱。

❀ **活动准备**

背景台、《汤圆和饺子》绘本教具。

❀ **活动过程**

1.教师出示绘本剧场。

师:宝贝们,欢迎你们来到老师的绘本剧场。咦!有两位小客人来到了我们的舞台上,他们会给我们带来什么故事呢?

2.教师通过角色教具演绎绘本内容。

师:汤圆和饺子分别有什么特点呢?(教师可结合绘本内容进行引导,并进行适度的分段性总结)

3.师幼讨论,教师可在旁边适度引导幼儿,最后进行活动总结。

小结:在冬至这个节气,南方的小朋友会吃汤圆,希望可以团团圆圆;而北方的小朋友会吃饺子,希望这个冬天不要冻掉小耳朵。

❀ **活动延伸**

幼儿园可开展适合幼儿的食育活动,引导幼儿自己包汤圆或者饺子。

# 围炉煮茶

❀ **适宜月龄**

24—36个月。

❀ **发展领域**

食育课程。

❀ **活动目标**

1.让幼儿感受围炉煮茶的乐趣,体验冬日的温暖。

2.培养幼儿对生活的热爱,拓展他们的认知视野,帮助他们积累生活经验。

❀ **活动准备**

材料准备:围炉煮茶工具、糍粑、牛奶、橙子、红枣、红薯等。

环境准备:30平方米以上的室外空间。

❀ **活动过程**

1.谈话导入,激发幼儿对活动的兴趣。

师:小朋友们,今天我们要来"围炉煮茶"。

2.教师介绍围炉煮茶的工具。

3.教师向幼儿演示"围炉煮茶"步骤和注意事项。

4.引导幼儿开始体验围炉煮茶,感受乐趣。

5.总结。

❀ **活动延伸**

幼儿可回家与家长进行不一样形式的围炉煮茶。

# 冬的观景瓶

❀ **适宜月龄**

24—36个月。

❀ **发展领域**

社会认知。

❀ **活动目标**

1.让幼儿认识水宝宝,知道水宝宝遇水变大的特点。

2.让幼儿练习用勺子舀东西,锻炼他们的手眼协调性。

3.让幼儿感受冬日的氛围。

❀ **活动准备**

水宝宝、瓶子。

❀ **活动过程**

1.教师介绍水宝宝,提前一天请幼儿将水宝宝倒入水中。

2.幼儿观察加入水的水宝宝和没加水的水宝宝之间的区别。(一个是大大的圆球,一个是小小的圆球。)

3.幼儿动手操作,选择自己喜欢的颜色的水宝宝,用勺子将其舀到瓶子里。

4.幼儿在瓶子里加入水,透过阳光感受冬日氛围。

❀ **活动延伸**

将观景瓶投放到教室里,供幼儿观看。

# 美丽的小雪花

### ❀ 适宜月龄

24—36个月。

### ❀ 发展领域

艺术美育。

### ❀ 活动目标

1.让幼儿认识雪花,并通过盐画的方式,锻炼手部精细动作能力。

2.锻炼幼儿的注意力,提升他们的想象力。

3.让幼儿体验不同绘画方式的乐趣。

### ❀ 活动准备

蓝色颜料、画刷、吸管、盐、水。

### ❀ 活动过程

1.活动导入,出示雪花图片,引导幼儿观察雪花。

师:你们见过下雪吗? 雪花是什么颜色的? 是什么样子的? 雪花都飘在了哪里?

2.展示绘画作品(美丽的小雪花),鼓励幼儿讨论画雪花的方法。

教师示范,引导幼儿了解画雪花的方法。

3.幼儿用画刷将蓝色颜料均匀地刷在画纸上,然后用剪开的吸管沾水,再沾盐,最后印在画纸上面。

4.鼓励幼儿大胆创作,教师适当指导。

### ❀ 活动延伸

还可让幼儿用颜料画出彩色的雪花,提高幼儿的创造力。

### ❀ 温馨提示

玩颜料前,请幼儿穿好罩衣,以免弄脏衣服。

# 好运树

❀ **适宜月龄**

24—36个月。

❀ **发展领域**

精细动作。

❀ **活动目标**

1.锻炼幼儿手部的动作能力,提高其左右手的配合能力。

2.让幼儿能够按照教师指令进行操作,提高他们的规则意识。

❀ **活动准备**

纸杯、红色黏土。

❀ **活动过程**

1.幼儿到户外寻找树枝,可以找一些分枝多的。

2.教师讲解并示范制作好运树的步骤。

(1)将黏土团成团,填充进纸杯里。

(2)将树枝插入纸杯中,将黏土揉搓成球,装饰在树枝上,然后贴上福字。

3.幼儿进行创作,教师巡回指导。

4.完成作品后,幼儿将做好的好运树摆放在窗前。

❀ **活动延伸**

让幼儿展示自己的作品。

# 拓印福

❀ **适宜月龄**

24—36个月。

❀ **发展领域**

艺术美育。

❀ **活动目标**

1.让幼儿在拓印福字的活动中,感受中国传统民俗文化。

2.锻炼幼儿二指捏的能力,提高其手眼协调性。

3.让幼儿乐于参加活动,激发其想象力。

❀ **活动准备**

粘贴好镂空福字的红色卡纸、拓印棒、黑色颜料。

❀ **活动过程**

1.活动导入,出示拓印福字。

师:小朋友们在哪里见过这个福字?贴这个福字代表着什么?

2.展示绘画工具,激发幼儿兴趣。(海绵棒,颜料。)

教师示范拓印福字的方法,鼓励幼儿大胆说一说。

3.分发拓印工具,引导幼儿自由创作,并适度指导。

❀ **活动延伸**

让幼儿和教师一起整理罩衣和操作材料。

❀ **温馨提示**

游戏前,请幼儿穿好罩衣,以免把衣服弄脏。

# 火锅派对

❀ **适宜月龄**

24—36个月。

❀ **发展领域**

社会发展。

❀ **活动目标**

1.让幼儿感受派对氛围。

2.让幼儿体验自己动手准备食材的乐趣。

❀ **活动准备**

儿童刀具、围兜。

❀ **活动过程**

1.谈话导入,激发幼儿对活动的兴趣。

2.展示并介绍幼儿带来的各种食材。

3.幼儿自己洗菜、切菜。

4.教师讲解在品尝火锅的过程中的注意事项。

5.幼儿开始品尝火锅。

❀ **活动延伸**

幼儿可回家和家长分享参加火锅派对的经历。

# 搓汤圆

❀ **适宜月龄**

24—36个月。

❀ **发展领域**

食育课程。

❀ **活动目标**

1.让幼儿学习搓、团的动作。

2.使幼儿感受制作活动的乐趣,提高他们的动手操作能力。

3.鼓励幼儿说出汤圆的形状。

❀ **活动准备**

图片、糯米粉、盘子、面板等。

❀ **活动过程**

1.教师出示汤圆图片,引导幼儿观察图片,同时讲述汤圆的外形特征。

看一看,说一说。

提问:这是什么? 是什么形状的? 是用什么做的呢?

总结:汤圆是圆形的,吃汤圆代表团团圆圆的意思。

2.操作过程。

师:尝试做好吃的汤圆吧。

(1)教师示范做汤圆的步骤。

先取一小块面团放在手心,用另一个手掌盖在面团上,来回团,一个小小的、圆圆的汤圆就完成啦。

(2)幼儿操作,教师巡回指导。

❀ **活动延伸**

一起来煮汤圆,品尝汤圆。

游戏活动

## 会跳舞的颜色

❀ **活动目标**

1.通过科学小实验,激发幼儿的探索欲望。

2.让幼儿探索流动的颜色,增强其语言表达能力。

❀ **活动材料**

牛奶、棉签、盘子、洗洁精、彩色颜料。

❀ **活动场地**

室外。

❀ **活动过程**

1.谈话导入。

2.将牛奶倒进盘子里。

3.在牛奶里滴入彩色颜料。

4.将棉签蘸上洗洁精后,放入牛奶,就会发现牛奶和颜料都在翻滚。

5.引导幼儿说说他们的发现。(颜色会跳舞)

# 带着小蓝小黄看世界

## ❀ 活动目标

1.让幼儿通过粘贴的方式,锻炼手指精细动作和手眼协调能力。

2.培养幼儿的观察能力及色彩感知能力。

3.让幼儿体验探索活动的乐趣。

## ❀ 活动材料

蓝色、黄色玻璃纸,硬纸板"放大镜"。

## ❀ 活动场地

户外。

## ❀ 活动过程

1.活动导入,出示硬纸板"放大镜",请幼儿观察。

师:老师今天带来了一个神奇的东西,猜猜它是什么?

2.出示蓝色和黄色玻璃纸。

师:这个神奇的"放大镜"还没有完成,需要小朋友们的帮助。

3.教师示范,将蓝色和黄色玻璃纸粘贴在硬纸板的"放大镜"上。

4.幼儿自己操作,教师巡回指导。

5.引导幼儿拿着做好的彩色"放大镜",到户外观察。

# 颜色摇一摇

❀ **活动目标**

1.激发幼儿对颜色的好奇心。

2.让幼儿了解两种颜色混合后会变成新的颜色,体验发现的乐趣。

❀ **活动材料**

黄色、蓝色的颜料和矿泉水瓶子。

❀ **活动场地**

室外。

❀ **活动过程**

1.谈话导入。

师:小朋友们,今天老师带来了一样东西,瞧,是什么呀?瓶子里有什么?水有颜色吗?

2.颜色变变变。

师:让我们把颜料藏在瓶盖里,摇一摇,把透明的水变得有颜色,观察水变色的过程。

3.说一说你的发现。

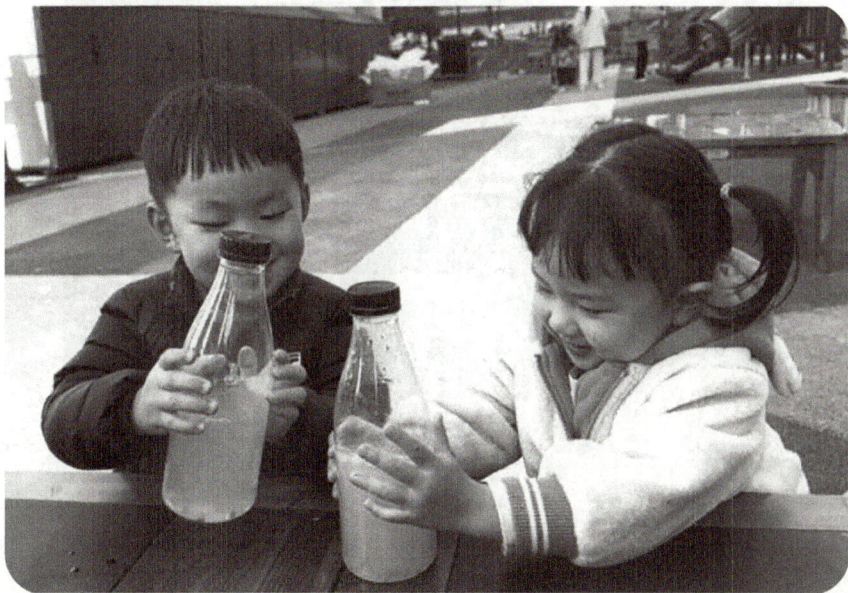

# 彩虹瓶

## ❀ 活动目标

1.让幼儿乐于参与活动,体验制作彩虹瓶的乐趣。

2.让幼儿通过撕纸条,体验动手操作的乐趣。

3.培养幼儿的观察能力、手眼协调能力和创造力。

## ❀ 活动材料

矿泉水瓶、彩色A4纸若干。

## ❀ 活动场地

室内或户外均可。

## ❀ 活动过程

1.出示制作好的彩虹瓶,激发幼儿兴趣。

2.出示彩色A4纸,示范撕纸的方法,引导幼儿将彩色A4纸撕成条状。

3.在幼儿自由操作后,引导幼儿将纸条一张一张塞入矿泉水瓶中。

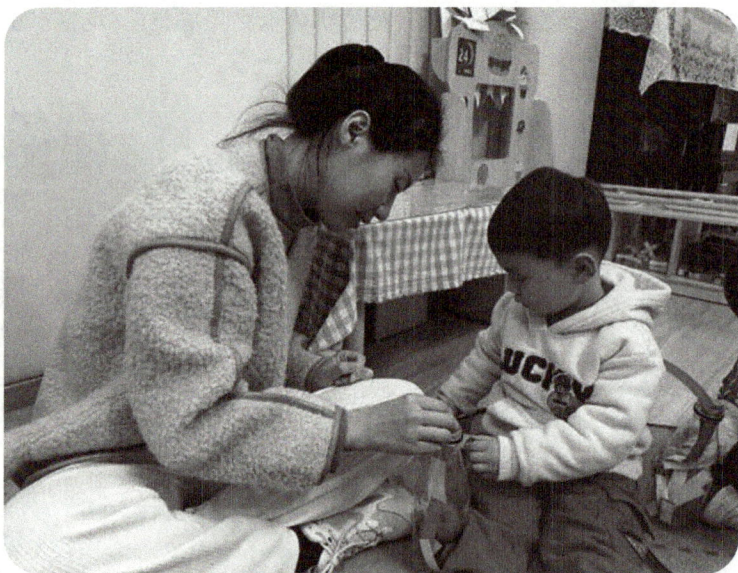

# 纸杯大炮

## ❀ 活动目标

1.锻炼幼儿的口腔肌肉和肺活量。

2.让幼儿在同伴面前大胆表达自己的发现,在不断的活动尝试中体验快乐。

## ❀ 活动材料

纸、纸杯、小球。

## ❀ 活动场地

室内。

## ❀ 活动过程

1.引导幼儿认知纸,甩一甩、听一听纸发出的声音。

2.引导幼儿卷一卷纸,做一个"望远镜",用胶带粘一下固定好。

3.引导幼儿认知纸杯,将纸杯和"望远镜"用胶带固定,炮台就完成了。

4.教师讲解游戏规则,将小球放在炮台口后,用嘴吹一吹。

5.引导幼儿拿着制作好的纸杯大炮,开始游戏。

# 颜色蹲

## ❀ 活动目标

1.提高幼儿的思维的灵活性。

2.增强幼儿的腿部力量。

3.让幼儿感受集体快乐的氛围。

## ❀ 活动材料

红、黄、蓝色感统玩具。

## ❀ 活动场地

户外。

## ❀ 活动过程

1.出示感统玩具,激发幼儿兴趣,引导幼儿自由选择喜欢的颜色的玩具。

2.引导幼儿做热身运动,拍拍手,摸摸肩,弯弯腰,自由玩一玩玩具,促使幼儿快速进入游戏状态。

3.教师介绍游戏规则,由教师发出口令,拿着相应颜色玩具的幼儿做出往下蹲的姿势。

4.重复以上动作,坚持到最后一组的幼儿获胜。

# 下雪啦

❀ **活动目标**

1.锻炼幼儿的操作能力和想象力,提高幼儿的视觉追踪能力。

2.锻炼幼儿的手部肌肉、手指灵活性以及手眼协调能力。

❀ **活动材料**

雨伞、卫生纸、扇子。

❀ **活动场地**

室外。

❀ **活动过程**

1.谈话导入,引起幼儿对活动的兴趣。

师:宝贝们你们看见过雪吗? 雪是什么样子的?

2.教师示范如何制造雪。

3.幼儿将卫生纸撕成任意形状的小块。

4.和幼儿合作,将撕好的卫生纸汇总到一起,并同时撒出去,感受一场梦幻的雪。

5.给幼儿分发工具,让幼儿自由玩耍。

# 好运滚滚来

### ❀ 活动目标

1.通过游戏的方式,逐步提升幼儿的专注力、手眼协调能力,加强幼儿对手部力量的控制。

2.让幼儿感受集体活动的乐趣。

3.让幼儿增强规则意识,能够轮流等待。

### ❀ 活动材料

球形玩具,好运卡纸。

### ❀ 活动场地

户外。

### ❀ 活动过程

1.教师出示球形玩具,激发幼儿的游戏兴趣,引导幼儿用玩具在地上随意滚一滚。

2.教师讲解游戏规则,引导幼儿有目的性地将玩具滚到自己的好运卡纸处。

3.幼儿自由玩耍游戏,展示怎样将球滚到好运卡纸处。

# 新年除尘

❀ **活动目标**

1.培养幼儿的劳动意识,让他们体会劳动的快乐。

2.通过大扫除的方式,让幼儿了解辞旧迎新的习俗,感受过年喜庆的氛围。

❀ **活动材料**

抹布、帽子、扫把。

❀ **活动场地**

室内。

❀ **活动过程**

1.谈话导入。

师:快过年了,你们知道春节有什么习俗吗?

2.师幼一起讨论。

(1)新年习俗——除尘的意义。

(2)引导幼儿分组合作,清洁教室。

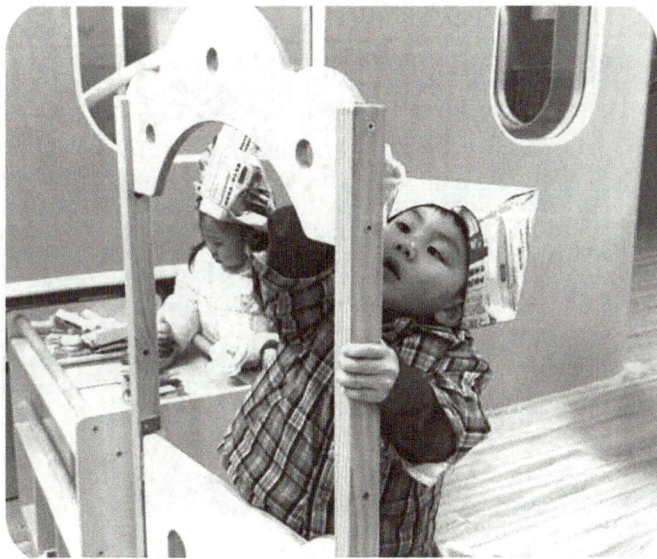

# 纸杯烟花

### ❀ 活动目标

1.让幼儿通过游戏的方式锻炼手部精细动作能力,提高专注力。

2.让幼儿感受气球材质的弹力,感受放烟花的乐趣。

### ❀ 活动材料

一次性纸杯、橡皮筋、气球、彩色纸条。

### ❀ 活动场地

户外。

### ❀ 活动过程

1.活动导入,教师展示纸杯烟花,激发幼儿兴趣。

2.教师示范制作纸杯烟花的方法,将一次性纸杯的底座剪掉。(教师可提前准备好剪掉底座的一次性纸杯)

将气球套在底座上。引导幼儿将彩色纸条剪成碎纸片,制作成烟花屑。再把剪好的烟花屑放入准备好的纸杯中,纸杯烟花就制作完成了。

3.幼儿自由操作,教师适度给予帮助和指导。

# 舀谷物

## ❋ 活动目标

1.让幼儿通过舀的动作练习二指捏动作,增强手部精细动作能力。

2.让幼儿体验操作过程的快乐。

## ❋ 活动材料

勺子、各种谷物、瓶子。

## ❋ 活动场地

户外。

## ❋ 活动过程

1.活动导入,教师展示舀好的谷物瓶,激发幼儿兴趣。

2.教师示范舀谷物的方法,用勺子将各种谷物舀到瓶子里。

3.幼儿自由操作,教师适度指导。

# 落叶飘

## ❀ 活动目标

1.让幼儿练习向上抛的动作。

2.让幼儿喜欢大自然,愿意参与户外游戏。

## ❀ 活动材料

银杏叶。

## ❀ 活动场地

户外。

## ❀ 活动过程

1.教师和幼儿一起到户外捡树叶。

师:宝贝们收集到好多树叶呀,今天让我们来和树叶玩一个游戏吧。

2.教师将收集的树叶放进大袋子里,随后往上抛,营造出落叶飘飘的氛围。

3.幼儿自己操作,进行自由抛树叶的游戏。

# 颜色配对

## ❀ 活动目标

1.教幼儿认识颜色,让幼儿能够区分红、黄、蓝、绿等基本颜色。

2.使幼儿能够按颜色进行分类。

3.使幼儿愿意主动帮忙收拾玩具。

## ❀ 活动材料

各种颜色的玩具、颜色工具盘。

## ❀ 活动场地

户外。

## ❀ 活动过程

1.将各种颜色的玩具藏起来,引起幼儿寻找玩具的兴趣。

2.引导幼儿将找到的玩具分类,并放到对应的颜色工具盘中。

3.幼儿自由玩耍,可以在活动中加深对颜色的认知。

4.引导幼儿收拾整理玩具。

# 雪球争夺战

## ❀ 活动目标

1.提高幼儿手眼协调能力和身体控制能力。

2.让幼儿感受和同伴一起游戏的快乐,在集体中获得愉悦感。

3.让幼儿感知数字在活动中的应用,形成初步的数的概念。

## ❀ 活动材料

一次性纸杯、白色海洋球(用作雪球)。

## ❀ 活动场地

户外。

## ❀ 活动过程

1.出示"雪球",激发幼儿兴趣。

2.教师示范游戏玩法,当"雪球"从斜坡滚下来时,幼儿及时用一次性纸杯盖住"雪球"。

3.幼儿自由玩耍,谁抢到的"雪球"多谁获胜。

# 打雪仗

❀ **活动目标**

1.锻炼幼儿的上肢力量,提高身体的灵敏性。

2.练习揉、按、团等精细动作,提高幼儿手指的灵活性。

3.让幼儿体验集体游戏的快乐,激发他们对体育活动的兴趣。

❀ **活动材料**

废纸。

❀ **活动场地**

室内。

❀ **活动过程**

1.教师展示一张纸,并提问:把纸放在手心里会变成什么呢?

2.教师把纸揉成团,请幼儿吹一口气揭晓答案。

师:原来是一个小纸团。纸团可以像雪球一样打出去,还可以投篮。

3.请幼儿一起团纸团,来打一场有趣的"雪仗"。

师:两只小手用力揉一揉,按一按,"雪团"就团好啦。

4.将幼儿分成两队,进行"雪仗"比赛。

# 舀汤圆

## ❀ 活动目标

1.让幼儿乐于帮助别人。

2.提高幼儿的手眼协调能力。

## ❀ 活动材料

勺子、乒乓球。

## ❀ 活动场地

操场。

## ❀ 活动过程

1.创设情景:小兔的肚子饿了,它想要吃汤圆,我们一起来帮一帮它吧。

2.展示道具,请幼儿思考并尝试捞汤圆。

3.教师讲解示范:怎么做,汤圆才不会掉呢?

4.游戏开始,教师观察并适当帮助操作困难的幼儿。

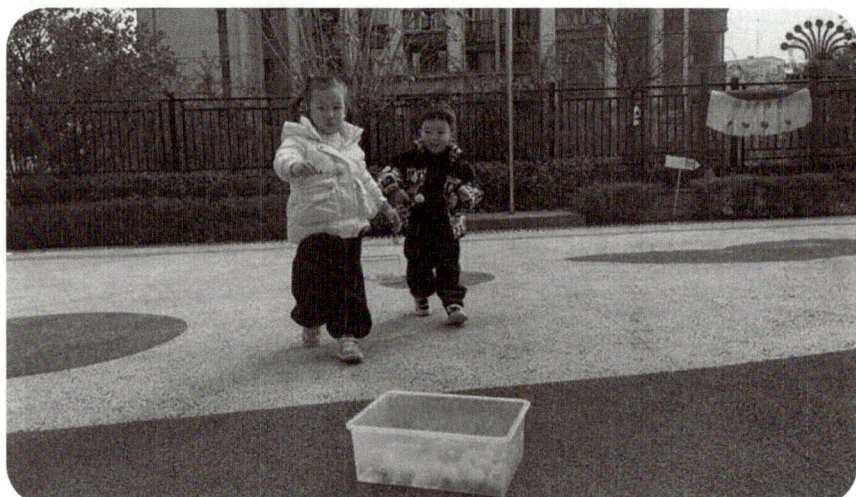

## 社会实践

# 串串银杏叶

❀ **适宜月龄**

24—36个月。

❀ **发展领域**

社会交往。

❀ **活动目标**

1.让幼儿积极参与分享活动,体验分享的快乐。

2.锻炼幼儿的手眼协调能力。

❀ **活动准备**

地垫、回形针、银杏叶。

❀ **活动过程**

1.谈话导入。

师:小朋友们,今天我们要去校外找找颜色宝宝。

2.师幼讨论。

师:小朋友们,你们看到了哪些颜色?有没有看到小蓝和小黄呀?请小朋友们说一说。

3.请幼儿坐在地垫上,穿银杏叶。

师:小朋友们,这是什么叶子呀?是什么颜色的?(黄色的)对,那今天我们就来和小黄一起玩游戏吧。

4.示范操作,讲解游戏规则。

鼓励幼儿大胆串银杏叶,教师在一旁适当提供指导和帮助。

5.收拾整理。

引导幼儿整理地垫上的银杏叶。

总结:今天我们和银杏叶一起玩游戏,认识了颜色,也认识了银杏叶。

## 家庭指导

# 童心农耕乐,野趣探年味

### ❀ 指导目标

1.亲子参加农耕活动,体验亲子活动的乐趣,感受收获的快乐。

2.让幼儿在土地中明白劳动的意义,感受大自然的美好。

### ❀ 指导准备

材料准备:点心。

### ❀ 指导过程

1.幼儿和家长入园后,进入各自的班级。教师向家长和幼儿讲解活动规则、安全事项及要求。讲完后发放点心给幼儿。

2.幼儿和家长在幼儿园门口有序排队上车,车辆准时出发。

3.在车上,教师组织游戏活动,并讲解游戏规则。

4.萝卜主题大轰趴的活动包括:在田地里拔萝卜、制作萝卜美食以及多肉精灵的养护体验。

这些活动旨在让家长和幼儿在互动中共同创造美好的回忆,增进家庭情感,享受温暖的亲子时光。

5.午餐休息时间。

6.午后年味主题闯关活动开始,包括转一转石磨、体验传统工艺、扮演国潮面点师制作美食、红薯大变身、制作魔法番茄酱、鱼在水中游趣味游戏、土豆会钻土活动。

7.活动结束后,乘车返程。

# 1月

## 十二生肖

寻找身边的年味

生肖大闯关

生肖排序
十二生肖歌
给十二生肖洗澡

小肚脐藏起来

十二生肖

糯米圆子
十二生肖的故事
生肖拼拼乐
中国糖画

十二生肖

当中秋遇上国庆

摆摆放放

龙的故事
中国龙
托托龙
2024拓印画

捉龙尾
萌娃舞龙
龙年冲冲冲
划龙船

逛超市

## ☀ 发展任务

在中国悠久的历史长河中,"十二生肖"不仅是时间的标记,更是文化与情感的纽带。它不仅代表了十二个不同的动物形象,更是寄托了时间流逝、生命轮回的美好寓意。在这个充满想象和故事的"十二生肖"主题月中,我们将围绕"十二生肖"这一富有中国文化特色的主题,带领宝宝们走进一个充满温情与奇幻的世界,让他们在探索生肖故事的过程中,感受中国文化的博大精深,领略每一个生肖所代表的独特意义。

**1月活动视频**

1.让幼儿感受新年的节日氛围,初步了解中国优秀的传统节日和文化习俗,加深他们对中华优秀传统文化的认识和热爱。

2.让幼儿感知不同动物的特点,丰富词汇量,体会分类和排序的概念,促进他们语言表达能力的发展。

3.培养幼儿的集体合作精神,让他们感受集体生活的温暖。

4.在尝试自己穿、脱衣服等日常自理活动中,幼儿将逐渐提高自我服务能力,增强自信心和独立性。

## 🍃 环境规划

### 一、空间与规划

1.主题墙:设置可更换的部分,让幼儿可以参与布置,如贴上自己的生肖创作。

2.阅读角:设置一个安静的角落,摆放与十二生肖相关的图书,配备舒适的坐垫、地毯和柔软的靠垫,营造温馨的阅读氛围。

3.游戏区:设立游戏区,放置拼图板、生肖动物模型、布偶等,供幼儿进行"生肖拼图""生肖捉迷藏"等活动。

4.表演区:搭建小型舞台,放置道具和服装,供幼儿进行角色扮演,如模仿生肖动物的动作,进行表演。

5.自然探索区:在园内设置自然探索区域,放置植物标识牌、小型动物模型、观察工具等,引导幼儿进行观察和记录,激发他们的探索兴趣。

### 二、氛围与关系

#### （一）创造温馨氛围

1.视觉方面：使用色彩鲜艳、形象生动的装饰品，以此吸引幼儿的注意力，营造活泼、欢乐的氛围。

2.听觉方面：播放与十二生肖相关的儿歌和故事录音，让幼儿在轻松愉悦的音乐中学习和玩耍。

3.触觉方面：提供丰富的触觉材料，如彩泥、沙子等，让幼儿在触摸中感受不同的质感。

#### （二）建立积极关系

1.师生互动。教师应积极参与幼儿的活动，与幼儿一起玩游戏、创作等，以此建立亲密的师幼关系。

2.同伴互动。鼓励幼儿之间的互动和合作，通过小组活动促进幼儿之间的友谊。

### 三、可能的资源

1.家长志愿者。邀请家长参与班级活动，协助教师组织活动，并分享自己的经验和资源。

2.社区资源。可以与当地的图书馆、博物馆等机构建立合作关系，获取更多关于十二生肖的文化资料，也可以参加社区举办的与十二生肖相关的文化活动，还可以参加庙会、展览等活动，以此拓宽幼儿的视野。

## 课程计划

| 生活指导 | 发展课程 | 游戏活动 | 户外活动 | 社会实践 | 家庭指导 |
| --- | --- | --- | --- | --- | --- |
| 摆摆放放<br>小肚脐藏起来 | 龙的故事<br>中国龙<br>托托龙<br>2024拓印画<br>糯米圆子<br>十二生肖的故事<br>生肖拼拼乐<br>中国糖画 | 生肖排排序<br>十二生肖歌<br>给十二生肖洗澡 | 生肖大闯关<br>捉龙尾<br>萌娃舞龙<br>龙年冲冲冲<br>划龙船 | 逛超市 | 寻找身边的年味 |

❁ **生活指导**

# 摆摆放放

❁ **核心经验**

1.让幼儿学习摆放鞋子和脱鞋子的方法。

2.激发幼儿自我服务的积极性。

3.让幼儿体验成功的快乐。

❁ **指导准备**

样式不一样的小鞋子、大鞋子、一个小熊宝宝玩偶。

❁ **指导过程**

1.布置鞋子凌乱的场景,引导幼儿给鞋子配对。

师:小熊宝宝还不会整理鞋子,他的鞋子东一只西一只,要穿的时候都找不到,请小朋友们来帮帮他,帮忙把一样的鞋子找出来,一双一双地摆好。

2.引导幼儿发现小鞋子摆放的技巧。

师:鞋头碰鞋头,鞋跟碰鞋跟;粘扣朝外边,一对好朋友。

3.教师示范脱鞋子,摆鞋子。

4.请幼儿试试摆放小鞋子,教师进行指导。

# 小肚脐藏起来

## ❋ 核心经验

1.让幼儿学习把一件内衣塞到裤子里,保护自己的小肚脐。

2.让幼儿学会向成人表达自己的需求和请求,并尝试在成人的帮助下,学习塞内衣。

## ❋ 指导准备

可穿脱衣服的娃娃玩具(每人一个)、布娃娃感冒图片。

## ❋ 指导过程

1.出示图片,引导幼儿说说布娃娃感冒的原因。

师:宝贝们仔细观察,布娃娃为什么感冒了呢?(衣服没有塞好,小肚脐露在外面。)

2.请幼儿找找小肚脐并想想保护小肚脐的办法。

师:你的小肚脐在哪里? 你的小肚脐露出来了吗? 请你动动手,想个好办法,保护你的小肚脐,让小肚脐不露在外面。

3.教师示范保护小肚脐的方法。

师:老师是这样保护小肚脐的。(教师一边念儿歌,一边演示塞内衣的方法。)

4.请幼儿选择一个娃娃,并帮娃娃塞内衣,保护小肚脐。

师:小朋友们已经会自己塞内衣了,但是布娃娃的肚脐还露在外面,请你帮它塞一塞内衣吧。

附儿歌:

卷卷卷卷卷外衣,
拉拉拉拉拉内衣,
塞塞塞塞塞裤里,
盖盖盖盖盖肚脐。

## 发展课程

### 龙的故事

❀ **适宜月龄**

24—36个月。

❀ **发展领域**

社会认知。

❀ **活动目标**

1.让幼儿为自己是龙的传人而感到骄傲。

2.让幼儿认识龙,知道生肖年的由来。

3.让幼儿理解故事内容,能大胆说出龙的样子。

❀ **活动准备**

绘本《龙的故事》、龙的图片。

❀ **活动过程**

1.出示龙的图片,激发幼儿好奇心。

师:我们班今天来了一个小动物,它可以在天上飞,可以在水里游,还可以在地上爬,小朋友们猜一猜它是谁,它有什么故事呢? 一起来听一听吧。

2.教师完整讲述绘本《龙的故事》。

3.师幼一起讨论,请幼儿想一想龙的各个部位像什么动物。

小结:今年是龙年,龙排在十二生肖的第五位。龙自古以来就是中华民族的象征,因此我们被称为龙的传人。

❀ **活动延伸**

幼儿可以回家告诉家长生肖年龙年的由来,龙排在十二生肖的第五位。

# 中国龙

## ❀ 适宜月龄

24—36个月。

## ❀ 发展领域

艺术。

## ❀ 活动目标

1.让幼儿学习使用剪刀,锻炼手部力量。

2.使幼儿对手工活动感兴趣,提高他们的审美意识。

## ❀ 活动准备

红色和黄色的纸片、龙的图片、固体胶。

## ❀ 活动过程

1.谈话导入,激发幼儿兴趣。

师:今年是哪个生肖的年份呀?(龙年)龙是中国传统文化中的吉祥物,象征勇猛和力量。今天我们就来制作一个属于自己的闪亮的龙。

2.教师讲解活动步骤,并示范操作。

(1)沿虚线剪纸片。

(2)将剪好的纸片粘贴在图片中的龙身上。

3.幼儿动手实操,教师适当指导。

## ❀ 活动延伸

让幼儿带上制作好的中国龙,在户外的操场上进行游戏。

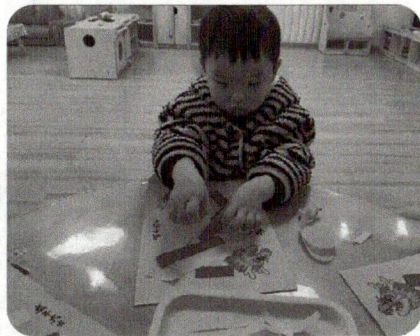

# 托托龙

❀ **适宜月龄**

24—36个月。

❀ **发展领域**

艺术手工。

❀ **活动目标**

1.让幼儿认识龙的造型形态,尝试用鸡蛋托制作龙的身体。

2.让幼儿运用粘贴的方式制作龙的脑袋和尾巴。

3.提高幼儿的动手能力,让幼儿感受龙年的快乐和吉祥氛围。

❀ **活动准备**

龙的图片、鸡蛋托、扭扭棒、龙头和龙尾图片。

❀ **活动过程**

1.活动导入,出示龙的图片,引导幼儿说一说,龙是什么样子的?

2.展示做好的托托龙,师幼讨论:托托龙是使用哪些材料制作的?

3.教师示范制作方法,用扭扭棒穿过鸡蛋托,制作托托龙的身体,最后粘贴龙头、龙尾,托托龙制作完成。

4.分发材料,请幼儿自己动手制作,教师适度提醒。

❀ **活动延伸**

幼儿可将制作好的托托龙带回家,与爸爸妈妈分享制作托托龙的办法及过程。

❀ **温馨提示**

制作龙身时,注意蛋托的方向要统一。

# 2024拓印画

## ❀ 适宜月龄

24—36个月。

## ❀ 发展领域

艺术与五感发展。

## ❀ 活动目标

1.让幼儿学习用拓印的方法作画,体验用不同工具、材料进行绘画活动的乐趣。

2.开展以"本年是2024年"为内容的拓印画活动,以此促使幼儿对拓印画活动产生兴趣。

## ❀ 活动准备

白色卡纸、彩色颜料、海绵棒等。

## ❀ 活动过程

1.谈话导入,引起幼儿对活动的兴趣。

2.教师出示提前画好的画。

3.教师示范如何制作拓印画后,分发材料给幼儿。

4.幼儿开始自己动手制作。

5.拓印画制作好以后,幼儿在卡纸上用海绵棒进行填色。

## ❀ 活动延伸

可以用其他材料比如树叶、塑料袋进行拓印。

## ❀ 温馨提示

玩颜料前,幼儿应穿好罩衣,以免弄脏衣服。

# 糯米圆子

❀ **适宜月龄**

24—36个月。

❀ **发展领域**

食育课程。

❀ **活动目标**

1.让幼儿分工合作,增强他们的合作意识。

2.让幼儿喜欢制作美食,提高他们的动手能力。

❀ **活动准备**

糯米、肉丸、调料等。

❀ **活动过程**

1.教师出示食材,请幼儿看一看、闻一闻。

2.教师指导幼儿进行分工合作,包括剁肉、放调料。

3.幼儿将肉馅团成小圆球,团好后,将其放进提前泡好的糯米里,翻滚一下,让肉丸身上裹满糯米。一颗糯米圆子就做好了。

4.教师把做好的圆子放在盘子里,随后上锅蒸。

5.糯米圆子蒸熟后,让幼儿一起品味美食。

❀ **活动延伸**

幼儿回家后,可以与爸爸妈妈一起动手制作糯米圆子。

# 十二生肖的故事

❀ **适宜月龄**

24—36个月。

❀ **发展领域**

社会认知。

❀ **活动目标**

1.让幼儿初步了解十二生肖的排列顺序。

2.丰富幼儿有关小动物的词汇,增强他们的语言表达能力。

❀ **活动准备**

绘本《十二生肖》、十二生肖的图片。

❀ **活动过程**

1.出示十二生肖的图片,激发幼儿的好奇心。引导幼儿大胆说一说图片中都有哪些动物。

师:我们班今天来了很多小客人,小朋友们来看看都有谁,它们之间发生了什么故事呢? 让我们一起来听一听吧。

2.教师完整地讲述绘本故事,让幼儿感知故事的内容。

3.师幼讨论,第一个是什么动物,接着第二个,第三个呢?

小结:十二生肖是中国古代智慧的结晶,它以动物为象征,一种动物代表一个生肖,一个生肖代表一个年份,共计十二个生肖,形成了一个十二年的循环周期。

❀ **活动延伸**

回家后,幼儿可以跟爸爸妈妈一起讨论自己的生肖属相,并了解爸爸妈妈的生肖属相。

# 生肖拼拼乐

❀ **适宜月龄**

24—36个月。

❀ **发展领域**

社会认知。

❀ **活动目标**

1.让幼儿进一步了解十二生肖的排列顺序。

2.使幼儿萌发对属相进一步探究的愿望,增强他们的合作能力。

❀ **活动准备**

十二生肖的图片。

❀ **活动过程**

1.出示十二生肖的图片,激发幼儿的好奇心。

师:宝贝们,我们的十二生肖有哪些动物呀?

2.教师出示十二生肖的头部图片,引导幼儿猜出动物。

3.将十二生肖的头部图片按顺序排列好,打乱尾部图片,让幼儿通过观察,找到与头部图片相匹配的尾部图片并拼出完整的生肖动物。

4.分组游戏,教师给每组幼儿分发一套生肖拼图,让他们自由拼图。

5.增加难度系数,幼儿需根据教师的指令寻找生肖图片。

❀ **活动延伸**

回家后,幼儿可跟爸爸妈妈一起讨论十二生肖有哪些,以及十二生肖有哪些特点,又有哪些象征意义。

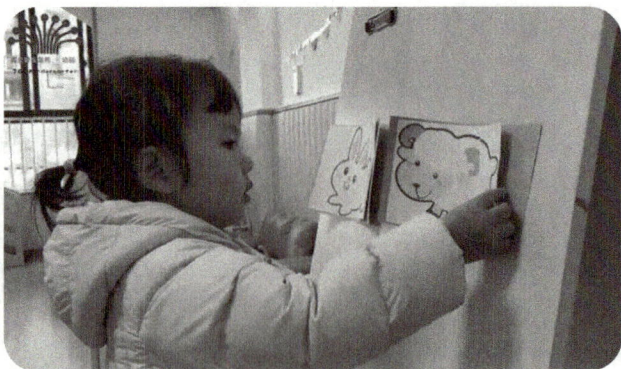

# 中国糖画

❀ **适宜月龄**

24—36个月。

❀ **发展领域**

食育课程。

❀ **活动目标**

1.增进幼儿对糖画艺术的认识和了解,使其萌发对传统工艺的兴趣和热爱。

2.通过制作糖画,提高幼儿的动手能力、观察力和创造力。

❀ **活动准备**

糖、锅、竹签等。

❀ **活动过程**

1.活动导入,出示中国糖画的图片,引导幼儿了解糖画的特点和美感。

师:中国糖画是我国民间用糖来造型的一种民间艺术,小朋友们,请问,你们跟爸爸妈妈出门逛街时,有没有见过呢?

2.教师引导幼儿探讨中国糖画的制作方法和步骤。

3.鼓励幼儿发挥想象力和创造力,分组进行个性化的中国糖画制作。

4.幼儿可以品尝自己亲手制作的糖画。

❀ **温馨提示**

熬制糖浆时,须注意火候。熬好以后,尽快制作糖画,防止糖浆冷却变干。

❀ **活动延伸**

幼儿回家可以与爸爸妈妈一起动手制作糖画。

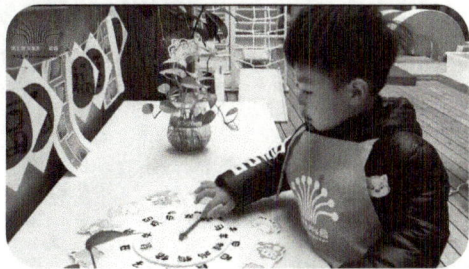

# 生肖排排序

❀ **活动目标**

1.让幼儿能够对十二生肖进行正确排序。

2.让幼儿能够通过观察和比较,简单地识别并排列物体的顺序。

❀ **活动材料**

鸡蛋托、雪糕棍、十二生肖的图片。

❀ **活动场地**

室内。

❀ **活动过程**

1.教师展示教具一,请幼儿观察雪糕棍上有哪些动物。

2.教师展示教具二,请幼儿观察鸡蛋托上有哪些动物,并提出关于顺序的问题:小朋友们,请问小老鼠在第几个呢?

3.请幼儿排序,把相同的生肖图片放在一起。

# 十二生肖歌

❀ **活动目标**

1. 让幼儿初步理解儿歌的内容,学习演唱儿歌。

2. 让幼儿通过活动的方式,了解十二生肖的正确排列顺序。

3. 让幼儿喜欢儿歌中的各种动物,对律动游戏产生兴趣。

❀ **活动材料**

十二生肖的图片、音乐。

❀ **活动场地**

户外。

❀ **活动过程**

1. 活动导入。播放儿歌,激发幼儿的兴趣。引导幼儿欣赏儿歌,并适时提问:儿歌中出现了哪些小动物? 它们都在做什么?

2. 再次听儿歌,并配合动作展示,加深幼儿对儿歌的记忆,引导幼儿记住十二生肖的正确排列顺序。

3. 请幼儿从十二生肖的图片中,自由选择自己喜欢的生肖图片,并将其贴在胸前,随后分组随着儿歌的节奏进行律动表演。

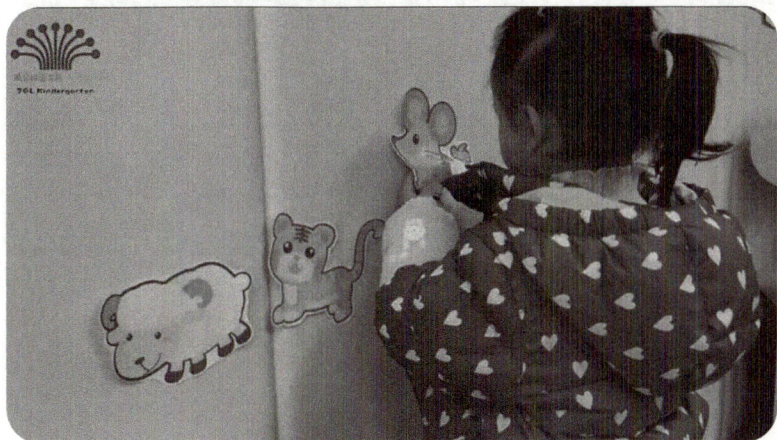

# 给十二生肖洗澡

❀ **活动目标**

1.提高幼儿的服务意识。

2.锻炼幼儿的手部控制能力。

❀ **活动材料**

棉签、十二生肖图纸塑封、白板笔等。

❀ **活动场地**

室内。

❀ **活动过程**

1.谈话导入。

师:这几天,我们和十二生肖一起玩游戏很开心。但是,昨天晚上它们悄悄告诉我,它们玩得有点脏脏的,想请小朋友们帮助它们洗澡。

2.教师出示图纸,让幼儿仔细观察。

3.教师讲解游戏规则并提问:怎么才能帮助它们洗干净呢?(我们需要用到棉签。)

4.幼儿动手操作。

**户外活动**

# 生肖大闯关

❀ **活动目标**

1.锻炼幼儿的弹跳能力以及平衡能力。

2.让幼儿体验游戏的快乐。

❀ **活动材料**

生肖图片、各种器械。

❀ **活动场地**

户外。

❀ **活动过程**

1.出示生肖图片,激发幼儿的兴趣。

2.教师示范游戏玩法,并引导幼儿通过闯关去寻找自己的生肖图片。

3.自由游戏期间,教师可根据幼儿的能力适当增加难度系数。

# 捉龙尾

## ❀ 活动目标

1.锻炼幼儿追、捉、躲、闪、跑的能力。

2.进一步促进幼儿身体的协调性和灵活性的发展。

3.使幼儿愿意积极参加集体活动,具有初步的规则意识。

## ❀ 活动材料

彩虹棒。

## ❀ 活动场地

户外。

## ❀ 活动过程

1.教师出示彩虹棒,将彩虹棒固定在身后当作尾巴,激发幼儿的兴趣。

2.教师讲解游戏规则,让幼儿在场地内互相追逐,并尝试抓住对方的"尾巴",同时要保护自己的"尾巴"不被抓住。

3.分组游戏时,教师可根据幼儿的能力进行适当调整,如调整"尾巴"的长度、游戏的持续时间等。

4.游戏结束后,引导幼儿进行放松活动。

# 萌娃舞龙

❀ **活动目标**

1.让幼儿锻炼手臂力量,学会团结合作。

2.让幼儿感受和同伴一起游戏的快乐。

❀ **活动材料**

鼓、音乐、彩虹伞、图片。

❀ **活动场地**

户外。

❀ **活动过程**

1.教师出示"舞龙"图片,激发幼儿的兴趣。

2.教师示范游戏玩法,请一个幼儿当龙头敲鼓,其他幼儿根据音乐的节奏舞动彩虹伞。

3.幼儿自由玩耍并表演舞龙。

# 龙年冲冲冲

❀ **活动目标**

1.锻炼幼儿的跳跃能力及下肢力量,促进他们感统综合能力的发展。

2.提高幼儿的身体的平衡性。

❀ **活动材料**

感统教具、好运龙。

❀ **活动场地**

操场。

❀ **活动过程**

1.热身活动。

2.情景导入。首先,幼儿将化身为勇敢的探险家。其次,他们需要穿过小山坡、跨过小石头。最后,找到好运龙。

3.寻找好运龙。

教师讲解活动规则,并示范动作。

4.分组游戏。

教师先进行分组,然后巡回指导。

5.接力游戏。

幼儿依次攀爬感统器材。

6.放松活动。

# 划龙船

## ❀ 活动目标

1.锻炼幼儿的腿部肌肉力量,提高他们的平衡能力和协调性。

2.增强幼儿的团队协作能力,让幼儿体验游戏的乐趣。

## ❀ 活动材料

长软垫、感统"河石"。

## ❀ 活动场地

户外。

## ❀ 活动过程

1.创设游戏情景,引导幼儿观察软垫铺成的"河道"。

2.教师在介绍游戏玩法后,引导幼儿进行游戏。

四人一组,幼儿扮演"小龙舟",每人坐在一个"河石"上,利用腿部力量向前移动。

3.引导幼儿重复体验游戏,适时结束游戏。

🐌 社会实践

# 逛超市

❀ **活动目标**

1.激发幼儿对生活场景体验的兴趣,让幼儿体验逛超市的乐趣。

2.培养幼儿使用礼貌用语与超市工作人员沟通。

3.让幼儿了解到超市里的物品是分类摆放的,能够按照购物计划找到商品。

❀ **活动场地**

超市。

❀ **活动准备**

每人一份购物计划、小黄帽、小黄包、十元钱。

❀ **活动过程**

1.活动前跟幼儿讲清规则及安全事项。

2.引导幼儿来到超市,体验参观并了解超市。从大门进入,使用礼貌用语向工作人员问好,依次向幼儿介绍不同区域。

3.教师引导幼儿按照购物计划在超市寻找指定的商品。

4.教师引导幼儿自觉排队结账,与工作人员礼貌地说"再见"。

5.返回幼儿园后,引导幼儿整理物品,分享交流参观超市的感受。

❀ **安全保障措施**

1.外出活动时要牵紧幼儿的手,时刻关注幼儿的动向。

2.保安同行。

🏠 **家庭指导**

# 寻找身边的年味

❀ **核心经验**

1.让幼儿感受过年的欢乐氛围,了解过年的一些习俗。

2.通过多种感官体验,进一步提高幼儿的观察能力、动手能力和语言表达能力。

3.激发幼儿对传统文化的兴趣和热爱。

❀ **指导准备**

家长和幼儿一起交流过年的准备经验。

❀ **指导过程**

1.家长和幼儿一起制定年货购买清单,然后亲子逛超市,置办年货。

可以让幼儿说一说,自己想要买的东西,为什么要买,买来可以做什么。

2.家长和幼儿一起贴福字、窗花,装扮自己的家。

可以运用一系列的工具辅助各种新年布置活动,比如用超轻黏土捏福娃娃、剪窗花等。

3.鼓励幼儿参与年夜饭的制作,鼓励幼儿做一些力所能及的小事。

比如可以让幼儿准备碗筷、帮爸爸妈妈洗菜、淘米等。

4.让家长将活动拍下来,开学时幼儿将照片带到幼儿园和同伴一起交流分享。

幼儿可以根据照片进行自由讲述,回忆当时做了什么,心情是怎样的,有什么样的收获。

# 2月

## 跳动的圆

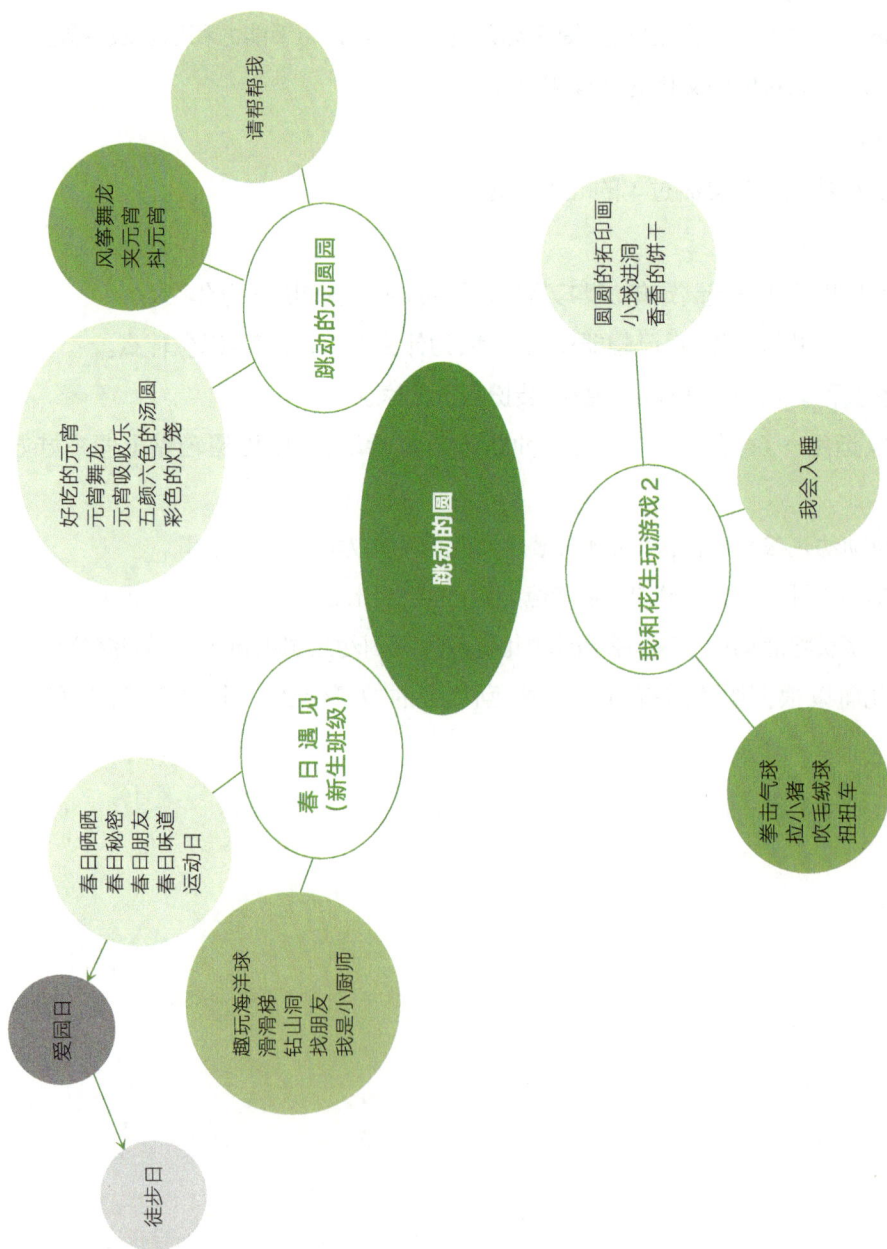

跳动的元圆园
- 请帮帮我
- 风筝舞龙 夹元宵 抖元宵
- 好吃的元宵 元宵舞龙 元宵吸吸乐 五颜六色的汤圆 彩色的灯笼

跳动的圆

我和花生玩游戏2
- 圆圆的拓印画 小球进洞 香香的饼干
- 我会入睡
- 拳击气球 拉小猪 吹毛绒球 扭扭车

春日遇见（新生班级）
- 春日晒晒 春日秘密 春日朋友 春日味道 运动日
- 趣玩海洋球 滑滑梯 钻山洞 找朋友 我是小厨师

爱园日

徒步日

## 发展任务

2月是开学季,是托班宝宝入学的高峰时段。我们既有新生班级,也有老生班级。结合幼儿园园情与宝宝发展需求,新生班级将为宝宝们带来春日里温暖阳光、缤纷色彩和蓬勃生机的美好体验。老生班级则将沉浸式地开展中国优秀传统节日——元宵节的庆祝活动,让宝宝们在多感官体验中感受节日的气氛,以及与同伴、老师团聚的温馨时刻。最终,两个层次的班级课程将实现并轨。

2月活动视频

1.让幼儿愿意与同伴一起运动、游戏、吃饭、睡觉。

2.让幼儿在多元体验中,认识自己的情绪和需求,学会表达自己的感受。

3.让幼儿在沉浸式体验中,适应集体活动,愉快地融入幼儿园生活。

## 环境规划

### 一、空间与规划

设立春日畅想区:创设一个春日花园角落,配备放大镜、植物、春日主题绘本等,供幼儿观察春天带来的细微变化,如植物的新芽、昆虫的活动等。

创建元宵工坊:通过展示传统元宵制作工艺的图片和步骤,引导幼儿了解并欣赏这些传统技艺。

打造圆形探索空间:摆放不同大小、材质的圆形物品,如木质圆盘、塑料球、金属圆罐等。设置圆形拼图、圆形积木等的搭建区域,深化幼儿对圆形的认知。

### 二、氛围与关系

1.在春日活动中,播放轻柔的自然音乐,如风声、雨声、鸟鸣声等,帮助幼儿在舒缓的氛围中感受春天的宁静与美好。

2.倡导回应式互动,如使用温暖的语音、积极的语言、爱的拥抱、温暖的微笑等。

### 三、可能的资源

家长志愿者:邀请家长参与主题活动,如擅长烹饪的家长可以指导幼儿制作元宵,丰富幼儿体验,促进家园合作。

阅读资源:挑选适合托班幼儿的关于春天、元宵节、圆形认知的绘本、教材等,放置在阅读区供幼儿自主阅读。

## 课程计划

| 生活指导 | 发展课程 | 游戏活动 | 户外活动 | 社会实践 | 家庭指导 |
|---|---|---|---|---|---|
| 请帮帮我<br>我会入睡 | 春日晒晒<br>春日秘密<br>香香的饼干<br>春日朋友<br>春日味道<br>运动日<br>好吃的元宵<br>元宵舞龙<br>元宵吸吸乐<br>五颜六色的汤圆<br>彩色的灯笼<br>圆圆的拓印画<br>小球进洞<br>香香的饼干 | 趣玩海洋球<br>滑滑梯<br>钻山洞<br>找朋友<br>我是小厨师 | 风筝舞龙<br>夹元宵<br>抖元宵<br>拳击气球<br>拉小猪<br>吹毛绒球<br>扭扭车 | 徒步日 | 爱园日 |

❀ 生活指导

# 请帮帮我

❀ **核心经验**

1.让幼儿知道有困难可以找成人帮忙。

2.让幼儿学会说"请帮帮我"。

❀ **指导准备**

1.小熊玩偶一个。

2.幼儿遇到困难时的场景图片。

❀ **指导过程**

1.情境再现。

小熊宝宝在洗手间伤心地哭了,我们问问他,为什么哭呢?

小熊宝宝说:我找不到擦手的毛巾了。

怎么办呢? 可以找谁帮帮忙?

遇到问题没关系,可以找老师帮忙,让我们一起说"请帮帮我"。

2.出示图片,经验迁移。

小朋友有没有遇到过困难,需要老师帮忙的时候?

如果尿裤子怎么办? 没关系,大声对老师说"请帮帮我"。

如果自己玩的玩具被别的小朋友拿走了怎么办? 没关系,大声对老师说"请帮帮我"。

如果身边没有自己班的老师怎么办? 可以请边上的老师帮忙。

3.鼓励幼儿在需要的时候,大声说"请帮帮我"。

# 我会入睡

## ❀ 核心经验

1.让幼儿睡觉时不吵闹,能安静地入睡。

2.让幼儿知道午睡能使身体更健康。

3.让幼儿保持正确的睡眠姿势,逐步养成每天午睡的好习惯。

## ❀ 指导准备

1.铺好被子的寝室。

2.儿歌《天天午睡身体好》。

## ❀ 指导过程

1.观看情境表演。请一名幼儿配合教师进行情境表演,其他幼儿观看。

师:宝贝们,午休时间到了。

幼儿来到自己的床前,先是脱下鞋子,并在床下摆放整齐。接着是脱下衣服,把衣服整齐地放在床的一边。然后是躺下,侧着身体,并盖好被子。最后是闭上眼睛,安安静静地睡觉了。

2.启发幼儿说一说表演的幼儿是怎么睡觉的。

## ❀ 教师总结

(1)轻轻走进寝室。

(2)脱下鞋子在床下摆放整齐。

(3)脱下的衣服叠整齐放在床边。

(4)盖好被子安安静静地睡觉。

师:睡觉时,鞋子摆在哪?(床下,放整齐)衣服是怎样放的?(叠整齐放在床边)

3.教师引导幼儿说说,我们为什么要午睡? 午睡时要注意什么?

师:午睡可以使我们的身体得到休息,个子长得高,大脑更聪明,身体更健康。

教师告诉幼儿睡觉时应向右侧躺着睡,这样能使身体放松,让呼吸变得更流畅。而趴着睡或用被子蒙住头睡,会引起身体的负担,也会不舒服。教育幼儿午睡时不吵闹,不做小动作,保持正确的睡姿,安静午睡。

4.引导幼儿学念儿歌《天天午睡身体好》。

附儿歌:

小脑袋,靠枕头,

眼睛闭,身放松,

甜甜进入睡梦中。

**发展课程**

# 春日晒晒

❀ **适宜月龄**

24—36个月。

❀ **发展领域**

动作发展。

❀ **活动目标**

1.让幼儿感受春日阳光的温暖,知道晒太阳对身体好。

2.让幼儿能完成走、跑、钻、跳等动作。

❀ **活动准备**

大型玩具、泡沫棒等。

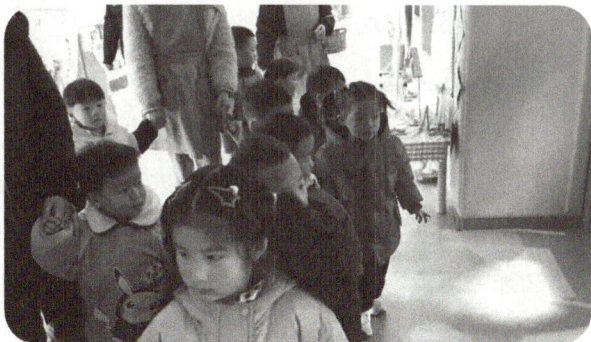

❀ **活动过程**

1.活动前的热身活动。

例如:拉拉手、伸伸腿、扭扭腰、跳一跳。

(1)根据幼儿的选择进行分组游戏。

(2)让幼儿体验与同伴一起游戏的快乐。

(3)游戏中,幼儿可以选择不同的游戏项目。

2.活动结束。

教师扮演猫妈妈,幼儿扮演猫宝宝。让我们一起开心地跟着猫妈妈点点头,点点头;拍拍肩,拍拍肩;伸伸腰,伸伸腰;抖抖腿,抖抖腿。

❀ **活动延伸**

活动前提醒幼儿注意安全,活动时关注幼儿的动态。

# 春日秘密

### ❀ 适宜月龄

24—36个月。

### ❀ 发展领域

动作、认知。

### ❀ 活动目标

1.让幼儿愿意跟着教师一起参观幼儿园,感受集体活动的欢乐。

2.让幼儿熟悉幼儿园的内部环境。

3.锻炼幼儿身体的钻、爬能力,提高其身体综合素质。

### ❀ 活动准备

小山、小河、小桥喷绘。

### ❀ 活动过程

1.组织幼儿玩游戏"开火车",带领幼儿参观幼儿园,初步熟悉幼儿园内部环境。

(1)两名教师分别充当火车头和火车尾,组织幼儿"开火车"。

(2)在"开火车"游戏的过程中,增设"寻找春天的秘密"这一环节。

2.途中布置场景,引导幼儿观察,并根据观察结果做出相应的动作。

例如:遇到山洞——幼儿钻过去;遇到河流——幼儿跨过去;遇到大山——幼儿爬上去。

3.活动结束。

随后,幼儿一起回到活动室,分享他们在游戏中的发现和体验。

### ❀ 活动延伸

活动结束之后,教师及时带幼儿回教室休息、喝水。

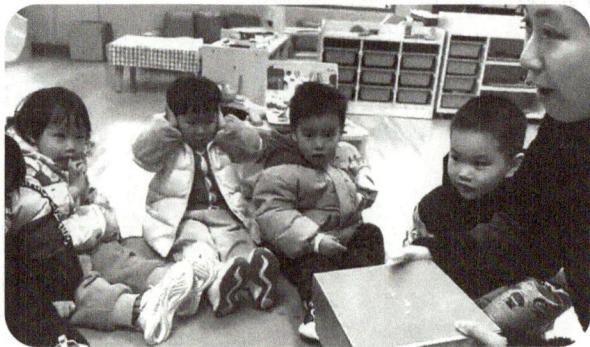

# 春日朋友

❀ **适宜月龄**

24—36个月。

❀ **发展领域**

社会。

❀ **活动目标**

1.让幼儿喜欢交朋友,愿意主动沟通和打招呼。

2.让幼儿保持情绪稳定,会说"你好""谢谢"等礼貌用语。

❀ **活动准备**

经验准备:有一定的社交经验。

场地准备:提前对接好互动班级。

❀ **活动过程**

1.话题引入。

师:宝宝们,你们喜欢玩游戏吗？喜欢一个人玩,还是和大家一起玩？

2.我们大家一起玩。

师:春天到了,天气也变暖和了,我们去邀请好朋友一起玩耍吧!

3.组织幼儿到互动班级自主游戏。

鼓励幼儿主动友好地交朋友。

4.全班有序地回到自己的教室,并进行活动总结。

我们要友好、有礼貌地去交朋友。等到对方同意后,就可以一起开心地玩啦!

❀ **活动延伸**

幼儿可以与身边的人谈一谈,你交到了哪一位好朋友？还记得他叫什么名字吗？

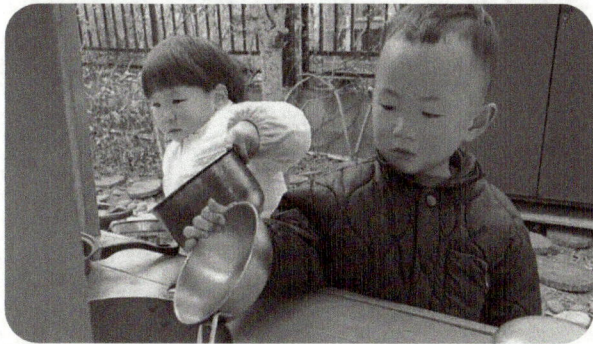

# 春日味道

❀ **适宜月龄**

24—36个月。

❀ **发展领域**

食育课程。

❀ **活动目标**

1.锻炼幼儿手部的精细动作能力——捏、卷等。

2.让幼儿了解传统美食——春卷,并喜欢动手做春卷。

❀ **活动准备**

春卷皮、胡萝卜丝、黄瓜丝、白豆干、装菜器皿、厨师服若干。

❀ **活动过程**

1.作品引入。

师:今天我们来做美味的春卷吧!

2.教师示范。

动作要领:铺—夹—放—卷。

3.发放食材,幼儿操作,教师巡回指导。

4.作品展示。

师:让我们来闻一闻,谁做的春卷最香呀?

❀ **活动延伸**

可以让幼儿将做好的春卷成品带回家,并与家人分享。

# 运动日

❀ **适宜月龄**

24—36个月。

❀ **发展领域**

动作发展。

❀ **活动目标**

1.让幼儿愿意参与户外游戏,体验游戏的快乐。

2.让幼儿能够跟着音乐简单地律动,增强其动作的协调性。

❀ **活动准备**

户外场地、地毯(供幼儿休息)、纸巾。

❀ **活动过程**

1.热身活动,激发幼儿的兴趣。

师:宝宝们,今天天气晴朗,让我们跟着老师一起活动起来吧!

播放音乐,引导幼儿一起做热身运动。

2.集体自由游戏。

幼儿自由探索大型玩具的玩法。

3.活动结束。

教师带幼儿进行放松运动,并带他们返回教室。

❀ **活动延伸**

运动结束后,及时带幼儿回教室休息并喝水。

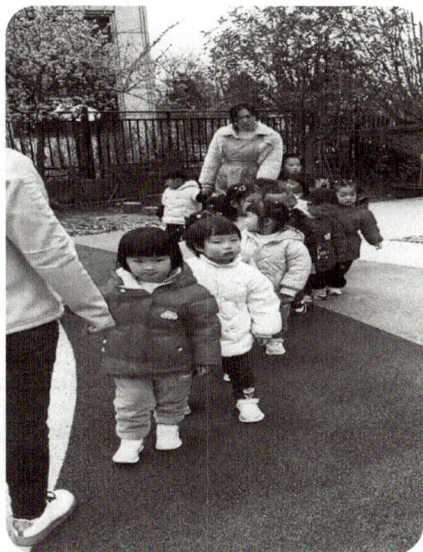

# 好吃的元宵

❀ **适宜月龄**

24—36个月。

❀ **发展领域**

认知探索。

❀ **活动目标**

1.让幼儿感受元宵节的氛围,知道元宵节吃元宵的传统习俗。

2.让幼儿认识元宵的形状,会说"圆圆的""滑滑的"。

3.让幼儿初步了解元宵的制作方法,尝试制作黏土手工元宵。

❀ **活动准备**

元宵节习俗图组,关于元宵的绘本。

❀ **活动过程**

1.出示图片,引导幼儿初步感知元宵节的习俗。

2.引导幼儿说一说元宵的外形。

师:你们吃过元宵吗? 元宵是什么样子的?

小结:元宵的身体圆圆的,咬开元宵,里面包着不同的馅料,味道好极了。

3.出示绘本,引导幼儿了解元宵的制作方法。

❀ **活动延伸**

引导幼儿用超轻黏土试着制作黏土元宵。

# 元宵舞龙

❀ **适宜月龄**

24—36个月。

❀ **发展领域**

艺术与五感发展。

❀ **活动目标**

1.锻炼幼儿手部的精细动作能力。

2.让幼儿感受元宵节的喜悦氛围,体验传统文化。

3.在教师的鼓励下,幼儿能够主动收拾玩具。

❀ **活动准备**

彩色纸、龙头、胶棒、木棍。

❀ **活动过程**

1.出示做好的龙头风筝,激发幼儿的兴趣。

师:宝宝们,老师今天带来了一个神秘的物品,你们看看是什么?

2.示范龙头风筝的制作方法。

首先,让我们将彩色纸沿着线一条一条撕下来;然后,用胶棒粘到龙头上,当作龙的尾巴;最后,粘贴在木棍上。

3.分发材料,让幼儿动手操作,教师巡回指导。

4.结束活动。

教师引导幼儿整理材料,并进行归类。

❀ **活动延伸**

幼儿可以将制作好的龙头风筝拿到户外,并进行放飞。

# 元宵吸吸乐

❀ **适宜月龄**

24—36个月。

❀ **发展领域**

动作、认知。

❀ **活动目标**

1.锻炼幼儿的肺活量和口腔肌肉力量。

2.让幼儿体验游戏带来的乐趣。

❀ **活动准备**

吸管、元宵、碗的图片。

❀ **活动过程**

1.教师出示图片,引导幼儿初步了解元宵习俗。

师:今天我们要来和元宵玩一个游戏。

2.介绍游戏材料。

师:今天我们要玩的这个游戏叫吸元宵,让我们一起来看看要用到哪些工具呢。

3.演示游戏玩法。

教师示范用吸管吸住元宵,并放到碗里。

4.幼儿通过模仿教师进行操作。

❀ **活动延伸**

1.将教具放置在设置的游戏区域。

2.变换游戏玩法,让幼儿体验新的游戏乐趣。

# 五颜六色的汤圆

❀ **适宜月龄**

24—36个月。

❀ **发展领域**

食育课程。

❀ **活动目标**

1.让幼儿知道元宵节是中国的传统节日。

2.让幼儿尝试动手制作汤圆,锻炼他们捏、搓、舀的精细动作能力。

3.让幼儿品尝汤圆,体验成功的快乐。

❀ **活动准备**

汤圆粉、各种蔬菜汁、盘子、碗、锅、电磁炉、汤圆图片。

❀ **活动过程**

1.出示彩色汤圆图片,以此激发幼儿的兴趣。

师:元宵节有一种特别的食物是什么?(元宵,在我国南方又称汤圆。)我们每天早上都会用超轻泥来模拟搓汤圆,今天我们就来亲手制作可以吃的汤圆。

2.引导幼儿观察制作材料,了解做汤圆的方法。

(1)观察并知道做汤圆需要的各种材料。

(2)了解制作汤圆的方法和要求。

3.制作汤圆、煮汤圆。

(1)幼儿尝试用搓、团等方法制作汤圆。

(2)教师负责煮汤圆。

4.汤圆煮好后,幼儿加糖并品尝自己亲手制作的汤圆。

❀ **活动延伸**

活动结束后,让幼儿们一起来说一说自己制作汤圆的过程。

❀ **温馨提醒**

1.制作汤圆时,不可用手抓头发或其他东西,如果手脏了,要重新洗一下。

2.注意不要将糯米粉弄到眼睛、鼻子等地方。

# 彩色的灯笼

✿ **适宜月龄**

24—36个月。

✿ **发展领域**

社会、艺术。

✿ **活动目标**

1.让幼儿了解灯笼的外形特征和用途。

2.锻炼幼儿手指的精细动作能力。

3.让幼儿感受过年的氛围,让幼儿体验活动带来的乐趣。

✿ **活动准备**

灯笼图片、纸杯、双面胶、扭扭棒。

✿ **活动过程**

1.教师出示灯笼图片,吸引幼儿的兴趣。

师:宝贝们这是什么呀? 你们在什么地方看到过它呢? 今天呀,老师要带领大家做一个不一样的灯笼,让我们一起来看看它是如何制作的吧!

2.教师示范制作灯笼的方法。

师:我们制作灯笼所需要的材料是一个纸杯和扭扭棒。

①第一步将双面胶撕下来,如果撕不下来可以请教师帮忙。

②将扭扭棒粘在有双面胶的位置上即可。

3.教师分发材料,幼儿动手操作,教师巡回指导。

✿ **活动延伸**

幼儿准备好灯笼,开始进行挂灯笼的游戏活动。

# 圆圆的拓印画

❀ **适宜月龄**

24—36个月。

❀ **发展领域**

艺术与五感发展。

❀ **活动目标**

1.让幼儿利用生活中的圆形物品进行拓印画的创作。

2.让幼儿乐意参与绘画活动,大胆想象和创作,感受艺术的乐趣。

❀ **活动准备**

圆形、三角形、正方形图片,颜料,各种圆形材料:圆形拓印棒、气球、圆杯等。

❀ **活动过程**

1.谈话导入,找出圆形。

师:宝贝们,你们认识圆形吗?(出示图片,请幼儿找出圆形。)

2.引导幼儿谈论生活中的圆形,并将他们找出来。

让幼儿想一想生活中哪些东西是圆形的。

3.动手操作,绘制图案。

教师出示生活中圆形的物品,利用它们进行绘画拓印。教师示范拓印方法,引导幼儿选择自己喜欢的圆形物品,并进行拓印画的创作。

4.作品展示。

❀ **活动延伸**

欣赏不同的圆形创意画,鼓励幼儿发挥想象力,大胆地进行创作。

# 小球进洞

❀ **适宜月龄**

24—36个月。

❀ **发展领域**

动作发展。

❀ **活动目标**

1.锻炼幼儿的视觉追踪能力和手眼协调能力。

2.让幼儿愿意参加集体活动,知道轮流等待。

❀ **活动准备**

纸杯、乒乓球、圆形漏盘。

❀ **活动过程**

1.宝贝们,还记得上周我们跟乒乓球宝宝玩了什么游戏吗?(夹元宵、抖元宵)

2.今天让我们来看看,乒乓球宝宝会跟我们玩什么游戏吧?

3.教师介绍游戏材料,进行示范,并讲解游戏规则。

(1)我们今天玩的游戏名字叫小球进洞,需要的游戏材料有乒乓球、纸杯和圆形漏盘。

(2)宝贝们需要通过圆形漏盘,将我们的乒乓球宝宝送到纸杯里去。

(3)不能用手把球直接放进纸杯里,只能用漏盘把球送进杯子里,球掉在地上了也没关系,捡起来就行了。

4.幼儿分组后,再进行游戏。由教师进行指导。

分组进行游戏,每组有三名幼儿,看哪名幼儿最先把乒乓球宝宝送回家。

5.游戏结束。

游戏活动结束后,教师对刚刚的游戏活动进行总结。

❀ **活动延伸**

幼儿可多次练习,等到动作熟练后,教师可以增加小球进洞游戏的难度,比如,缩小圆形漏盘的口径等。

# 香香的饼干

❀ **适宜月龄**

24—36个月。

❀ **发展领域**

食育课程。

❀ **活动目标**

1.让幼儿尝试用团、压、印的方法制作饼干。

2.让幼儿在制作、品尝过程中体验成功的快乐。

❀ **活动准备**

醒发面团(教师事先将面团分成小块)、干面粉,圆形压模具,烤箱。

❀ **活动过程**

1.展示制作饼干的材料和工具(面团,模具等),引导幼儿进行观察,并告诉幼儿这是用来制作饼干的。

2.示范饼干的制作方法:首先取一小块面,将其团圆,然后压扁。接着,将模具轻轻压在面团上,压出不同的形状。

(示范时,可以配上儿歌式的语言:取块小面团,团呀团呀团,放在桌上压一压,咦,饼干做好啦! 同时,要强调用手心按压并且使用模具时要轻轻地压,然后再轻轻地提起,以免破坏饼干的形状。)

3.鼓励幼儿尝试自己制作饼干,在制作过程中给予他们适时的指导。同时提醒幼儿不要长时间玩面团,若面团粘手,可提醒幼儿在面团上或是手上抹一点干面粉。

4.引导幼儿品尝自己制作的饼干,并说一说饼干的形状和味道。

❀ **活动延伸**

家长可在家中自制一些面制品,并带着幼儿参与制作,增强幼儿的动手能力。

**🎡 游戏活动**

## 趣玩海洋球

**❀ 活动目标**

1.增强幼儿对色彩的感知能力。

2.让幼儿感受身体漂浮状态,增强其手脚的灵活性。

**❀ 活动材料**

各色海洋球。

**❀ 活动场地**

海洋球池。

**❀ 活动过程**

1.引导幼儿自主脱鞋,然后用力跳入或者轻轻跨入海洋球池。

2.幼儿可在池子中间翻动或摆动手脚、身体、头颈,在浮力状态中,调整身体的重力感。

3.也可在球池中站立、跳动等,自由玩耍,体会不同中心及身体运作的感受。

## 滑滑梯

**❀ 活动目标**

1.让幼儿知道滑滑梯等大型玩具的正确玩法。

2.让幼儿乐于参与游戏,体验游戏的乐趣。

3.让幼儿增强规则意识和安全意识。

**❀ 活动材料**

大型滑滑梯。

**❀ 活动场地**

操场。

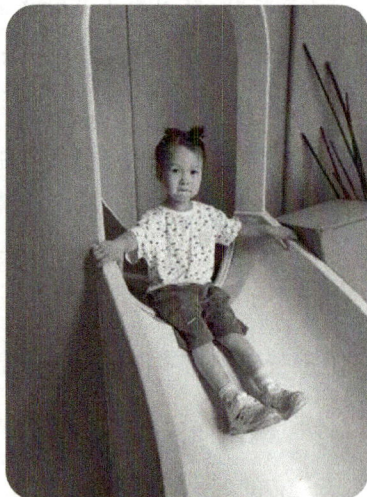

**❀ 活动过程**

1.教师讲解清楚玩耍的区域和注意事项。

2.幼儿在规定区域自由玩耍。

# 钻山洞

### ❀ 活动目标

1.提高幼儿爬、钻等基本动作的能力。

2.提高幼儿身体灵活度和四肢协调能力。

3.促进幼儿大肌肉和前庭觉的发展。

### ❀ 活动材料

拱门、垫子。

### ❀ 活动场地

操场。

### ❀ 活动过程

1.教师提供软垫,让幼儿自主尝试用四肢进行各种爬行动作。

2.在幼儿练习的过程中,教师可在旁边观察,对那些遇到困难的幼儿及时给予引导和帮助,确保幼儿能够自由快乐地尝试。

# 找朋友

### ❀ 活动目标

1.让幼儿乐意参与音乐游戏。

2.让幼儿愿意和其他的小朋友拥抱。

### ❀ 活动材料

地毯。

### ❀ 活动场地

活动室。

### ❀ 活动过程

1.引导幼儿跟着音乐的节奏拍手,并鼓励幼儿和其他的小朋友相互拥抱。

2.进行音乐游戏"找朋友"。

3.让幼儿围坐成圈,当唱到"敬个礼呀握握手,找到好朋友"时,拥抱找到的好朋友。

4.反复进行上述游戏。

# 我是小厨师

❀ **活动目标**

1.增强幼儿的角色意识,让幼儿尝试角色扮演。

2.提高幼儿的模仿能力和社会交往能力。

❀ **活动材料**

厨师用具玩具若干。

❀ **活动场地**

户外"玉龙厨房"。

❀ **活动过程**

1.情境引入,激发幼儿的兴趣。

2.教师在旁观察,必要时进行指导。

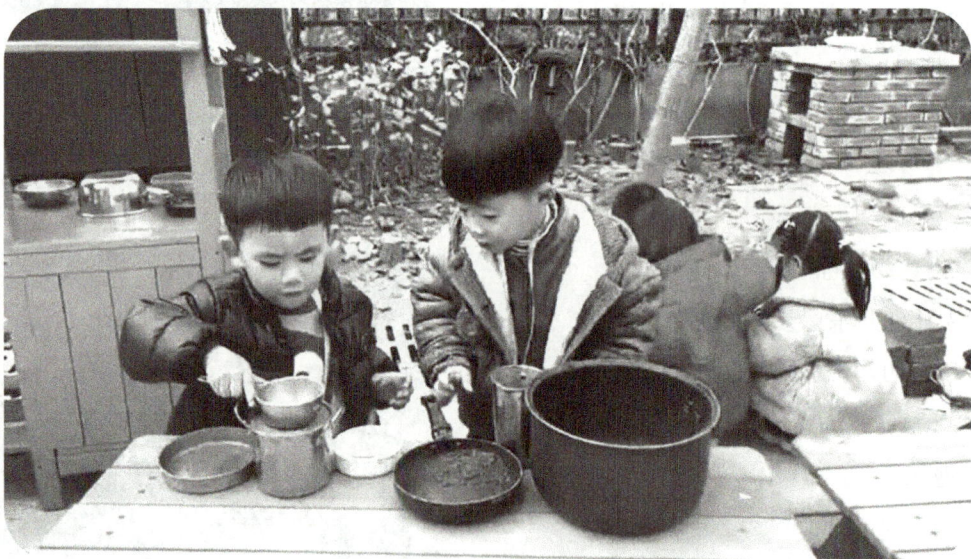

## 🦋 户外活动

# 风筝舞龙

### ❀ 活动目标

1.促进幼儿身体灵活性和协调性的发展。

2.让幼儿体验在游戏中奔跑追逐的乐趣。

3.增强幼儿的安全意识。

### ❀ 活动材料

已经做好的龙头风筝。

### ❀ 活动场地

操场。

### ❀ 活动过程

1.教师示范放飞龙头风筝的方法,并强调其注意事项。

2.幼儿自由奔跑进行放风筝游戏,让风筝在天空中舞龙。

# 夹元宵

### ❀ 活动目标

1.通过使用夹子夹乒乓球的游戏,提高幼儿使用工具的能力。

2.增强幼儿身体的平衡能力和手眼协调能力。

### ❀ 活动材料

乒乓球,水果夹,篮子。

### ❀ 活动场地

操场。

### ❀ 活动过程

1.教师讲解游戏规则:在限制线外用夹子夹取乒乓球,并送到指定的篮子里,当球掉在地上时,幼儿可以重新夹取。

2.把幼儿分成小组进行比赛,先夹完的那一组获胜。

# 抖元宵

❀ **活动目标**

1.锻炼幼儿的跳跃能力,增强其下肢力量。

2.让幼儿乐于参与游戏,体验游戏的快乐。

❀ **活动材料**

乒乓球、塑料盒。

❀ **活动场地**

操场。

❀ **活动过程**

1.把幼儿分为三人一组。在幼儿的腰上绑上塑料盒,让他们采用跳跃抖动的方式将乒乓球抖出来。

2.三人进行比赛,先把塑料盒里面的乒乓球全部抖出来的那一组获胜。

# 拳击气球

❀ **活动目标**

1.锻炼幼儿的肢体协调能力,提高其手脚灵活度。

2.让幼儿体验游戏带来的乐趣。

❀ **活动材料**

气球。

❀ **活动场地**

操场。

❀ **活动过程**

将气球挂在不同高度的绳子上,引导幼儿用不同方式击打气球,如:用手击打,用脚踢,用头顶等。

# 拉小猪

### ❀ 活动目标

1.锻炼幼儿的手眼协调能力,逐渐培养他们的耐心。

2.使幼儿能够较为平稳地走,并喜欢模仿动作。

### ❀ 活动材料

套上绳子的呼啦圈,小皮球。

### ❀ 活动场地

操场。

### ❀ 活动过程

1.热身运动。

2.讲解规则。

(1)幼儿在听到口令后再出发。

(2)当皮球跑出圈外时,幼儿需要在捡回来之后,再进行游戏。

(3)引导幼儿从起点出发,拉着呼啦圈带球前进,先到终点为胜。

3.幼儿进行自由游戏。

# 吹毛绒球

### ❀ 活动目标

1.让幼儿通过吹的动作,锻炼口腔肌肉力量,增强肺活量。

2.让幼儿体验自己能吹跑毛绒球的乐趣和成就感。

### ❀ 活动材料

毛绒球、纸杯。

### ❀ 活动场地

操场。

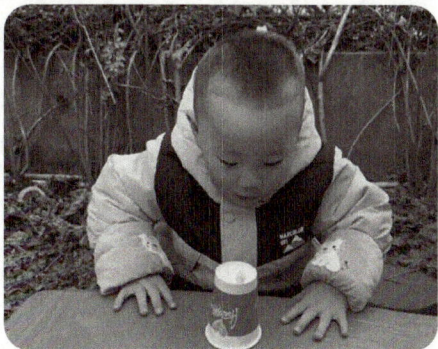

### ❀ 活动过程

1.教师讲解游戏规则并进行示范,要求幼儿只能用嘴把毛绒球吹走,不能用手进行辅助。

2.将幼儿分为两人一组,谁先把纸杯上的毛绒球吹完则获胜。

3.幼儿开始游戏后,教师在一旁进行指导。

# 扭扭车

## ❀ 活动目标

1.让幼儿知道在户外开小车时要遵守交通规则,不逆行。

2.让幼儿喜欢与同伴参加户外运动。

## ❀ 活动材料

空旷场地、道路标识、与人数相当的扭扭车。

## ❀ 活动场地

操场。

## ❀ 活动过程

1.请幼儿先观察道路,然后讨论道路情况,规划路线。

2.让做得好的幼儿示范或者教师示范。

3.幼儿进行自主游戏,教师在一旁观察,并随时给予指导和帮助。

社会实践

# 徒步日

### ❁ 活动目标

1.培养幼儿对户外探索活动的兴趣。

2.鼓励幼儿大胆地参与活动。

### ❁ 活动场地

园外附近小区。

### ❁ 活动准备

喷绘(小山、小河)。

### ❁ 活动过程

1.引导幼儿加入活动。

通过一起玩游戏,带领幼儿探索幼儿园以外的世界,前往附近的小区进行徒步活动。来到小区内球场后,可以让幼儿自由地跳一跳,跑一跑。

2.探索之后进行放松活动,包括捏捏小腿、拍拍手臂等。

### ❁ 安全保障措施

1.活动之前,检查园外活动场所是否安全,排除危险因素。

2.幼儿园行政、保安等老师跟随。

# 爱园日

## ❀ 核心经验

1.熟悉幼儿园,在家长的引导下,幼儿能够带着愉悦的情绪入园,为上幼儿园提前做好准备。

2.让幼儿愿意主动与别人打招呼,并自我介绍。

3.让幼儿体验亲子游戏的快乐。

## ❀ 指导准备

《碰碰舞》、地毯。

## ❀ 指导过程

**一、幼儿入园。**

1.引导幼儿主动与教师问好。

2.参观我的幼儿园。

(1)请家长带领幼儿参观幼儿园的大致环境,熟悉幼儿园。

(2)教师引导家长带领幼儿认识自己的柜子、座位、椅子、杯子、毛巾、小床等。

**二、互动环节:认识我的老师和同伴。**

1.教师带领幼儿坐在小椅子上,然后开始听音乐。

2.引导幼儿学习问候语:你好你好!我是谁?你好你好!你是谁?

3.邀请幼儿和家长一起来做自我介绍。(告诉大家,我是谁,今年几岁啦。)

**三、游戏活动**

1.引出主题。

师:宝贝们,快来一起做游戏啦,老师给你们带来了一个很好玩的游戏哟!

2.做动作。

(1)首先,请幼儿和家长手牵手,围着地毯站成一个圈;然后,幼儿站在圈的里面,家长站在圈的外围。

(2)第一次播放音乐,让幼儿和家长在听到教师的口令后,一起跟着音乐的节奏做出相应的动作。

(3)第二次播放音乐,音乐的速度加快,让幼儿和家长跟着教师的引导变换动作。

(增加:拍地毯、挥挥手、转一圈)

**四、活动结束**

跟家长进行离园前的交流,并将家长和孩子送离幼儿园。

**3月**

# 能干的我

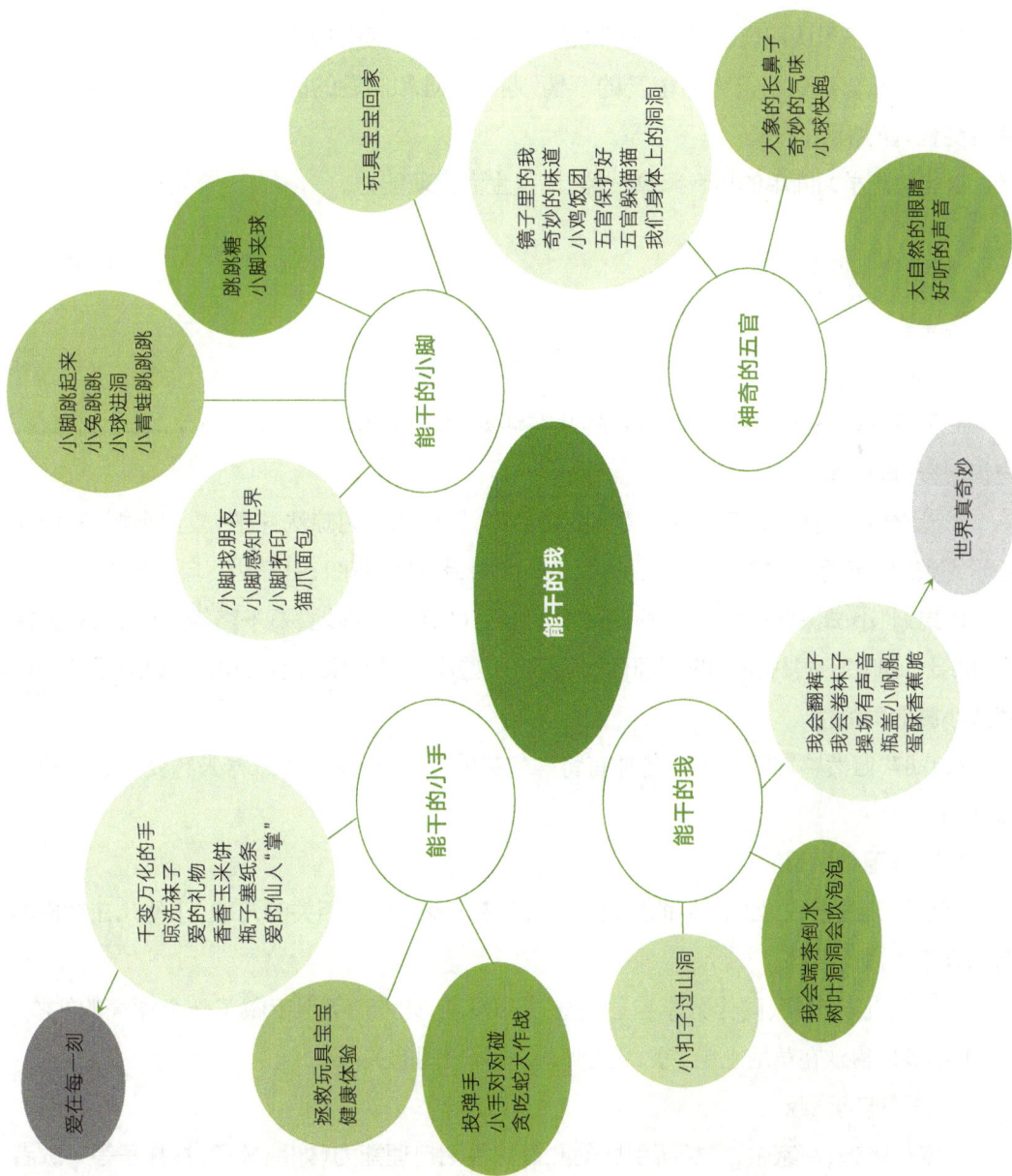

玩具宝宝回家

跳跳糖
小脚夹球

小脚跳起来
小兔跳跳
小球进洞
小青蛙跳跳跳

镜子里的我
奇妙的味道
小鸡饭团
五官保护好
五官躲猫猫
我们身体上的洞洞

大象的长鼻子
奇妙的气味
小球快跑

大自然的眼睛
好听的声音

能干的小脚

神奇的五官

小脚找朋友
小脚感知世界
小脚拓印
猫爪面包

能干的我

世界真奇妙

我会翻裤子
我会卷袜子
操场有声音
瓶盖小帆船
蛋酥香蕉脆

千变万化的手
晾洗袜子
爱的礼物
香喷玉米饼
瓶子塞纸条
爱的仙人"掌"

能干的小手

能干的我

小扣子过山洞

我会端茶倒水
树叶洞洞会吹泡泡

爱在每一刻

抢救玩具宝宝
健康体验

投弹手
小手对对碰
贪吃蛇大作战

## 发展任务

托班幼儿正处于自我意识逐渐萌发、动作技能不断发展的时期。本月活动以"能干的我"为主题展开,紧密贴合托班幼儿的发展需求,开启幼儿对自身身体的认知与探索之旅。让幼儿在千变万化的体验与认知中,感受自己的力量,建立初步的自我认知,为他们的后续发展提供有力支持。

3月活动视频

1.让幼儿乐于认识自己身体的不同部位,丰富其对自身的认知。

2.让幼儿喜欢做自己力所能及的事情,遇到困难和问题的时候,能够尝试表达、求助或接受他人的帮助。

3.让幼儿学习简单的自我照顾技能,增强生活自理能力。

## 环境规划

### (一)空间与规划

1.创设"能干的我"展示区:展示幼儿在活动中的自我服务的成果照片,如自己穿衣、吃饭、整理玩具等。

2.设立生活自理区:配备小衣架、小盆子等,供幼儿练习晾洗袜子;放置小柜子,让幼儿学习整理自己翻好的裤子和卷好的袜子。同时,张贴步骤图,引导幼儿自主操作。

3.规划"小脚探索乐园":用不同材质的地面(如草地、沙地、石子路等)让幼儿赤脚探索,感受小脚在不同材质上的不同体验;设置一些小型障碍物,让幼儿用小脚跨越、绕行,锻炼小脚的灵活性。

4.开辟"自然感官区":放置各种有特殊气味的花草,让幼儿用五官去感受大自然的奇妙味道。

### (二)氛围与关系

播放轻柔的音乐,如《小手拍拍》《小脚丫》等与身体部位相关的儿歌,让幼儿在愉悦的音乐氛围中进行活动。

鼓励幼儿与教师、同伴分享自己的感受和发现,如"我用小手做了一个漂亮的礼物""我的小脚最喜欢在草地上走"等,增进师幼、同伴之间的关系。

### (三)可能的资源

1.家长资源:在家中,家长可引导幼儿锻炼生活自理能力(如翻裤子、卷袜子等),或者与幼儿一起制作美食,增进亲子关系。

2.运动器材:提供适合托班幼儿的运动器材,如小型平衡木、软球等,用以锻炼幼儿的平衡能力和协调性。

**课程计划**

| 生活指导 | 发展课程 | 游戏活动 | 户外活动 | 社会实践 | 家庭指导 |
|---|---|---|---|---|---|
| 玩具宝宝回家<br>小扣子过山洞 | 千变万化的手<br>晾洗袜子<br>爱的礼物<br>香香玉米饼<br>瓶子塞纸条<br>爱的仙人"掌"<br>小脚找朋友<br>小脚感知世界<br>小脚拓印<br>猫爪面包<br>镜子里的我<br>奇妙的味道<br>小鸡饭团<br>五官保护好<br>五官躲猫猫<br>我们身体上的洞洞<br>我会翻裤子<br>我会卷袜子<br>操场有声音<br>瓶盖小帆船<br>蛋酥香蕉脆 | 拯救玩具宝宝<br>健康体检<br>大象的长鼻子<br>奇妙的气味<br>小球快跑<br>小脚跳起来<br>小兔跳跳<br>小球进洞<br>小青蛙跳跳跳 | 投弹手<br>小手对对碰<br>贪吃蛇大作战<br>跳跳糖<br>小脚夹球<br>大自然的眼睛<br>好听的声音<br>我会端茶倒水<br>树叶洞洞会吹泡泡 | 世界真奇妙 | 爱在每一刻 |

🌢 **生活指导**

## 玩具宝宝回家

❀ **核心经验**

1.幼儿愿意与教师一起收拾玩具。

2.幼儿学会了看标识,了解玩具摆放的固定位置。

❀ **指导准备**

1.玩具若干。

2.教师事先用玩具实物照片作为标识,一一对应贴在玩具柜和玩具筐上。

❀ **指导过程**

1.玩具宝宝找家。

(1)出示一个玩具,引出活动:帮玩具宝宝找家。

(2)小朋友,这个玩具宝宝找不到家了,谁能帮忙找到它的家?

(3)你是怎么找到的?(原来柜子上、筐子上有它的照片,这里就是它的家。)

2.玩具宝宝回家咯。

(1)请幼儿各自找找玩具宝宝的家。这里还有很多玩具宝宝,来吧,我们一起帮它们找到家。

(2)游戏后请幼儿整理玩具,教师边念儿歌边引导幼儿把玩具放回固定的位置。

附儿歌:

玩具宝宝我帮你,

看看标记在哪里,

一个一个送回家,

宝宝回家笑哈哈。

# 小扣子过山洞

## ❀ 核心经验

1.让幼儿学习两手协调地解开纽扣。

2.让幼儿提高自我服务的能力。

## ❀ 指导准备

带纽扣的衣服。

## ❀ 指导过程

1.教师出示带纽扣的小背心,请幼儿试穿新衣服。

2.在幼儿穿上衣服后,教师引导幼儿解开纽扣脱下衣服。

教师示范解开扣子的方法。一手捏住纽扣,一手捏住扣眼,将纽扣往扣眼里塞并念儿歌:"小扣子过山洞,过了山洞找朋友。"

3.进行游戏:找朋友。

教师试穿背心,请幼儿帮忙解纽扣,一起边解边念儿歌。当幼儿帮助教师解开纽扣后,教师应该对幼儿说:"谢谢。"

4.教师和幼儿交换角色,重复游戏。

## ❀ 活动延伸

投放纽扣衣饰框到生活区,让幼儿自主操作。

**发展课程**

## 千变万化的手

❀ **适宜月龄**

24—36个月。

❀ **发展领域**

社会认知。

❀ **活动目标**

1.让幼儿能够仔细观察画面,初步理解故事内容。

2.让幼儿知道小手很能干,愿意自己的事情自己做。

❀ **活动准备**

绘本《千变万化的手》、手的图片、彩纸。

❀ **活动过程**

1.导入手指游戏,激发幼儿的兴趣。

2.出示绘本,引导幼儿观察封面。

师:封面上有什么? 小猫是什么表情? 猜猜小手和小猫发生了什么?

3.教师讲述绘本故事,幼儿边听边观察画面上小手的动作和小猫的表情。

师:小手做了什么? 小猫为什么会出现这个表情?

4.让幼儿通过动作体验,理解故事内容。

幼儿体验故事里小手的各种动作,如推、拉、挠、摸。

讨论:你的小手还会做哪些事情?

5.拓展经验:使用我们的小手玩一玩粘贴游戏。

❀ **活动延伸**

鼓励幼儿回家后和家长一起收集整理"手能干什么"和"手不能干什么",然后,到幼儿园与老师和同伴一起讨论。

# 晾洗袜子

❀ **适宜月龄**

24—36个月。

❀ **发展领域**

动作发展。

❀ **活动目标**

1.让幼儿学习洗袜子和晾袜子,独立完成夹袜子的动作。

2.锻炼幼儿的手部肌肉力量以及左右手的配合能力。

3.让幼儿学会自己的事情自己做,逐步养成良好的生活习惯。

❀ **活动准备**

肥皂、袜子、麻绳、夹子。

❀ **活动过程**

1.宝贝们,在家是谁负责帮你们洗袜子的呀?

2.那你们有没有注意到爸爸妈妈在给我们洗袜子的时候,用到了哪些工具呀?(比如盆子、肥皂、洗衣粉等。)

师:爸爸妈妈平时工作也很辛苦,今天就由我们自己来给小袜子洗澡,然后把它挂在绳子上晾干。

3.教师介绍洗袜子的工具和洗袜子的方法。

师:肥皂可以用来清洗我们的袜子。首先,把袜子打湿;然后,在袜子上涂抹肥皂,搓一搓、揉一揉;最后,用水清洗。这样我们的袜子就洗好啦!

4.幼儿分组进行清洗袜子的活动,教师在一旁提供必要的帮助和指导。

师:清洗袜子之前,我们需要把袖子挽起来以免打湿着凉。

5.教师示范如何晾袜子。

师:选择一只袜子,把袜子弄平整;然后,一只手拿袜子,另一只手用夹子夹住袜子,并把袜子挂在绳子上。

6.幼儿们开始动手操作,教师在旁边进行指导。

7.活动结束后,教师对游戏活动进行总结。

❀ **活动延伸**

当幼儿成功夹上袜子时,教师要及时给予表扬;当幼儿遇到困难时,教师要给予鼓励。

# 爱的礼物

❈ **适宜月龄**

24—36个月。

❈ **发展领域**

艺术手工。

❈ **活动目标**

1.让幼儿知道3月8日是妇女节,是妈妈、奶奶、外婆、阿姨等妇女的节日。

2.让幼儿使用拓印粘贴的方式制作手工花束。

3.让幼儿愿意对妈妈、奶奶等表达爱。

❈ **活动准备**

"做礼物"图片、"身边的妇女"图片、手工花束。

❈ **活动过程**

1.出示"做礼物"图片,激发幼儿的兴趣,引出妇女节。

师:3月8日是国际劳动妇女节,这是为了感谢妇女们做出的贡献而设立的节日。

2.出示"身边的妇女"组图,引导幼儿了解身边的妇女有哪些,以及如何向她们表示感谢。

3.师幼讨论,随后引导幼儿尝试向身边的妇女表达感谢。

师:你们想不想做一份礼物送给我们身边的妇女呢? 你想送给谁呢? 为什么?

4.出示手工花束,教师讲解制作方法,引导幼儿用小手蘸颜料拓印在纸板上,粘贴上树枝。

5.教师发放材料,幼儿自由创作,教师巡回指导。

6.幼儿展示完成的作品。

❈ **活动延伸**

在幼儿对家人表达祝福的同时,请家人用照片记录下这一美好时刻,便于幼儿将照片带到幼儿园来进行展示。

# 香香玉米饼

❀ **适宜月龄**

24—36个月。

❀ **发展领域**

食育课程。

❀ **活动目标**

1.幼儿愿意动手操作,积极参与活动。

2.幼儿体验品尝自制食物的乐趣。

3.让幼儿通过剥的动作,锻炼手部肌肉的力量,增强动手能力。

❀ **活动准备**

玉米若干。

❀ **活动过程**

1.活动导入。

师:宝贝们,老师今天给你们带来了一个好朋友,我们一起来猜猜它是谁。老师已经把它放到了你们面前的纸箱里。现在请小朋友来摸一摸,然后告诉老师你们摸到了什么。(玉米)

2.剥玉米。

3.香香玉米饼。

(1)玉米可以用来做很多美食,今天,我们就用它来做玉米饼。

(2)了解做玉米饼的方法和要求。

4.制作玉米饼。

❀ **活动延伸**

回家后,幼儿可以和家长一起寻找并制作关于玉米的美食。

# 瓶子塞纸条

## ❀ 适宜月龄

24—36个月。

## ❀ 发展领域

动作发展。

## ❀ 活动目标

1.让幼儿认识长与短的纸条。

2.通过活动锻炼幼儿手部的精细动作能力,以及手眼协调能力、专注力。

3.让幼儿感受和老师、同伴一起玩游戏的乐趣。

## ❀ 活动准备

空瓶子若干、不同长度的彩色纸条若干、一段舒缓的纯音乐。

## ❀ 活动过程

1.通过话题引入。

师:彩色纸条是新朋友,它们说:"其实呀,我跟丫丫班的宝贝一样,也喜欢钻洞洞!谁来帮帮我,让我也钻进瓶子洞洞里呢?"

2.发放材料,让幼儿自行探索。

规则:安静地动手操作,让纸条钻进瓶洞

3.成品展示,并由教师总结。

(1)比一比,谁钻的纸条多?比一比,谁钻得更安静?

(2)哪种长度的纸条更容易钻进瓶子里?(短的纸条更好钻)

## ❀ 活动延伸

组织幼儿,开展集体钻山洞的游戏。

# 爱的仙人"掌"

## ❀ 适宜月龄

24—36个月。

## ❀ 发展领域

社会。

## ❀ 活动目标

1.通过活动让幼儿认识自己的手掌,知道每个人都有两只小手。

2.通过两只小手,幼儿能够向妈妈表达自己对妈妈的爱。

3.让幼儿感受色彩的魅力,培养幼儿做手工的爱好。

## ❀ 活动准备

颜料和颜料盘、16张白色硬卡纸(卡纸上已提前画好绿色枝干)、16张女神卡片、16张过塑纸、16根麻绳、过塑机。

## ❀ 活动过程

1.话题引入。

师:今天是3月8日,是妇女的节日,也称"三八妇女节"。让我们制作一幅漂亮的手印仙人掌小盆栽画,送给你爱的妈妈、外婆或者奶奶!

2.教师示范,并讲解步骤。

3.发放材料,幼儿动手制作,教师巡回指导。

4.作品展示,教师总结。

## ❀ 活动延伸

将作品带回家,送给最爱的家人,表达爱意与节日祝福。

# 小脚找朋友

❀ **适宜月龄**

24—36个月。

❀ **发展领域**

观察能力。

❀ **活动目标**

1.让幼儿了解穿鞋的正确方法。

2.让幼儿认识自己的鞋子和鞋子的方向。

3.让幼儿学会自己穿鞋,培养自理能力,体验自己穿鞋的成就感。

❀ **活动准备**

户外大垫子。

❀ **活动过程**

1.请小朋友们把鞋子脱下来并放在垫子中间。

2.小朋友们,我们每个人都有自己的好朋友,小脚也有自己的好朋友,让我们一起去给小脚找朋友吧。

3.分组并引导幼儿找到自己的鞋子。

4.帮助幼儿正确穿好鞋子。(正确区分左右脚,鞋子的舌头要拉出来,后跟要提拉好,鞋带要系紧或者魔术贴要贴好。)

5.幼儿穿好鞋子后,一起跳圆圈舞庆祝。

❀ **活动延伸**

1.有的幼儿穿得不好,不要着急,慢慢学。

2.建议平时有意识地让幼儿自己动手穿脱鞋袜,培养他们的自理能力。

# 小脚感知世界

## ❀ 适宜月龄

24—36个月。

## ❀ 发展领域

感统触觉训练。

## ❀ 活动目标

1.通过在不同材质上的光脚触觉体验,刺激幼儿的触觉发展,提升其触觉灵敏度。

2.逐渐完善幼儿的感知能力,激发其探索欲和好奇心。

## ❀ 活动准备

触觉球、棉花、泥土、水、毛巾。

## ❀ 活动过程

1.宝贝们,平时我们认识事物都是用我们的小手去摸摸它,鼻子去闻闻它,眼睛去看看它。今天让我们试着用我们的小脚来感知事物,看看有什么不一样的发现。

2.介绍游戏材料。

师:我们用到的游戏材料有触觉球、棉花、泥土、水和毛巾,这些都是我们生活中常见的事物。

3.介绍游戏规则。

师:老师会将这些游戏材料摆成一条直线,宝贝们走的时候可以用小脚一个一个地感知。(邀请一位小朋友,进行示范。)

4.组织幼儿有序脱鞋,把小脚准备好。

5.分组进行游戏,教师在旁边进行指导。

6.游戏结束后,教师询问幼儿对于不同事物的感受,并对游戏活动进行总结。

## ❀ 活动延伸

提醒幼儿在感知水之后,将小脚放在干毛巾上,在感知毛巾的同时擦干脚上的水。

# 小脚拓印

❀ **适宜月龄**

24—36个月。

❀ **发展领域**

艺术美育。

❀ **活动目标**

1.在看一看、踩一踩、玩一玩的过程中增进幼儿对脚的认识,发展其脚的触觉功能。

2.培养幼儿对事物的好奇心,让幼儿能大胆探究并享受其中的乐趣。

❀ **活动准备**

保鲜膜、白布、颜料。

❀ **活动过程**

1.图片导入。

展示一些脚印画作品,让幼儿猜测他们是怎么制作的。

2.制作拓印画。

(1)给每位幼儿的脚上套上保鲜膜。

(2)教师指导幼儿将脚蘸上自己喜欢的颜料,然后印在白布上,制作出一幅脚印画。

❀ **活动延伸**

等画布干后,让幼儿找找自己的脚印在哪里。

# 猫爪面包

❀ **适宜月龄**

24—36个月。

❀ **发展领域**

食育课程。

❀ **活动目标**

1.让幼儿亲手体验面包的制作过程。

2.通过揉捏面包的过程,锻炼幼儿手部肌肉及精细动作能力。

3.让幼儿感受制作美食带来的快乐,体验烹饪的乐趣。

❀ **活动准备**

已发酵好的面团、白糖、鸡蛋、牛奶、小猫图片。

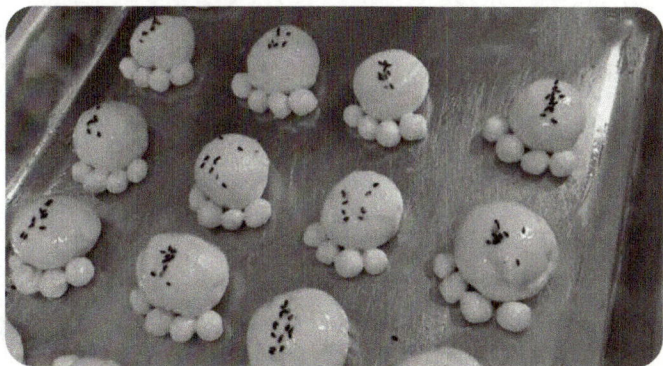

❀ **活动过程**

1.活动导入,师幼讨论。

师:宝贝们吃过面包吗?面包是什么味道的?什么形状的?今天,让我们一起来制作猫爪形状的面包。

2.出示已经发酵好的面团,请幼儿观察,并告诉幼儿这是用来做面包的。

3.教师示范面包的制作方法:取一小块面团,团圆,压扁,做成猫爪的样子。

师:取块小面团,团呀团呀团,咦,面包做好啦。

4.鼓励幼儿尝试制作面包,教师在一旁适时给予指导,并提醒幼儿不要长时间玩面团,若面团粘手,可抹一点干面粉。

5.面包烤好后,让幼儿品尝面包,并引导幼儿说一说面包的形状和味道。

❀ **活动延伸**

家长可在家尝试与幼儿一起进行亲子烘焙活动,制作各种形状的面包。

# 镜子里的我

❀ **适宜月龄**

24—36个月。

❀ **发展领域**

社会认知。

❀ **活动目标**

1.鼓励幼儿通过镜子认识自己的五官,对着镜子做各种表情。

2.让幼儿学会正确认识自己的五官和五官的作用。

3.让幼儿感受欢笑带来的愉悦情绪。

❀ **活动准备**

人手一面小镜子。

❀ **活动过程**

1.出示镜子,激发幼儿的兴趣。

师:今天老师给每个小朋友都准备了一个小礼物。小朋友都拿出来照一照,在你们的脸上,都看到了什么?(嘴巴、眼睛、鼻子、眉毛和耳朵等)

2.引导幼儿逐一认识五官。

师:它们的本领可多了,你们知道它们的本领是什么吗?

例如,眼睛——可以看东西。

鼻子——闻味道,呼吸。

嘴巴——吃饭、说话。

耳朵——听声音。

3.鼓励幼儿对着镜子模仿笑、哭、生气的表情,观察自己做表情的时候,脸上五官的变化。

师:比如笑的时候嘴角是向上的,眼睛会眯起来;哭的时候嘴角和眉毛是向下的;生气的时候会瞪大眼睛,眉毛也会挑起来。

❀ **活动延伸**

请幼儿自己说一说,并介绍自己的五官。

# 奇妙的味道

❀ **适宜月龄**

24—36 个月。

❀ **发展领域**

健康。

❀ **活动目标**

1.让幼儿了解鼻子的作用,会用鼻子闻气味,发展感知能力。

2.激发幼儿对气味的嗅觉感知力。

3.让幼儿知道鼻子能闻到气味,舌头能尝出味道。

❀ **活动准备**

洋葱、芹菜、苦瓜、番茄、生姜。

❀ **活动过程**

1.活动引入:在我们的脸上有一个器官,它长得像一座挺立的山,而且有两个山洞,宝宝们猜一猜,这是什么呢?(是我们的鼻子。)

2.老师今天准备了几种蔬菜宝宝,让我们一起来闻一闻,尝一尝他们是什么味道的。

洋葱:外表光滑,漂亮的紫色,圆滚滚的,像水果,闻起来有点刺鼻。

芹菜:它有一种独特的清香,有像线一样的茎,翠绿翠绿的。

苦瓜:它的表皮有很多一粒一粒的凸起。

番茄:红红的,圆滚滚的。(幼儿一一观察,表达并分享自己的想法。)

3.我们的小眼睛看过了,小手摸过了,现在让我们来动手切一切。切完后,再闻一闻,尝一尝。

4.切洋葱的时候,洋葱会熏得眼睛流泪;芹菜尝起来有一点咸味;苦瓜是苦的;番茄是酸酸甜甜的,而且汁水丰富。(幼儿进行观察,然后尝一尝,最后表达并分享自己的想法。)

5.你在家里还看到过哪些蔬菜或水果?它们长什么样子?是什么味道的?(幼儿把想起来的、有过体验的蔬菜和水果拿出来进行分享。)

*总结*:我们的鼻子负责闻到气味,舌头则负责尝到味道。

❀ **活动延伸**

1.活动内容延伸至保护好五官,知道我们的五官各有什么作用,应该怎么去保护好它们。

2.如果洋葱太刺激,可以换成其他有代表性气味的蔬菜或水果。

# 小鸡饭团

❀ **适宜月龄**

24—36个月。

❀ **发展领域**

食育课程。

❀ **活动目标**

1.锻炼幼儿手部的精细动作能力。

2.让幼儿喜欢自己动手做美食。

❀ **活动准备**

食材准备:白米饭、熟南瓜、黑芝麻、番茄沙司。

物品准备:16套儿童厨师工作服、16套儿童厨房用具套装。

❀ **活动过程**

1.话题引入。

师:今天,我们丫丫班的小厨师们又准备做什么美味的食物呢?

2.介绍所需食材,并让幼儿通过"看摸闻尝"初步感知食材。

3.教师边讲解,边展示。

动作要领:挖——放——上下摇——点。

4.发放食材、用具,让幼儿自己动手操作,教师巡回进行指导与帮助。

5.请幼儿展示做好的小鸡饭团,并自行品尝。

❀ **活动延伸**

回家后,幼儿可与爸爸妈妈一起尝试制作小鸡饭团,实现家园共育。

# 五官保护好

❀ **适宜月龄**

24—36个月。

❀ **发展领域**

健康。

❀ **活动目标**

1.使幼儿认识并能自主说出自己的五官。

2.让幼儿了解一些保护五官的基本方法。

3.使幼儿能够大胆发言,并说出完整的句子。

❀ **活动准备**

绘本《保护五官》。

❀ **活动过程**

1.师幼讨论:我们的五官分别具有什么样的本领?

2.阅读绘本《保护五官》。

3.我们的五官有哪些作用?怎样保护我们的五官?大家一起来说一说。

(1)如何保护我们的眼睛?

不能用小脏手揉眼睛,不能长时间地看电视,不能用手去碰别人的眼睛。

(2)怎么保护我们的鼻子?

不能往鼻子里塞东西,不能随便抠鼻子。

(3)怎么保护我们的嘴巴?

如果嘴巴太干了,我们要多喝水,不能随便吃地上的东西。

(4)怎么保护我们的耳朵?

不能随便塞东西进耳朵,不能大喊大叫,不能揪别人的耳朵。

❀ **活动延伸**

幼儿回家后和爸爸妈妈一起讨论,看看还有哪些保护五官的办法。

# 五官躲猫猫

❀ **适宜月龄**

24—36个月。

❀ **发展领域**

社会认知。

❀ **活动目标**

1.让幼儿初步了解五官的名称及其在脸部的位置。

2.让幼儿体验游戏的乐趣。

❀ **活动准备**

儿歌音频、"小脸蛋"图片。

❀ **活动过程**

1.出示"小脸蛋"图片,引导幼儿感知五官。

师:摸一摸,你的小脸上有什么?

2.教师展示"小脸蛋"图片,并逐一指出五官,引导幼儿说出对应的五官名称。

3.播放歌曲音频,带领幼儿跟随音乐的提示指出对应的五官,巩固幼儿对五官的认知。

师:小手拍拍,小手拍拍,手指伸出来,眼睛在哪里? 眼睛在这里,用手指出来,用手指出来。

4.带领幼儿一起做律动活动。(五官躲猫猫)

❀ **活动延伸**

让幼儿了解五官的作用和本领。

# 我们身体上的洞洞

❀ **适宜月龄**

24—36个月。

❀ **发展领域**

健康。

❀ **活动目标**

1.让幼儿探索身体的奥秘,勇于表达自己的想法。

2.让幼儿知道身体上有哪些"小洞洞"及其作用。

3.让幼儿学会保护身体的"小洞洞",学会自我保护的方法。

❀ **活动准备**

绘本《我们身体上的洞洞》。

❀ **活动过程**

1.师幼讨论,鼓励幼儿找一找、看一看,我们身体上有哪些"小洞洞"？说一说,这些洞洞是什么？

小结:我们身体上的"小洞洞"有眼睛、鼻子、耳朵、肚脐眼等。

2.引导幼儿阅读绘本。

师幼讨论图中的小朋友对待自己身体上的小洞洞的方法是否正确,说一说我们身体上的"小洞洞"的作用。

3.引导幼儿说一说如何保护身体上的"小洞洞"。

❀ **活动延伸**

引导幼儿在教室里寻找"小洞洞",激发他们探索的兴趣。

# 我会翻裤子

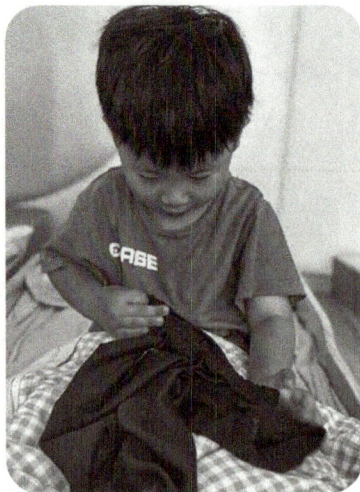

❋ **适宜月龄**

24—36个月。

❋ **发展领域**

动作发展。

❋ **活动目标**

1.让幼儿学习如何分辨裤子的正反面。

2.裤子如果是反面,幼儿需要用小手将裤子翻过来。

3.让幼儿初步掌握如何穿裤子。

❋ **活动准备**

裤子。

❋ **活动过程**

1.老师发现大部分的宝贝都会自己穿裤子了,但是,经常有宝贝把裤子穿反。今天,老师就来教宝贝们如何正确穿裤子。

2.教幼儿简单地辨别裤子正反面的方法。

师:通常情况下,有贴画、口袋、拉链、扣子的一面为裤子的正面,而裤子的反面通常没有这些东西。

3.教师示范讲解穿裤子的方法。

(1)如果裤子是反的,我们就需要用小手将裤子翻过来。首先,将我们的小手伸进裤子里面;其次,抓住裤腿,用小手往外拉出来,裤子就正了;最后,穿上裤子。

(2)穿裤子的时候,裤子的前面要向上,双手拉住裤腰,逐一将腿伸入裤腿,站起来,将裤腰拉上,裤子就穿好了。

4.幼儿进行操作,教师巡回指导。

5.游戏活动结束后,教师进行总结。

❋ **活动延伸**

教师需提醒幼儿,中午午睡后起床穿裤子时,应先坐在床上进行,避免站起来穿裤子时摔倒。

# 我会卷袜子

❀ **适宜月龄**

24—36个月。

❀ **发展领域**

动作、认知。

❀ **活动目标**

1.幼儿能将相同的袜子配对,学会区分袜子的脚尖和脚后跟。

2.幼儿练习用手卷、翻等动作,锻炼手部肌肉。

3.幼儿尝试自己卷袜子,养成良好的生活习惯,体验游戏的快乐。

❀ **活动准备**

袜子、袜子图片、垫子、音乐等。

❀ **活动过程**

1.活动引入:宝贝,请问,在你们的小鞋子里藏了什么呀?(小脚,小袜子)宝贝们说得真好,鞋子里藏着小脚,小脚上穿着小袜子。

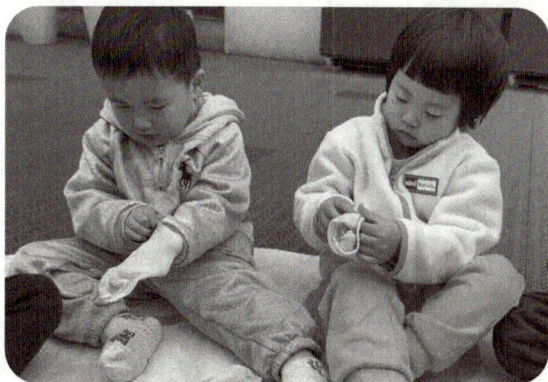

2.出示各种袜子的图片(儿童袜,成人袜,长筒袜,丝袜等):小朋友们请看,老师这里有各式各样的袜子。

3.引导幼儿认识各种袜子,观察样式、颜色、长短等。

4.小朋友们已经学会了洗袜子,并进行了晾晒。而今天,就请小朋友们把袜子收纳起来吧。

5.教师示范卷袜子、翻袜子,并将袜子收纳好。

6.教师给幼儿分发小袜子,让幼儿试一试将袜子卷起来,翻一翻,并收纳好。

❀ **活动延伸**

回到家里,可以让幼儿试试将家里的袜子卷一卷,翻一翻,并成对收纳起来。

# 操场有声音

❀ **适宜月龄**

24—36个月。

❀ **发展领域**

食育课程。

❀ **活动目标**

1.让幼儿感知耳朵的功能,培养幼儿用它们仔细听声音的习惯。

2.让幼儿喜欢大自然中各种各样的声音。

❀ **活动准备**

小鼓棒、小布条。

❀ **活动过程**

1.手指游戏导入。

歌词:"我的小手,我的小手,拍拍拍,眉毛藏起来。我的小手,我的小手,拍拍拍,眼睛藏起来……"

师:哪个还没有藏起来呀?

幼:耳朵。

2.请幼儿蒙上眼睛,猜一猜,是什么物品发出的声音。

师:为什么我们会蒙上眼睛呢?接下来会发生什么呢?

幼儿:我听到了敲击的声音……

3.教师给幼儿发放鼓棒,并带领他们走到户外。幼儿通过使用鼓棒轻敲不同的物品,聆听不同质感的声音。

4.声音总结。

金属——当当、当唧、丁零当唧。

木材——咚咚、梆梆。

风吹树叶——飒飒。

东西倾倒——哗啦。

风车转动——呼呼。

……

4.游戏活动自然结束。

❀ **活动延伸**

回家后,幼儿可以和爸爸妈妈一起,继续探索并听一听生活中的声音。

# 瓶盖小帆船

## ❀ 适宜月龄

24—36个月。

## ❀ 发展领域

动作、五感。

## ❀ 活动目标

1.锻炼幼儿手指灵活性和精细动作的能力。

2.让幼儿了解如何用嘴吹动帆船。

## ❀ 活动准备

瓶盖、黏土、牙签、彩纸等。

## ❀ 活动过程

1.出示帆船,激发幼儿的兴趣。

师:宝贝们,你们见过用瓶盖做的帆船吗?(没见过)

2.教师展示制作瓶盖小帆船的过程。

师:今天老师用瓶盖制作了帆船,请宝贝们用你们的小眼睛仔细观察。

3.幼儿动手操作,教师在旁边适时指导。

师:用小手搓一搓黏土,搓好后放进瓶盖里,再插上一面小旗帜,一只瓶盖小帆船就做好了。

4.让幼儿自主游戏(一起来吹小帆船)。

师:看看哪位宝贝的小帆船开得最稳,开得最快吧!

## ❀ 活动延伸

提醒幼儿注意安全,并及时提供帮助。

# 蛋酥香蕉脆

❀ **适宜月龄**

24—36个月。

❀ **发展领域**

食育课程。

❀ **活动目标**

1.幼儿了解蛋酥香蕉脆所用食材。

2.幼儿学习简单的蛋酥香蕉脆制作方法。

3.幼儿体验自己动手制作美食的快乐。

❀ **活动准备**

香蕉、鸡蛋、白芝麻等。

❀ **活动过程**

1.实物导入,出示香蕉,让幼儿观察,并讨论。

师:宝宝们,你们认识这是什么吗?(香蕉)它是什么颜色的? 是什么形状的呢? 又是什么味道的呢? 今天,就让我们用香蕉来制作美味的蛋酥香蕉脆吧!

2.教师展示食材,并向幼儿介绍每种食材。

引导幼儿看一看,闻一闻,摸一摸,并鼓励幼儿说一说。

3.教师操作并示范。

先将香蕉去皮,然后切成薄片,刷上蛋液,撒上芝麻,最后用烤箱烤熟。

4.教师分发材料,幼儿操作。教师巡回指导和提供帮助。

5.让幼儿品尝自己亲手制作的美食。

❀ **活动延伸**

教师组织幼儿收拾剩余的活动材料,并对幼儿的表现给予评价和鼓励。

# 拯救玩具宝宝

✿ **活动目标**

1.锻炼幼儿手指的精细动作能力,增强其手部灵活性。

2.提高幼儿发现问题和解决问题的能力。

✿ **活动材料**

包裹了保鲜膜的玩具。

✿ **活动场地**

操场。

✿ **活动过程**

1.用保鲜膜把玩具包起来。

2.把包起来的玩具分发给幼儿。

引导幼儿动手撕开保鲜膜,"拯救"出玩具宝宝。

# 健康体检

✿ **活动目标**

引导幼儿了解体检项目,让幼儿积极配合体检。

✿ **活动材料**

绘本《有趣的健康检查》。

✿ **活动场地**

室内。

✿ **活动过程**

1.绘本导入,帮幼儿克服恐惧心理。

2.出示健康体检表,引导幼儿观察。

3.引导幼儿排队等候体检。(社区医生集中组织体检活动)

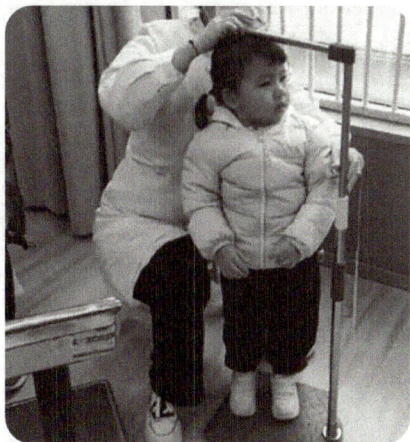

# 大象的长鼻子

### ❀ 活动目标

1.增加幼儿的肺活量,发展他们的面部肌肉力量。

2.让幼儿感受说话发音时气流的变化,体验活动的乐趣。

### ❀ 活动材料

纸条。

### ❀ 活动场地

室内、室外均可。

### ❀ 活动过程

1.引导幼儿将纸条贴在鼻子上。

2.鼓励幼儿用嘴巴吹气,并将纸条吹起来。

# 奇妙的气味

### ❀ 活动目标

1.让幼儿感知不同物品带来的气味,了解鼻子的功能。

2.让幼儿喜欢户外探秘,喜欢大自然,喜欢和爸爸妈妈互动。

### ❀ 活动准备

石头、泥土、树木、花草、轮胎等。

### ❀ 活动材料

室内、室外均可。

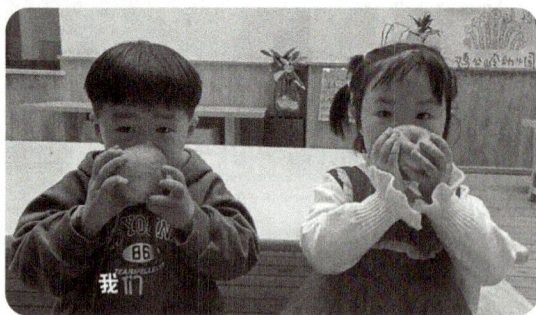

### ❀ 活动过程

1.请幼儿用鼻子认真地嗅,嗅出各种物品的气味,帮助幼儿累积生活经验。

2.请幼儿回家闻一闻,探索爸爸妈妈身上有什么特别的气味。

# 小球快跑

## ❀ 活动目标

1.锻炼幼儿的大动作与协调能力——推、跑、抱。

2.培养幼儿喜欢户外运动的习惯。

## ❀ 活动材料

小皮球。

## ❀ 活动场地

操场。

## ❀ 活动过程

1.教师讲解游戏规则,并示范。

动作要领:将小皮球用手轻轻地向前推开,然后立刻追赶小球,直至成功抱起小球。

2.发放运动器械,让幼儿分组运动。

3.教师巡回指导,确保幼儿安全。

4.收回运动器械,活动自然结束。

# 小脚跳起来

❋ **活动目标**

提高幼儿跳跃动作的协调性与身体的平衡性。

❋ **活动材料**

塑料圈若干。

❋ **活动场地**

操场。

❋ **活动过程**

1.播放音乐,引导幼儿跟随音乐的节奏进行热身运动。

扭扭你的屁股弯弯腰,挥挥你的小手跺跺脚。

摸摸你的肚子摇摇头,全身都来运动跳跳跳。

2.组织幼儿进行游戏。让幼儿按照先后顺序一个接一个连续从第一个圈跳到第十个圈,最后从场地两侧跑回到起点,完成游戏。

3.活动结束后,教师应表扬幼儿的表现,并和幼儿一起做放松动作,活动双臂和腿。

# 小兔跳跳

❋ **活动目标**

1.锻炼幼儿的腿部力量。

2.培养幼儿对户外的体育游戏的兴趣。

❋ **活动材料**

若干条彩色软棒、小白兔头饰。

❋ **活动场地**

操场。

❋ **活动过程**

1.情境引入。

师:小兔子们,我们在回家的路上遇见小障碍啦,我们需要跳过所有障碍物,才可以回到家哟!

2.给幼儿分组,并进行游戏。

3.活动自然结束。

师:我们的小兔很勇敢,不怕困难,坚持地跳过了所有的障碍物。现在,已经安全回到家啦。

# 小球进洞

❀ **活动目标**

1.发展幼儿身体的协调性。

2.培养幼儿喜欢户外体育活动的习惯。

❀ **活动材料**

16个皮球、横放的若干大型管道。

❀ **活动场地**

操场。

❀ **活动过程**

1.故事引入。

师：小球爱进山洞，请小朋友们帮助它们进山洞吧！

2.教师示范。

例如：用手推球进山洞。

3.幼儿自主游戏，教师在旁边进行指导。

4.教师收回器材并归位，结束游戏活动。

# 小青蛙跳跳跳

## ❀ 活动目标

使幼儿能将重心放到腿部,身体能较协调地下蹲,并向前跳。

## ❀ 活动材料

小青蛙头饰、呼啦圈。

## ❀ 活动场地

操场。

## ❀ 活动过程

1.热身活动。

师:呱呱呱,今天,我们变成了小青蛙,青蛙宝宝们,让我们一起来活动身体吧!

2.引导幼儿初步学习青蛙跳跃的动作。

3.让幼儿根据教师的示范讲解,在原地练习青蛙跳。

4.在进行游戏之前,先将幼儿分为4组。每组幼儿需要依次从起点跳到终点,并在到达之后起立。

5.结束游戏后,教师引导幼儿一起跟随音乐进行放松运动。

## 户外活动

# 投弹手

### 活动目标

1.锻炼幼儿的协调能力和大小肌群。

2.增强幼儿对方向的控制能力。

### 活动材料

垫子、沙包、篮子。

### 活动场地

操场。

### 活动过程

1.教师向幼儿介绍游戏规则,并示范游戏。

2.先给幼儿进行分组,然后让他们跟着音乐的节奏向前爬行。

3.各小组进行比赛。

4.游戏结束后,引导幼儿放松并进行整理。

# 小手对对碰

### 活动目标

1.锻炼幼儿双脚跳跃的能力。

2.增强幼儿之间的合作能力。

3.让幼儿体验到游戏带来的乐趣。

### 活动材料

圆圈若干。

### 活动场地

操场。

### 活动过程

1.教师讲解游戏规则,并向幼儿进行示范。

游戏规则:参与游戏的幼儿需双脚进行跳跃,两名幼儿每跳一步,必须双手击掌一次才能继续跳到下一个圈圈中。

2.将幼儿分为两人一组;随后幼儿开始游戏,教师在一旁进行指导。

# 贪吃蛇大作战

### ❋ 活动目标

1.锻炼幼儿的肢体力量及快速挪动的反应能力。

2.让幼儿感受游戏的快乐,培养他们的竞赛精神。

### ❋ 活动材料

爬行垫、海洋球、袋鼠袋等。

### ❋ 活动场地

平坦无障碍的场地。

### ❋ 活动过程

1.幼儿穿好袋鼠袋,教师引导他们在爬行垫上用屁股蠕动前进。

2.在前进过程中,教师鼓励幼儿拾捡海洋球,同时要确保海洋球不会掉落。

3.游戏可重复进行。

# 跳跳糖

## ❀ 活动目标

1.让幼儿学习使用双脚连续向前进行跳跃，掌握前脚掌落地的技巧。

2.增强幼儿的腿部力量和弹跳能力。

3.让幼儿体验参与游戏带来的乐趣。

## ❀ 活动材料

圈圈、乒乓球、篮子等。

## ❀ 活动场地

操场。

## ❀ 活动过程

1.教师向幼儿讲解游戏规则，并示范如何进行游戏。教师引导幼儿模仿小兔子的跳跃方式，确保每一步都跳进圈圈里面，目标是看谁能够最先把篮子里面的乒乓球全部运完。

2.幼儿分成小组进行比赛，教师在旁边巡回指导。教师需要特别提醒幼儿使用双脚跳跃，以保护好他们的小脚。

3.当所有的幼儿完成了一轮游戏后，教师增加更多的圈圈，让幼儿自由地进行跳跃游戏。

# 小脚夹球

❀ **活动目标**

1.培养幼儿双腿夹球并向前跳跃的能力。

2.锻炼幼儿腿部的肌肉力量。

❀ **活动材料**

皮球、盒子。

❀ **活动场地**

平坦宽阔的场地。

❀ **活动过程**

1.教师介绍游戏规则,并向幼儿示范如何进行游戏。

2.幼儿学习用腿夹着球并向前跳的基本动作。

3.将幼儿分成小组后进行游戏。

4.开始游戏。

教师可根据幼儿的能力水平进行适当的调整。

5.游戏结束以后,教师带领幼儿进行放松活动并整理道具。

# 大自然的眼睛

❀ **活动目标**

1.培养幼儿发现美和创造美的能力。

2.让幼儿亲近大自然。

❀ **活动材料**

眼睛贴纸。

❀ **活动场地**

操场。

❀ **活动过程**

1.教师引导幼儿自己动手进行创作,激发他们的创意潜能。引导他们找到合适的物体,进行粘贴创作。

**师:**将眼睛贴纸装饰在小石头上,小石头仿佛变成了活泼的小精灵。

2.把眼睛贴纸装饰在周围物体上,我们的环境因此都变得可爱了起来。

# 好听的声音

## ❀ 活动目标

1.培养幼儿聆听各种声音的能力。

2.让幼儿尝试通过听觉来感受世界。

## ❀ 活动材料

各种声音。

## ❀ 活动场地

操场。

## ❀ 活动过程

1.教师在请幼儿闭上眼睛后,播放提前准备好的声音,鼓励他们猜测这是什么声音,并尝试模仿这些声音。

师:猜一猜,这是什么声音? 你听到了什么?

2.组织幼儿去寻找声音的来源。

师:你发现了什么声音? 在哪里听到的?

3.鼓励幼儿推测声音的来源,并带领幼儿验证自己的猜测。

师:你认为这是什么东西发出的声音? 让我们一起去找一找。

# 我会端茶倒水

## ❀ 活动目标

1.让幼儿掌握灵巧的倒水技巧,同时帮助幼儿发展手眼协调能力。

2.培养幼儿的专注力和自我服务能力。

3.强化幼儿的手指和手腕的肌肉力量。

## ❀ 活动材料

水壶、水杯。

## ❀ 活动场地

操场。

## ❀ 活动过程

1.教师讲解游戏规则并进行示范。将水杯放在平稳的地方,用一只手握住水壶的手柄,另一只手托住水壶的底部。在倒水时,眼睛要看向水杯的方向,将水壶拿矮一点,慢慢将水壶倾斜,缓缓倒水,不要将水倒得过满。

2.请幼儿进行操作,教师则在旁巡回指导。注意提醒幼儿倒水时动作要慢,眼睛注意观察,以免水溢出来。

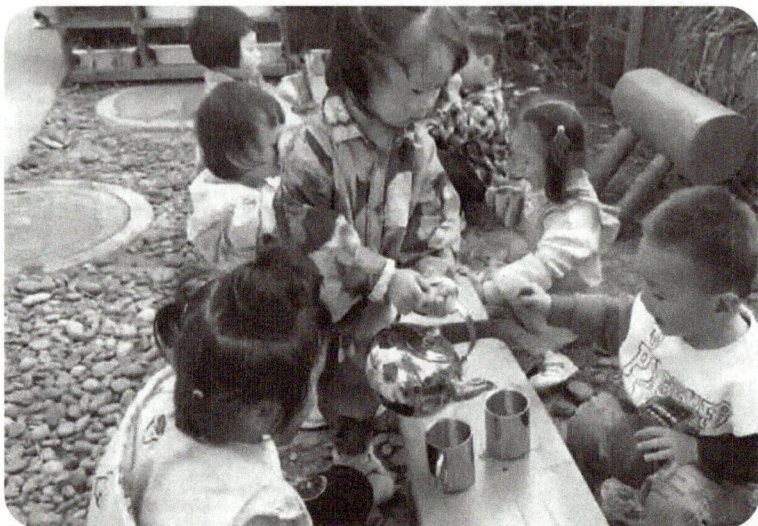

# 树叶洞洞会吹泡泡

❀ **活动目标**

1.锻炼幼儿肺部的力量。

2.培养幼儿对户外游戏的兴趣。

❀ **活动材料**

2瓶泡泡水、3个托盘、16个已经剪好洞的树叶、两个小方桌。

❀ **活动场地**

操场。

❀ **活动过程**

1.教师示范动作要领,强调游戏安全性。

2.发放游戏材料,请幼儿自主进行游戏。

**社会实践**

# 世界真奇妙

## ❀ 活动目标

1.幼儿了解不同事物发出的声音。

2.幼儿能够用自己的五官去认识世界。

3.幼儿在看一看、听一听、说一说的过程中感受世界的美好。

## ❀ 活动场地

幼儿园附近。

## ❀ 活动准备

乐器、瓶子。

## ❀ 活动过程

1.谈话导入活动。

师:宝贝们,今天让我们走出校园,用我们的小眼睛去观察、鼻子去闻闻、耳朵去听听,用心去感受外面的世界吧!

2.整理队伍,强调安全出行规则。

师:宝贝们,在外面不要脱离队伍,也不要乱跑,要跟紧老师,听老师的口令行动。

3.活动中,幼儿一边感受,一边讲述自己看到的、听到的、闻到的事物。

师:宝贝们,你们都看到了什么?听到了什么声音呀?有没有闻到什么味道呀?(有修房子的声音、汽车行驶的声音、人的说话声、小狗的叫声、风声、小鸟的声音、树叶沙沙声和花香等。)

4.小小演奏家,让幼儿敲击乐器和瓶子。

师:我们刚刚听到了各种各样的声音,现在老师这里有一些乐器和瓶子——虽然瓶子不是传统意义上乐器,但敲击它们也可以发出悦耳的声音。现在,老师想请小朋友们来当演奏家,为我们演奏出美妙的旋律。

5.教师对刚刚的游戏活动进行总结,并询问幼儿对于不同事物的感受。

## ❀ 安全保障措施

其他年级的非班主任教师、行政人员以及保安将全程陪同。

🏠 **家庭指导**

# 爱在每一刻

❀ **核心经验**

1.让幼儿用心感受妈妈、奶奶、外婆等家人对自己的爱,鼓励幼儿大方地表达自己对女性亲人的爱。

2.让幼儿愿意帮助妈妈、奶奶、外婆等做一些力所能及的事情。

❀ **指导准备**

"三八妇女节"任务卡。

❀ **指导过程**

1.引导幼儿了解"三八妇女节"的意义。

2.出示"三八妇女节"任务卡,鼓励幼儿回家后,给妈妈、奶奶、外婆等倒杯水、讲故事、捶捶背和分担一些其他的家务等。

3.鼓励幼儿用行动表达对亲人的爱。

4.在幼儿表达情感时,家长可用手机拍下照片记录这一过程,并发送至班级群与其他家长一起分享。

**4月**

# 我和大树一起玩

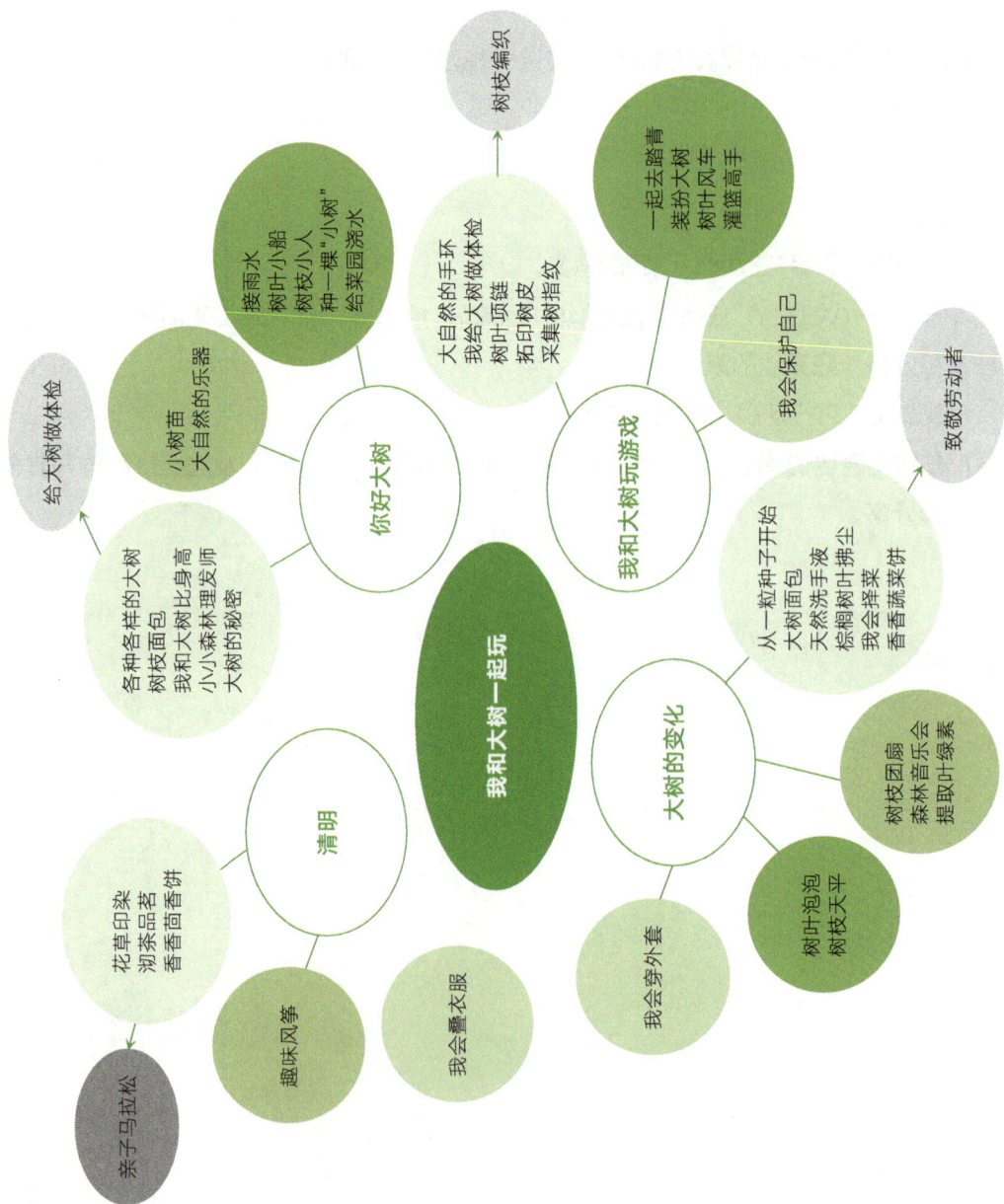

树枝编织

接雨水
树叶小船
树枝小人
种一棵"小树"
给菜园浇水

一起去踏青
装扮大树
树叶风车
灌篮高手

大自然的手环
我给大树做体检
树叶项链
拓印树皮
采集树指纹

小树苗
大自然的乐器

你好大树

我和大树玩游戏

我会保护自己

致敬劳动者

给大树做体检

各种各样的大树
树枝面包
我和大树比身高
小小森林理发师
大树的秘密

我和大树一起玩

从一粒种子开始
大树面包
天然洗手液
棕榈树叶拂尘
我会择菜
香香蔬菜饼

大树的变化

树枝园圈
森林音乐会
提取叶绿素

清明

花草印染
沏茶品茗
香香固香饼

趣味风筝

我会叠衣服

我会劳外套

树叶泡泡
树枝天平

亲子马拉松

254

## 发展任务

在"我和大树一起玩"的活动中,大树为宝宝们提供了丰富的感官刺激。他们用手触摸粗糙的树皮,感受不同的纹理和温度;用眼观察大树的形状、颜色以及树叶的变化;用耳倾听风吹动树叶发出的沙沙声……。在此过程中,宝宝们化身为小小的自然探险家,在与大树的亲密互动中,感受到大自然的温暖和力量,建立起对自然的情感连接,学会尊重自然、保护自然,用自己的心灵去感受大自然的美妙与神奇。

**4月活动视频**

1.让幼儿喜欢大树,细心观察树叶的颜色、形态以及树枝的生长等变化。

2.让幼儿愿意在大树的庇护下安全地进行各种活动,如奔跑、攀爬小型树桩、勇敢地跳跃等。

3.通过与大树的多感官互动与体验,锻炼幼儿手部精细动作的能力。

## 环境规划

### 一、空间与规划

打造大树奇幻屋:为了让幼儿更直观地感知大树的结构,我们可以放置可触摸的大树模型。同时,设置互动式电子屏幕,循环播放有关大树的生长过程、大树与动物的关系等内容的动画视频,以此激发幼儿的探索欲和好奇心。

规划大树探险园:在大树探险园内,设置富有创意的自然障碍路径。利用树枝搭建低矮的"隧道",让幼儿们体验爬行穿越的乐趣;在大树之间拉上彩色的绳索,设置成"绳索桥",鼓励幼儿尝试走"绳索桥"。此外,还可在大树下设置舒适的木质长椅和户外地毯,为幼儿提供一个休息和听故事的温馨角落。

### 二、氛围与关系

为了营造更加生动有趣的氛围,可以在户外"大树探险园"的树枝上系上彩色的丝带,让它们随风飘动,增添活力与动感。

同时,教师可以组织幼儿进行小组合作活动,如共同搭建一个用树枝和树叶制作的"小房子"或一起为大树制作装饰等。在活动中,教师将引导幼儿分工合作、互相帮助,从而培养他们的团队意识和沟通能力。

### 三、可能的资源

1.为了增强"大树"月主题活动的互动性和实地指导性,幼儿园可联系社区的园艺师、植物学家、环保志愿者等专业人士,邀请他们作为"大树医生"来园参与活动,并与幼儿一起探索大树的奥秘,为幼儿提供专业且有趣的讲解和指导,让幼儿在轻松愉快的氛围中学习到更多关于大树的知识。

2.森林公园:带领幼儿和家长一起参观森林公园,感受植物的多样性,以及探索自然的乐趣。

## 课程计划

| 生活指导 | 发展课程 | 游戏活动 | 户外活动 | 社会实践 | 家庭指导 |
|---|---|---|---|---|---|
| 我会保护自己<br>我会穿外套<br>我会叠衣服 | 花草印染<br>沏茶品茗<br>香香茴香饼<br>各种各样的大树<br>树枝面包<br>我和大树比身高<br>小小森林理发师<br>大树的秘密<br>大自然的手环<br>我给大树做体检<br>树叶项链<br>拓印树皮<br>采集树指纹<br>从一粒种子开始<br>大树面包<br>天然洗手液<br>棕榈树叶拂尘<br>我会择菜<br>香香蔬菜饼 | 趣味风筝<br>小树苗<br>大自然的乐器<br>树枝团扇<br>森林音乐会<br>提取叶绿素 | 接雨水<br>树叶小船<br>树枝小人<br>种一棵"小树"<br>给菜园浇水<br>一起去踏青<br>装扮大树<br>树叶风车<br>灌篮高手<br>树叶泡泡<br>树枝天平 | 给大树做体检<br>树枝编织<br>致敬劳动者 | 亲子马拉松 |

💧 生活指导

# 我会保护自己

❀ **核心经验**

1.让幼儿了解游戏中基本的自我保护方法。

2.让幼儿有初步的规则意识和安全意识。

❀ **物资准备**

幼儿玩游戏的指南照片、人物手偶两个(妮妮和贝贝)。

❀ **经验准备**

在户外活动中有排队的经验。

❀ **指导过程**

1.教师通过手偶(妮妮和贝贝)进行情境表演,描述一个排队玩游戏的场景,激发幼儿参与游戏的兴趣。

师:小朋友们都在排队玩跳圈圈的游戏,妮妮走到队伍的后面,耐心地排起队来。贝贝却有些等不及了,急匆匆地冲到队伍的最前面,想要插队玩。小朋友们,你们喜欢妮妮,还是贝贝呢?

小结:妮妮能够排队耐心等待,这是非常棒的行为。而贝贝却挤来挤去地插队,不礼貌的同时也不安全。所以,我们要向妮妮学习,做一个耐心、守规矩的小朋友。

2.教师出示幼儿排队玩滑梯的照片,引导幼儿观察。

师:小朋友们,请仔细看一看,图片上的哥哥、姐姐是怎样玩滑梯的? 你喜欢那样玩吗?

小结:玩滑梯时,我们要排队等候,一个跟着一个,不推不挤,双手扶住滑梯慢慢往下滑,这样玩游戏才会既安全又开心。

3.教师向幼儿出示正确跑步的照片,引导幼儿观察并思考跑步的注意事项。

师:图片上的哥哥、姐姐在跑步时眼睛是看向哪里的? 他们为什么这么做?

小结:跑步时,小朋友的眼睛要看着前面,注意躲避行人和车辆,避免安全事故的发生。

4.教师向幼儿出示摔倒受伤的图片,请幼儿观察并思考,受伤时的应对措施。

师:当我们在游戏中摔倒、撞到东西或别的小朋友时要怎么办呢?

小结:受伤了要及时找老师帮忙,老师会带小朋友去保健室及时处理伤口,确保小朋友的安全。

5.教师带领幼儿学习儿歌,学习游戏时自我保护的方法。

附儿歌:

小滑梯,真有趣,

我排好队不着急,

一步一步走上去,

"嗖"地一下滑到底。

# 我会穿外套

### ❋ 核心经验

1.让幼儿在教师的引导下认识外套的衣领、袖口,并能分清衣服的里外和正反。

2.让幼儿初步尝试自己穿外套。

### ❋ 指导准备

每人一件开襟外套。

### ❋ 指导过程

1.教师引导幼儿认识外套的衣领、袖口和里外。教师展示2—3件不同款式的外套,请幼儿上前找一找不同衣服的衣领、袖口在哪里。

2.教师示范穿外套的方法。

3.教师借助儿歌引导幼儿尝试自己穿外套。

师:小老鼠,钻洞子,吱溜吱溜上房子。

4.教师根据幼儿个体差异,给予他们不同层次的指导和帮助。

# 我会叠衣服

## ❀ 核心经验

1.让幼儿了解叠衣服的步骤,尝试叠衣服。

2.让幼儿感受自己照顾自己的能力,培养幼儿干家务的能力。

## ❀ 指导准备

几件宝宝衣服、儿歌《叠衣服》。

## ❀ 指导过程

1.出示宝宝衣服,教师模仿叠衣服时发出的声音,激发幼儿对叠衣服活动的兴趣。

2.教师边念儿歌边示范叠衣服的步骤,请幼儿坐在旁边仔细观察。

3.幼儿练习叠衣服,教师适当提供帮助,并引导幼儿把叠好的衣服放入柜子里。

附儿歌:

小衣服,躺平啦!

整理大门关好啦!

拿拿袖子抱抱呀!

弯弯小腰折一折,

整整齐齐放好啦!

# 花草印染

❀ **适宜月龄**

24—36个月。

❀ **发展领域**

社会美育。

❀ **活动目标**

1.让幼儿尝试用敲印的方式制作花布。

2.让幼儿认识不同的花草,感受大自然的美丽。

3.让幼儿积极参与印染活动,体验印染的快乐。

❀ **活动准备**

1.收集各种新鲜的花草,如花瓣、叶子等。

2.准备白色的手帕、棉布、纸巾等印染材料。

3.小锤子、擀面杖等工具。

4.塑料薄膜、报纸等用于铺垫。

❀ **活动过程**

1.活动导入。展示一些漂亮的花草印染作品,以引起幼儿的兴趣。问幼儿是否见过这些作品,并请他们猜猜这些作品是如何做出来的。

2.认识花草。拿出收集的各种花草,引导幼儿观察它们的形状、颜色和纹理。并介绍一些常见花草的名称和特点。

3.印染示范。在桌子上铺上塑料薄膜和报纸。取一块白色的手帕,将花草摆放在手帕上,设计出自己喜欢的图案。用小锤子或擀面杖轻轻敲打花草,使其汁液印在手帕上。制作好以后,展示印染好的手帕,让幼儿欣赏。

4.幼儿操作。给每个幼儿分发印染材料和工具。鼓励他们发挥想象力,设计自己的花草印染作品。教师巡回指导,帮助幼儿解决问题。

5.作品展示与分享。让幼儿将自己的作品展示在教室的展示区。请愿意表达的幼儿介绍自己的作品,教师引导幼儿分享他们的创作思路和感受。

❀ **活动延伸**

1.组织幼儿到户外观察更多的花草,了解它们的生长环境和特点。

2.可以将幼儿的作品制作成书签、贺卡等小礼物。

# 沏茶品茗

### ❀ 适宜月龄

24—36个月。

### ❀ 发展领域

食育课程。

### ❀ 活动目标

1.让幼儿初步了解茶的来源、种类以及沏茶的基本过程,丰富生活认知。

2.引导幼儿观察茶叶在水中的变化,培养观察力和好奇心。

3.通过品茶,让幼儿感受不同茶的味道,体验传统茶文化。

### ❀ 活动准备

几种常见茶叶(如绿茶、红茶、花茶)、透明茶壶、茶杯、热水、茶点(如小饼干)、图片资料。

### ❀ 活动过程

1.活动导入。

教师拿出准备好的几种茶叶,分别展示给幼儿,让幼儿观察茶叶的形状和颜色。例如,拿起绿茶说:"这是绿茶,它的颜色是绿绿的,形状是细细的。"然后让幼儿闻一闻茶叶的气味,感受不同茶叶的香气差异。教师简单介绍茶叶的种类,如:"这是红茶,颜色比较深,呈深红色;这是花茶,里面有香香的花朵哦。"

2.沏茶演示。

教师在透明茶壶中放入适量的绿茶,一边放一边说:"我们先把茶叶放进茶壶里,不要放太多哦。"然后拿起热水壶,往茶壶里倒入热水,同时提醒幼儿:"热水很烫,小朋友们要小心,不能自己倒哦。"倒完水后,教师盖上茶壶盖,说:"现在让茶叶在水里泡一会儿,我们可以看看茶叶会发生什么变化。"引导幼儿观察茶叶在水中逐渐舒展、变色的过程。

3.品茶环节。

教师将泡好的茶倒入茶杯中,分发给幼儿。在分发过程中,提醒幼儿小心,要拿稳杯子,防止烫伤。让幼儿先闻一闻茶香,然后喝一小口,感受茶的味道。教师提问:"小朋友们,喝了茶,你们觉得是什么味道呀?"鼓励幼儿用简单的词语表达感受,如"苦苦的""香香的"等。同时,为幼儿提供一些茶点,让他们在品茶后吃一点,缓解茶的苦味。

4.总结回顾。

教师与幼儿一起回顾本节课学习的内容,包括认识的茶叶种类、沏茶的过程以及茶的味道等。再次强调热水的危险性,告诉幼儿在日常生活中如果看到热水要远离,不能随意触碰。

### 活动延伸

在美工区放置一些与茶相关的材料,如茶叶、彩色纸、画笔等,让幼儿制作关于茶的创意作品,如茶叶贴画等。

# 香香茴香饼

### 适宜月龄

24—36个月。

### 发展领域

食育课程。

### 活动目标

1.让幼儿通过动手操作,体验茴香饼的制作过程。

2.锻炼幼儿使用工具的能力,增强其手眼协调能力。

3.让幼儿感受制作美食带来的快乐,体验烹饪的乐趣。

### 活动准备

茴香、面粉、鸡蛋、盐、食用油等。

### 活动过程

1.出示茴香,激发幼儿的兴趣。

师:宝贝们,看看这是什么(茴香)? 闻一闻,是什么味道的呀?(香味)今天,我们要做的食物名字叫作茴香饼,制作茴香饼的主要原材料就是它。

2.介绍制作茴香饼的原材料。

师:我们制作茴香饼需要的材料有茴香、面粉、鸡蛋、盐和食用油等。

3.教师示范如何制作茴香饼。

师:首先,将洗好的茴香切碎,倒入面粉,加入少量清水,打两个鸡蛋,加少量盐和白糖,搅拌均匀。其次,往锅中倒入食用油,等锅烧热,就可以开始煎饼了,饼煎至金黄就好了。

4.幼儿亲自动手操作,教师在旁边巡回指导。

鼓励幼儿尝试制作茴香饼,并适时给予指导,提醒幼儿在清洗茴香的时候,需要把袖子挽起来,以防衣服打湿,切茴香的时候要注意安全,以防伤到小手。

5.茴香饼做好以后,引导幼儿品尝茴香饼,并说一说茴香饼的形状和味道。

❀ **活动延伸**

在生活区提供材料,引导幼儿玩煎饼等烹饪游戏,锻炼幼儿手部肌肉及精细动作能力。

# 各种各样的大树

❀ **适宜月龄**

24—36个月。

❀ **发展领域**

自然社会。

❀ **活动目标**

1.激发幼儿对树的探索兴趣,增加他们对树的亲近感。

2.让幼儿知道一种树木的名称,并通过看、摸、找等方式感知大树的特征。

3.培养幼儿的观察兴趣,鼓励他们积极表述自己对大树的想象和认识。

❀ **活动准备**

幼儿园中有大树的地方,确保幼儿能摸到大树,准备幼儿头像牌。

❀ **活动过程**

1.出示树叶,激发幼儿的兴趣。

师:这是什么树的树叶? 它是长在哪里的呢?

2.让幼儿根据树叶形状和特点寻找相应的大树,引起他们对大树的关注。

3.幼儿在教师的引导下,整体观察、感知一棵大树。

师:远远地看,在近处抬头看,大树是什么样子的? 用手摸一摸树干上的树皮,是什么感觉呢? 用手臂抱一抱大树,能抱住吗?

4.引导幼儿运用感官多方位感知大树的特征。

5.师幼一起玩找大树的游戏,让幼儿认领一棵喜欢的大树,将自己的头像牌挂在大树上。

❀ **活动延伸**

引导幼儿到户外观察大树,找找大树的树叶、树枝、树皮、树根、花、果实。

# 树枝面包

❀ **适宜月龄**

24—36个月。

❀ **发展领域**

食育课程。

❀ **活动目标**

1. 让幼儿了解面包的制作过程,培养他们的动手能力。

2. 让幼儿认识自然,感受大自然的魅力。

3. 提高幼儿的观察力和创造力。

❀ **活动准备**

1. 收集一些干净、粗细适中的树枝。

2. 锡纸,面包面团(面粉500 g,酵母10 g,盐3 g,白糖20 g,黄油40 g;可以提前准备好或让幼儿参与简单的揉面过程)。

3. 安全的小型烤炉或户外篝火场地(确保有成人监管,保证幼儿安全)。

4. 涂抹面包用的酱料,如果酱等。

5. 儿童专用的小围裙和厨师帽。

❀ **活动过程**

1. 活动导入。

让幼儿穿上小围裙和厨师帽,营造烘焙氛围。展示面包的图片,问幼儿是否喜欢吃面包,激发他们的兴趣。

2. 认识树枝。

拿出收集好的树枝,让幼儿观察树枝的形状、颜色和纹理。介绍树枝可以用来烤面包,引发幼儿的好奇心。

3. 制作面包。

把面包面团分发给幼儿,让他们尝试将面团搓成小球或长条形状。教师示范如何将面团缠绕在树枝上,确保牢固。

4.烤面包。

在教师的指导与帮助下,幼儿将缠绕好面包的树枝放在烤炉或篝火旁慢慢烘烤。教师提醒幼儿注意安全,确保他们不靠近火源。

5.品尝面包。

当面包烤好后,让幼儿小心地将面包从树枝上取下来放在小盘子里。园内提供各种酱料,让幼儿根据自己的喜好涂抹,并品尝自己制作的面包,分享自己的感受。

❀ **活动延伸**

提供树枝、彩泥等材料,让幼儿进行创意手工制作。组织幼儿一起收集更多的自然材料,探索它们的用途。

# 我和大树比身高

❀ **适宜月龄**

24—36个月。

❀ **发展领域**

认知、探索。

❀ **活动目标**

1.激发幼儿对树的探索兴趣,增加其对树的亲近感。

2.让幼儿知道大树的不同部位和基本组成。

❀ **活动准备**

丝带、小圆点贴纸。

❀ **活动过程**

1.教师带领幼儿到户外,并找到幼儿园里的大树。

师:今天我们和大树一起做游戏,游戏开始之前,我们先来了解一下它。

2.和大树比身高。

师:让我们来比一比身高,并在大树上贴上与你身高相对应的小圆点。

3.给大树测腰围。

师:用丝带测量一下大树的腰围。

4.给大树起名字,并给大树设计身份证

❀ **活动延伸**

1.在户外活动区域设置一个"测量角",投放一些测量工具,让幼儿可以继续进行与物体比高的活动。

2.引导幼儿回家与家里的物品(如冰箱、门等)比身高,并和家长分享。

❀ **安全保障措施**

1.确保活动场地的安全,避免幼儿在大树周围奔跑时摔倒或碰撞。

2.关注幼儿的情绪,对因觉得自己比大树矮很多而有些失落的幼儿,要及时给予鼓励和引导。

# 小小森林理发师

❀ **适宜月龄**

24—36个月。

❀ **发展领域**

动作。

❀ **活动目标**

1.让幼儿初步了解理发师这个职业,知道理发所用的工具。

2.锻炼幼儿手部的精细动作能力,提高其想象力。

3.培养幼儿乐于参与游戏的兴趣,让幼儿体验游戏带来的快乐。

❀ **活动准备**

树叶、透明胶、剪刀。

❀ **活动过程**

1.谈话导入。

师:宝贝们,你们平时剪头发都是去哪里剪的? 那你们有没有观察过理发师是用什么工具给你们剪头发的呢? 今天,宝贝们就来当一次理发师,给我们的大树"理发"吧!

2.教师示范如何给大树"理发"。

师:理发需要用到的工具是剪刀,右手拿起剪刀,左手握住我们想要剪掉的树叶,把它剪下来就行了,宝贝可以按照自己喜欢的方式给大树修理"头发"。

3.幼儿操作,教师指导。

给幼儿每人发一把安全小剪刀,让幼儿选择自己喜欢的大树给它"理发"。

师:宝贝们在给大树"理发"的时候要小心,动作放慢一点,不要剪到自己的小手。

4.让幼儿自由地说说自己是怎样给大树修理"头发"的。

❀ **活动延伸**

日常生活中,不只大树可以"理发",小草也可以"理发"。在益智区放置修剪草坪或者园艺造型的图片,丰富幼儿的感官体验。

# 大树的秘密

❀ **适宜月龄**

24—36个月。

❀ **发展领域**

认知。

❀ **活动目标**

1.让幼儿了解大树会呼吸,具有生命力。

2.让幼儿通过观察,了解每棵树的树皮都是不一样的。

3.激发幼儿对大自然的热爱之情,使其建立环保意识。

❀ **活动准备**

塑料袋。

❀ **活动过程**

1.大树是我们生活中最常见的植物之一,宝贝们经常都可以看到它。那宝贝们平时有去观察过大树吗?我们每天都需要呼吸,那么请问大树需要呼吸吗?每棵树的树皮是一样的吗?带着这些疑问,让我们一起去探索吧!

2.寻找不同的树皮。

(1)宝贝们仔细观察一下,看看每棵树的树皮长得一样吗?

(2)宝贝们可以去摸一摸树皮的纹路、看一看树皮的形状、闻一闻树皮的味道。

教师总结:树皮分为有皮孔的、有鳞的、有刺的、软木质的、有条纹的、有脊的、片状的、剥皮的、条状剥皮的等,各不相同。

3.教师示范用塑料袋套树。

师:我们可以用塑料袋验证大树是否会呼吸,因为呼吸会产生水蒸气,如果塑料袋上有水产生,则说明大树会呼吸。

4.幼儿操作,教师巡视指导。

总结:宝贝们已经将塑料袋套在树枝上了,因为大树进行呼吸产生水需要时间,我们明天再来看看袋子里面有没有水。大树可以吸收空气中的二氧化碳,排出氧气,这是我们生存所需要的,所以我们要好好保护我们的大树。

### ❀ 活动延伸

1.在自然角放置更多的植物和简单的观察工具,让幼儿继续探索植物的呼吸。

2.引导幼儿在户外观察不同植物的叶子,看看它们是不是都在进行呼吸。

### ❀ 温馨提示

提醒幼儿不能扒树皮、折树枝,注重观察实验现象。实验结束之后,要把塑料袋捡回去,保护好大树。

### ❀ 安全保障措施

1.确保实验材料安全无毒,避免幼儿误食或受伤。

2.在幼儿的操作过程中,教师要密切关注,防止幼儿将实验材料放入口中或破坏实验装置。

3.实验结束后,及时清理实验材料,保持环境整洁。

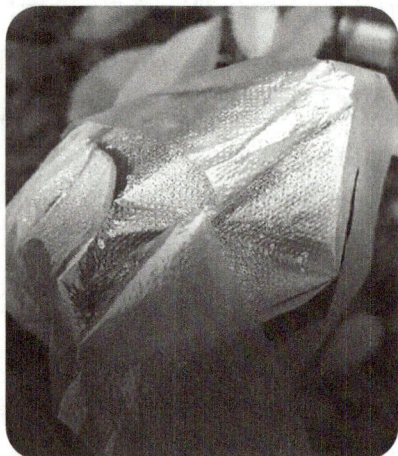

# 大自然的手环

❀ **适宜月龄**

24—36个月。

❀ **发展领域**

艺术美育。

❀ **活动目标**

1.引导幼儿观察大自然中的物品,提高他们观察的细致性。

2.开发幼儿的想象力,让他们获得满足感。

3.培养幼儿的手眼协调能力,提升其艺术审美水平。

❀ **活动准备**

1.带领幼儿到户外收集各种自然材料,如花朵、树叶、小树枝、干草等。

2.准备过塑纸,剪成4 cm宽的长条,做成手环,并贴上双面胶备用。

3.准备好小篮子或小盒子,用于装收集的材料。

❀ **活动过程**

1.活动导入。

展示一些漂亮的大自然手环图片,引起幼儿的兴趣。问幼儿在图片中看到了什么,让他们猜猜这些手环是用什么做的。

2.户外收集。

带领幼儿到户外花园,让他们用小篮子收集自己喜欢的自然材料。提醒幼儿要爱护大自然,只收集掉落的物品,不破坏植物。

3.制作手环。

回到准备好的垫子或者草坪上,给每个幼儿一个手环,请幼儿将收集到的自然材料贴在手环上。教师可以巡回指导,帮助幼儿解决问题。

4.展示与分享。

让幼儿戴上自己制作的大自然手环,展示给大家看。请幼儿说一说自己手环上都用了哪些自然材料。

❀ **活动延伸**

1.在美工区提供更多的自然材料和手工材料,让幼儿继续进行创意制作。

2.组织幼儿进行自然观察活动,让幼儿了解更多大自然中的事物。

# 我给大树做体检

❁ **适宜月龄**

24—36个月。

❁ **发展领域**

认知、探索。

❁ **活动目标**

1.引导幼儿观察大树，让幼儿愿意探究自然。

2.让幼儿了解大树的基本结构特征和重要性。

3.让幼儿了解大树生病了要看医生。

❁ **活动准备**

1.选择园内附近的几棵大树作为体检对象。

2.准备一些简单的测量工具，如软尺、绳子、放大镜等。

3.准备小篮子用来装工具。

❁ **活动过程**

1.活动导入。

带领幼儿来到园中散步，引导幼儿观察园内的大树。问幼儿大树有什么作用，激发幼儿对大树的兴趣。

2.认识大树。

带领幼儿来到大树下，观察大树的树干、树枝、树叶等。引导幼儿用手触摸大树的树皮，感受树皮的纹理和质感。介绍大树的不同部分及其作用。

3.给大树做体检。

把幼儿分成小组，每个小组负责一棵大树。分发测量工具，让幼儿用软尺或绳子测量大树的树干周长，用放大镜观察树叶，看看有没有虫子或其他异常情况。鼓励幼儿观察大树的整体健康状况，如有没有枯枝、树洞等。

4.让幼儿用画纸和彩笔记录下大树的特征和体检结果。

❁ **活动延伸**

1.在自然角设置一个"大树健康站"，投放一些关于大树的图书和观察工具，鼓励幼儿继续探索大树的健康情况。

2.可以引导幼儿回家和家长一起观察小区里的大树健康情况。

❁ **注意事项**

1.确保幼儿在使用软尺和放大镜时的安全，避免工具伤到幼儿。

2.提醒幼儿在观察大树时不要攀爬大树，注意自身安全。

3.关注幼儿的记录情况，给予适当的指导和帮助。

# 树叶项链

❀ **适宜月龄**

24—36个月。

❀ **发展领域**

艺术、动作。

❀ **活动目标**

1.带领幼儿认识不同形状、颜色的树叶,了解项链的基本构成,让幼儿知道可以用树叶来制作项链。

2.让幼儿能将树叶有序地穿起来,提升其手眼协调能力。

3.激发幼儿对自然和手工制作的兴趣,培养其审美能力和创造力。

❀ **活动准备**

1.收集各种不同形状、颜色的新鲜树叶(确保无虫卵、无破损),如枫叶、银杏叶等。

2.准备一些较粗的绳子(如彩色棉绳)、剪刀、打孔器。

3.准备一些简单的树叶项链样品。

❀ **活动过程**

1.活动引入。

师:春天来了,宝宝们看到我们的树叶,有红的,有绿的,这是大树长出的新"头发"。今天,我请宝宝们再来给大树编一条好看的项链。

2.展示成品树叶项链。

师:看,老师我选了一些喜欢的树叶,做了一条树叶项链送给大树。宝宝们,你们知道我是怎么做的吗?

3.示范树叶项链的制作方法,将两片树叶头尾重叠,用绳子串起来,依次叠加,变成一条长长的项链。

4.请幼儿拿起托盘,选择自己喜欢的树叶放进托盘里,并制作成自己喜欢的树叶项链。

5.展示成品。

师:让我们把树叶项链送给大树吧。戴上项链的大树真是太有趣了。

### ❀ 活动延伸

1.在美工区放置更多的树叶和绳子等材料,让幼儿继续制作不同样式的树叶饰品,如树叶手链、树叶头饰等。

2.可以在户外活动时,引导幼儿收集更多独特的树叶,用于后续的手工制作。

### ❀ 安全保障措施

1.确保树叶是干净、无毒的,避免幼儿接触到有害树叶。

2.提醒幼儿在使用剪刀时注意安全,不要剪到自己的手。

3.关注幼儿在佩戴项链时的情况,避免项链过紧或过松造成不适。

# 拓印树皮

### ❀ 适宜月龄

24—36个月。

### ❀ 发展领域

艺术。

### ❀ 活动目标

1.让幼儿认识和区分不同的树皮。

2.让幼儿了解并掌握拓印的方法。

3.带领幼儿体验和欣赏自然中的美丽和奇妙,增强其审美意识。

### ❀ 活动准备

卫生纸、刷子、水彩颜料。

### ❀ 活动过程

1.谈话导入。

师:宝贝们知道树木上有很多美丽的纹路吗? 今天,我们要做一件有趣的事,就是通过拓印的方法,将树木的美丽纹路呈现出来。

2.观察树木。

(1)让幼儿观察这些树木的纹路是否一样,并观察它们有哪些相同和不同的地方。

(2)幼儿观察并分享他们看到的树木的特点。

3.教师示范拓印树皮。

(1)将卫生纸用透明胶贴在树干上,用刷子蘸取颜料,往纸上涂抹。

（2）注意在涂色的时候动作要轻，以免把纸涂破了。

（3）不用蘸太多颜料，涂得太厚重的话就看不到树木的纹路了，薄薄地涂一层更有利于观察树木的纹路。

4.幼儿操作，教师巡视指导。

5.将幼儿拓印的作品取下来，让幼儿说说自己拓印的树木纹路是什么样子的，相互交流分享一下。

❀ 活动延伸

提醒幼儿要小心，不要将颜料弄在衣服上。

# 采集树指纹

❀ 适宜月龄

24—36个月。

❀ 发展领域

艺术、动作。

❀ 活动目标

1.让幼儿认识到大树的树皮有独特的纹理，了解"树指纹"就是大树树皮的纹理特征。

2.让幼儿学会观察不同大树树皮的纹理，能够用简单的工具（如蜡笔、白纸）采集树指纹。

3.激发幼儿对大自然中大树的好奇心和探索欲望，使其树立爱护树木的意识。

❀ 活动准备

1.选择幼儿园内或周边有不同树皮特征的大树若干棵。

2.准备蜡笔、白纸（较薄的）。

3.一些展示不同树皮纹理的图片。

❀ 活动过程

1.图片导入。

教师展示不同树皮纹理的图片，问幼儿："小朋友们，你们看这些大树的树皮是不是很不一样呀？今天我们要去采集大树的'指纹'。"

2.认识树指纹。

教师带领幼儿来到大树旁，指着大树的树皮说："大树树皮的纹理就像我们的指纹一

样,每棵树都有独特的纹理,我们把它叫作树指纹。"

引导幼儿观察不同大树树皮的纹理,说说它们的样子,如有的树皮纹理很粗糙,有的很光滑等。

3.采集树指纹。

(1)教师示范:把一张白纸轻轻贴在大树的树皮上;用蜡笔在白纸上轻轻涂抹,让树皮的纹理印在白纸上。

(2)幼儿分组,在教师的指导下,选择自己喜欢的大树,用蜡笔和白纸采集树指纹。教师提醒幼儿要轻拿轻放,不要用力破坏树皮。

4.分享与总结。

回到教室后,让幼儿展示自己采集到的树指纹,分享自己采集的过程和发现,比如"我采集的树指纹有很多线条"等。

教师总结:每棵大树都有独特的树指纹,我们要爱护这些大树。

### ❀ 活动延伸

1.在美工区放置更多的纸张和蜡笔,以及一些树皮样本,让幼儿继续采集和创作树指纹相关的作品。

2.可以引导幼儿对采集到的树指纹进行简单的装饰,制作成书签等小礼物。

### ❀ 安全保障措施

1.确保幼儿在采集树指纹的过程中不要用力过度,损坏树皮。

2.提醒幼儿注意不要在采集过程中弄脏衣服。

3.关注幼儿的操作情况,并给予必要的帮助和指导。

# 从一粒种子开始

### ❀ 适宜月龄

24—36个月。

### ❀ 发展领域

社会认知。

### ❀ 活动目标

1.让幼儿了解种子生长需要的基本条件,如土壤、水、阳光等。

2.提高幼儿的观察力,让他们学会观察种子的简单变化。

3.让幼儿对植物的生长有好奇心和探索欲望,产生对大自然的热爱之情。

## ❀ 活动准备

教材准备:《从一粒种子开始》绘本。

材料准备:一些常见的种子,如绿豆、黄豆、玉米等。

## ❀ 活动过程

1.问题导入。

教师拿出一粒种子,问幼儿:"小朋友们,你们知道这是什么吗? 今天我们要通过一个有趣的绘本故事来了解种子的秘密。"

2.绘本阅读。

教师翻开绘本《从一粒种子开始》,用生动的语言为幼儿讲述故事,在讲述过程中,引导幼儿观察绘本中的图片,如种子在不同阶段的样子等。

3.认识种子。

教师把准备好的各种种子展示给幼儿,让幼儿观察种子的大小、颜色、形状等特征。教师简单介绍每种种子的名字,如"这是绿豆,它小小的,绿绿的"。

4.小菜园种植体验。

教师示范:

(1)用小铲子把土壤挖开;

(2)把种子埋进土壤里;

(3)给种子浇一点水。

给幼儿分组后,教师指导幼儿尝试种植种子,让幼儿亲身体验种子种植的过程。

5.总结与交流。

教师与幼儿一起回顾绘本故事内容,问幼儿:"种子是怎么长大的? 种子生长需要什么?"

## ❀ 活动延伸

1.在自然角设置一个种子观察区,让幼儿观察自己种植的种子的生长变化。

2.可以引导幼儿回家和家长一起种植其他种子,并分享种植过程。

## ❀ 安全保障措施

1.确保种子是安全无毒的。

2.在种植过程中,提醒幼儿使用工具时注意安全,不要弄伤自己。

3.关注幼儿的浇水情况,避免浇水过多导致种子腐烂。

# 大树面包

❀ **适宜月龄**

24—36个月。

❀ **发展领域**

食育课程。

❀ **活动目标**

1.让幼儿通过动手操作,体验面包的制作过程。

2.让幼儿通过揉捏面包的过程锻炼手部肌肉及精细动作能力。

3.让幼儿感受制作美食带来的快乐,体验烹饪的乐趣。

❀ **活动准备**

面粉、牛奶、糖、鸡蛋、黄油、火腿肠。

❀ **活动过程**

1.活动导入。

师:宝贝们吃过面包吗? 面包是什么味道的? 是什么形状的? 今天我们一起来制作大树形状的面包。

2.出示已经发酵好的面团,请幼儿观察,告诉幼儿这是用来做面包的。

3.示范大树面包的制作方法:取一小块面,团圆,压扁,做成大树的样子,再放上火腿肠装饰"大树"。

师:取一块小面团,团呀团呀团,做成一棵大树,再放上火腿肠装饰,大树面包就做好啦!

4.鼓励幼儿尝试制作面包,并适时给予指导,提醒幼儿不要长时间玩面团,若面团粘手,可提醒幼儿抹一点面粉。

5.引导幼儿品尝面包,并说一说面包的形状和味道。

❀ **活动延伸**

1.在美工区放置一些面团和简单的工具,让幼儿继续制作其他造型的面包。

2.可以开展"面包故事"的活动,让幼儿用自己制作的面包编故事。

❀ **安全保障措施**

1.确保烘焙工具和材料的安全,避免幼儿被烫伤或者误食不安全的材料。

2.提醒幼儿在使用面团时不要浪费,保持桌面和地面整洁。

# 天然洗手液

❀ **适宜月龄**

24—36个月。

❀ **发展领域**

科学。

❀ **活动目标**

1.让幼儿了解无患子常见的几种用途,知道无患子是天然洗涤剂。

2.让幼儿积极参与探究活动,大胆探索制作无患子洗手液。

❀ **活动准备**

无患子、电磁炉、锅、勺子、瓶子、纱布等。

❀ **活动过程**

1.出示无患子,激发幼儿的兴趣。

师:宝贝们,你们看看这是什么呀? 它的名字叫作无患子,你们可以摸一摸、闻一闻。无患子果皮中含有丰富的皂苷,是天然的清洁剂,今天就让我们一起来制作无患子洗手液吧!

2.教师示范用无患子洗手。

师:将无患子剥开,取出里面的核,将果皮放在手掌上,加水揉搓会出现丰富的泡泡,就可以洗净我们的双手啦!

3.教师示范制作无患子洗手液。

(1)首先将无患子里面的核取出来,放在盘子里,无患子的核可以用来制作无患子手串。

(2)将剥好的果皮放入盆子里,加水,将表面灰尘清洗干净。

(3)将洗好的果皮倒入锅中,加入纯净水煮20~30分钟。

(4)舀出浓稠的无患子水,用纱布过滤,倒入瓶子内保存。

4.幼儿进行操作,教师巡视指导。

师:无患子洗手液已经做好啦! 我们以后就用自己制作的天然洗手液洗手吧!

❀ **活动延伸**

1.在洗手区域放置无患子洗手液,鼓励幼儿在日常洗手时使用。

2.可以引导幼儿回家和家长一起用无患子制作其他清洁用品。

❀ **安全保障措施**

1.确保无患子的来源安全,避免幼儿接触到被污染的无患子。

2.在使用工具时,注意不要让幼儿受伤。

3.提醒幼儿在洗手过程中不要把洗手液弄到眼睛里。

# 棕榈树叶拂尘

❀ **适宜月龄**

24—36个月。

❀ **发展领域**

艺术、动作。

❀ **活动目标**

1.锻炼幼儿的手部精细动作能力。

2.锻炼幼儿的手眼协调能力及专注力。

❀ **活动准备**

棕榈树叶子。

❀ **活动过程**

1.教师出示拂尘的图片,讲述拂尘的作用(以前的人用来驱赶蚊虫)。

师:小朋友们,今天老师带来了一片特殊的树叶,它就是棕榈树的树叶。今天我们就用棕榈树的树叶来做拂尘吧。

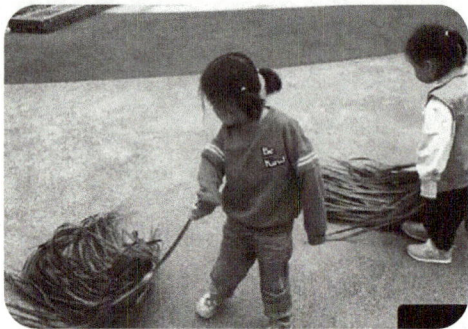

2.发放棕榈树的叶子,讲解制作方法以及安全注意事项,如不要戳到眼睛等。

师:让我们一起用制作好的拂尘,给幼儿园"拂尘"吧。

❀ **活动延伸**

可以开展"小小清洁工"活动,让幼儿用自己制作的拂尘进行简单的清洁游戏。

❀ **安全保障措施**

1.确保棕榈叶是干燥且干净的,避免有灰尘或虫卵等。

2.在使用绳子捆绑时,要注意不要让绳子勒伤幼儿的手。

3.提醒幼儿不要把制作好的拂尘用来打闹,要正确使用拂尘。

# 我会择菜

❀ **适宜月龄**

24—36个月。

❀ **发展领域**

精细动作。

❀ **活动目标**

1.锻炼幼儿的动手能力和手部精细动作能力。

2.让幼儿感受择菜的快乐,学会替家人分担家务。

3.让幼儿喜欢蔬菜,逐渐养成不挑食的好习惯。

❀ **活动准备**

各种蔬菜。

❀ **活动过程**

1.活动导入,引导幼儿摸一摸、闻一闻蔬菜。

2.师幼讨论吃蔬菜的好处。

师:多吃蔬菜可以让我们长得又白又健康,小朋友们都会长得高高的。

3.引导幼儿观察蔬菜,说一说哪些地方可以吃,哪些地方不可以吃。

4.教师示范择菜方法,将可以吃的部分择下来。

5.鼓励幼儿自己进行择菜。

6.引导幼儿将择下来的菜清洗干净后送给厨房叔叔。

❀ **活动延伸**

鼓励幼儿回家帮助爸爸妈妈做一些力所能及的家务,比如帮助他们清洗蔬菜等。

# 香香蔬菜饼

## ❀ 适宜月龄

24—36个月。

## ❀ 发展领域

艺术、动作。

## ❀ 活动目标

1.让幼儿尝试用剥、掐等方法择菜,锻炼他们的手眼协调能力和小肌肉控制能力。

2.培养幼儿动手的能力,让幼儿体验劳动的快乐。

## ❀ 活动准备

电饼铛、蔬菜、面粉、食用油、盐、火腿肠、搅拌器。

## ❀ 活动过程

1.春天到了,青青的菜苗生长茂盛。宝宝们看,老师带来了很多的蔬菜,今天请宝贝们一起来制作美味的蔬菜饼吧。

2.出示蔬菜,引导幼儿认识蔬菜(小白菜,或者其他当天食堂里用到的蔬菜),请幼儿领取蔬菜,并帮忙清洗。

3.认识食材。

我们今天要用的材料有蔬菜、面粉、食用油、盐、火腿肠。需要的工具是电饼铛和搅拌器。

4.引导幼儿将蔬菜摘下来,方便教师用搅拌器将蔬菜打碎。让幼儿了解煎饼的制作过程。(将所有的材料混合搅匀,由教师示范制作煎饼。)

5.引导幼儿制作煎饼,了解制作食物的不易,明白不能浪费粮食。

6.引导幼儿一起品尝蔬菜饼。

## ❀ 活动延伸

在区域中提供面团等,幼儿可以玩煎饼厨师等游戏。

## 游戏活动

# 趣味风筝

### ❀ 活动目标

1.让幼儿通过手工粘贴活动,感受创作的乐趣,体验成功的喜悦,提高幼儿对手工活动的兴趣。

2.锻炼幼儿的手部精细动作,如撕纸、涂胶、粘贴等的能力,培养幼儿的观察力和想象力。

### ❀ 活动材料

各种形状的彩色纸片、胶水、画有风筝轮廓的白纸、风筝。

### ❀ 活动场地

室内、室外均可。

### ❀ 活动过程

1.活动导入。

出示一个漂亮的风筝实物,引导幼儿近距离观察,激发幼儿对风筝的兴趣,从而引出本次活动的主题——纸上放风筝(粘贴)。教师手持风筝,引导幼儿观察风筝的形状、颜色和结构。

师:小朋友们,看看这个风筝是什么形状的呀? 像不像三角形? 风筝上有哪些颜色呢? 风筝还有长长的尾巴哦。

通过提问和引导,让幼儿对风筝有更深入的认识。然后教师简单介绍风筝的飞行原理:"风筝是靠风的力量飞起来的,风把风筝托起来,风筝就能在天上飘啦。"

2.示范讲解。

教师展示画有风筝轮廓的白纸和各种形状的彩色纸片,然后拿起胶水,在彩色纸片的背面均匀地涂抹,胶水不要涂太多,以免弄脏画面。接着将涂好胶水的彩色纸片粘贴在画有风筝轮廓的白纸上,边贴边说:"我们把这个漂亮的形状贴在风筝上,让风筝变得更美丽。"在示范过程中,要注意幼儿的动作,帮助他们熟悉游戏情境。

3.实践操作。

为幼儿发放画有风筝轮廓的白纸、各种形状的彩色纸片。鼓励幼儿自己动手涂抹胶水,并将彩色纸片粘贴在白纸上。在幼儿的操作过程中,教师巡回指导幼儿如何均匀地涂抹胶水,以及如何将彩色纸片准确地粘贴在白纸上。对于幼儿的创意和努力要及时给予肯定和表扬,如"你剪的这个形状真特别,贴在风筝上肯定很好看"。

4.作品展示。

# 小树苗

❀ **活动目标**

1.让幼儿能跟随音乐做相应的动作。

2.让幼儿愿意朗诵歌词,提高他们的语言表达能力。

❀ **活动材料**

一首轻音乐。

❀ **活动场地**

室内、室外均可。

❀ **活动过程**

1.用生动的语言描述小树苗长大的情景,鼓励幼儿用动作表现出来。

2.一边朗诵歌词,一边做动作,引导幼儿感受歌词的优美。

3.引导幼儿伴随歌曲,跟着教师进行表演。

附儿歌:

小小树苗小小树苗浇浇水,

小小树苗小小树苗施施肥,

慢慢发芽了,慢慢开花了,慢慢结果了,终于长大了。

# 大自然的乐器

❀ **活动目标**

1.让幼儿感知音乐的节奏与旋律,增强他们的韵律感。

2.让幼儿初步了解大自然乐器发声的原理。

3.让幼儿能够动手制作乐器,提高其音乐表现力。

❀ **活动材料**

树枝、牛奶瓶、小铃铛、核桃壳、小托盘、打孔器。

❀ **活动场地**

操场。

❀ **活动过程**

1.游戏引入。

宝贝们,上一次我们举行了美妙的森林音乐会,大家一起用乐器演奏了快乐的乐曲。今天,请小朋友和老师一起自制大自然的乐器,一起来体验不一样的乐器演奏。

2.乐器都是怎么发出声音的呢?(引导幼儿回答:非洲鼓用手敲击,摇铃相互碰撞,沙锤也是沙砾和木头的外壳碰撞发声)那我们能用哪些材料来制作乐器呢?(空牛奶瓶,木棍,鹅卵石等。)

3.老师收集了一些牛奶瓶和其他的小用具,现在请小朋友们帮老师找一些小石子和小棍子,我们一起来制作乐器吧。

4.和幼儿一起自制乐器,讨论制作方法和使用方法。

5.和幼儿一起用自制乐器演奏音乐。

# 树枝团扇

❀ **活动目标**

1.让幼儿能够按要求有序地进行手工制作,提高他们的动手能力。

2.让幼儿体验作品的色彩和图形美,提高他们的审美能力。

3.让幼儿初步了解团扇的制作步骤。

❀ **活动材料**

树枝、牛皮纸、叶子、野花、麻绳、双面胶等。

❀ **活动场地**

操场。

❀ **活动过程**

1.游戏导入。

(1)展示一些漂亮的团扇图片,引起幼儿的兴趣。

(2)问幼儿:"小朋友们,你们觉得这些扇子漂亮吗?"

师:今天我们要用一种特别的材料来做扇子哦。(然后拿出树枝,让幼儿观察并说一说树枝的特点。)

2.认识材料。

(1)把树枝、卡纸、剪刀、胶水等材料一一展示给幼儿,并介绍它们的用途。

(2)让幼儿摸一摸树枝,感受其质感。

3.制作团扇。

(1)先给每个幼儿发放一个团扇骨架。

(2)引导幼儿选择自己喜欢的树枝,然后用胶水把树枝粘贴在团扇扇面上,可以排列出不同的图案。

(3)让幼儿在园内采集花朵、树叶等,粘贴在团扇上进行装饰。

4.分享与展示。

(1)请幼儿拿着自己制作的团扇,向大家介绍自己的作品。

(2)把幼儿的作品展示在教室里,让大家一起欣赏。

# 森林音乐会

## ❋ 活动目标

1.让幼儿感知户外音乐的美好,体验音乐带来的愉悦心情。

2.让幼儿跟着音乐,用手中的乐器拍打节奏。

## ❋ 活动材料

彩色皱纹纸、乐器、圆毯、音响、音乐《布谷鸟》。

## ❋ 活动场地

操场。

## ❋ 活动过程

游戏引入:音乐是热情洋溢的自由艺术,像风吹过森林发出的呼呼声,像鸟飞过天空发出的鸟鸣声,像小溪流淌发出的哗哗声,像自然那样无边无际,回荡心间,久久不能散去。

1.邀请幼儿和教师一起,共赴一场大树下的音乐会。

2.提前将场地布置好,用皱纹纸代替飘逸的彩带,树下铺上圆毯。

3.请幼儿一起欣赏一首音乐,用小手拍拍节奏。

4.教师发放乐器,并请幼儿一起用乐器拍打节奏。

5.引导幼儿感受树下音乐会的快乐和美好。

# 提取叶绿素

## ❀ 活动目标

1.让幼儿知道叶绿素存在于许多绿色植物里。

2.让幼儿初步了解提取叶绿素的实验流程。

3.激发幼儿的探究兴趣,让幼儿体验探究过程。

## ❀ 活动材料

树叶、剪刀、杯子、小锤子、酒精、洗脸巾等。

## ❀ 活动场地

操场。

## ❀ 活动过程

1.教师示范提取叶绿素的操作流程。

首先用剪刀把树叶剪碎,放入杯中,用小锤子轻轻敲打树叶,敲打得碎一点后,往杯中倒入酒精,搅拌一下,就会发现液体变成绿色。

2.将洗脸巾放入杯中浸泡,拿起来拧干后,就会发现白色的洗脸巾染上了绿色。液体变成了绿色,白色的洗脸巾被染成了绿色,这说明叶绿素已经被提取出来了。

3.幼儿进行操作,教师巡视并给予指导。

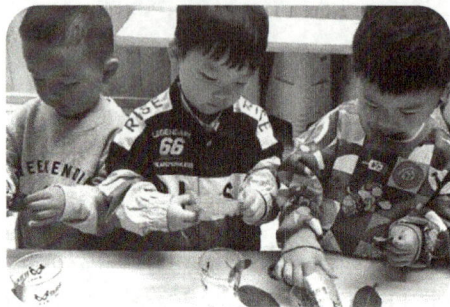

## 户外活动

### 接雨水

❀ **活动目标**

1.让幼儿喜欢聆听雨水落入容器的声音,乐于探索自然现象的奥秘。

2.让幼儿能够用容器接住雨水,发展手部肌肉的控制能力。

3.让幼儿知道雨水是从天空中落下来的。

❀ **活动材料**

小瓶子、雨衣、雨靴等。

❀ **活动场地**

雨天户外操场。

❀ **活动过程**

1.引导幼儿穿好雨衣和雨靴,来到操场。

2.引导幼儿观察雨水:雨从哪里来? 雨水摸起来什么感觉? 雨落在容器里会发出什么声音?

3.引导幼儿自由分散接雨水,教师进行观察和指导。

### 树叶小船

❀ **活动目标**

1.锻炼幼儿的手部精细动作能力。

2.让幼儿体验游戏的乐趣。

❀ **活动材料**

树叶、树枝、黏土。

❀ **活动场地**

操场。

❀ **活动过程**

1.出示树叶小船,激发幼儿的兴趣。

2.引导幼儿自己制作:先用树枝在树叶上戳几个洞,再将树枝插入树叶里,最后把树枝插在黏土中固定。

# 树枝小人

❀ **活动目标**

1.提升幼儿的观察能力、动手能力和创造力。

2.让幼儿感受大自然的美,体验游戏的乐趣。

❀ **活动材料**

树枝、黏土、扭扭棒。

❀ **活动场地**

户外有树枝的地方。

❀ **活动过程**

引导幼儿寻找各种干树枝,将树枝制作成小人形状,并用黏土或者扭扭棒进行装饰。教师给予适当的帮助。

# 种一棵"小树"

❀ **活动目标**

1.锻炼幼儿的手眼协调能力。

2.培养幼儿的专注力,同时让他们感受自然之美。

❀ **活动材料**

树枝、花草。

❀ **活动场地**

户外。

❀ **活动过程**

1.出示已经制作好的"小树",激发幼儿的兴趣。

2.引导幼儿尝试自己制作"小树",并进行装饰。

3.让幼儿进行作品展示。

# 给菜园浇水

❀ **活动目标**

1.让幼儿学会用水壶给蔬菜浇水。

2.增强幼儿爱护植物的意识。

❀ **活动材料**

水壶、蔬菜。

❀ **活动场地**

小菜园。

❀ **活动过程**

引导幼儿装水,学习均匀浇水的方法。

# 一起去踏青

❀ **活动目标**

1.让幼儿踏青漫步,感受春天的气息。

2.让幼儿乐于参加集体活动,愿意与同伴交往。

3.让幼儿培养热爱大自然的情趣,萌发环保意识。

❀ **活动材料**

雨衣、雨鞋、铲子。

❀ **活动场地**

操场。

❀ **活动过程**

1.为幼儿穿上雨衣和雨鞋,带领他们到户外感受清明时节雨纷纷的氛围,听一听下雨的声音,闻一闻清新的空气,看一看被雨水打湿的植物,踩一踩地上的积水。

2.给幼儿分发小铲子,带他们到草地上去挖一挖小草,翻一翻土地,踩一踩松软的土壤,摸一摸湿漉漉的植物。

# 装扮大树

❀ **活动目标**

1.让幼儿尝试在一定范围内用颜料、超轻黏土装饰大树。

2.让幼儿感知大自然中树的美丽,体验自己创作的乐趣。

❀ **活动材料**

超轻黏土、颜料、画笔。

❀ **活动场地**

操场。

❀ **活动过程**

1.教师讲述游戏规则并进行示范:"宝贝们,你们可以用画笔将喜欢的颜料涂在大树上,并将超轻黏土捏成自己喜欢的形状来装饰大树。"

2.幼儿进行操作,教师进行指导,并提醒幼儿小心,以防将颜料弄在衣服上和地上。

3.引导幼儿评价和欣赏作品,并分享自己是如何装饰大树的。活动结束后,让幼儿将黏土取下,培养其保护环境的意识。

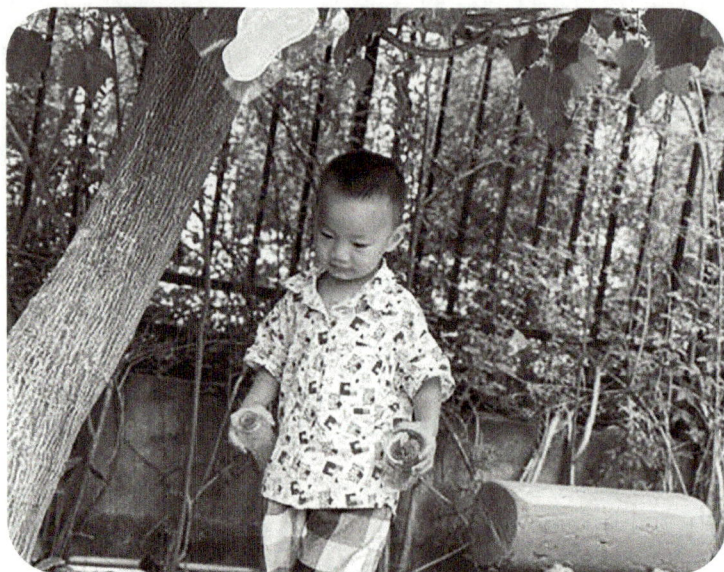

# 树叶风车

❀ **活动目标**

1.让幼儿感知风车转动的快慢与风的大小、跑的速度之间的关系。

2.在制作和探究过程中,激发幼儿的学习兴趣,让幼儿享受创造的快乐。

❀ **活动材料**

树叶、超轻黏土、树枝。

❀ **活动场地**

操场。

❀ **活动过程**

1.教师向幼儿展示已经制作好的树叶风车,介绍树叶风车的组成材料。

2.让幼儿在草地上捡几片自己喜欢的树叶,并给幼儿分发超轻黏土,让幼儿制作树叶风车。

3.让幼儿拿着制作好的树叶风车在操场上奔跑,感知风车转动的快慢与风的大小及跑的速度之间的关系。

# 灌篮高手

❀ **活动目标**

1.让幼儿能够有方向地举臂投球,增强其身体及手眼协调能力。

2.让幼儿能够自觉遵守游戏规则,体验成功的快乐。

❀ **活动材料**

海洋球、篮子。

❀ **活动场地**

操场。

❀ **活动过程**

1.教师引导幼儿进行简单的热身。

2.教师进行示范:"大树上有很多的篮子,我们需要将手里的海洋球投进篮子里,大树周围有一圈线,我们要在这条线的外面进行投球,不要越过这条线。"

3.幼儿进行游戏。教师巡视指导,并提醒幼儿,投不中或掉在地上也没有关系,可以捡起来继续投。

# 树叶泡泡

❀ **活动目标**

1.让幼儿知道用树叶也能吹泡泡,感受大自然的神奇。

2.让幼儿愿意参加集体活动,体验吹泡泡带来的乐趣。

❀ **活动材料**

树叶、剪刀、泡泡水、宽口容器。

❀ **活动场地**

操场。

❀ **活动过程**

1.教师进行示范:将树叶对折剪出任意形状的洞,然后将泡泡水倒进宽口容器里,用树叶蘸上泡泡水后就能吹出泡泡。

2.幼儿自由选择自己喜欢的一片树叶,将其对折并剪出自己喜欢的形状,然后蘸上泡泡水吹泡泡。

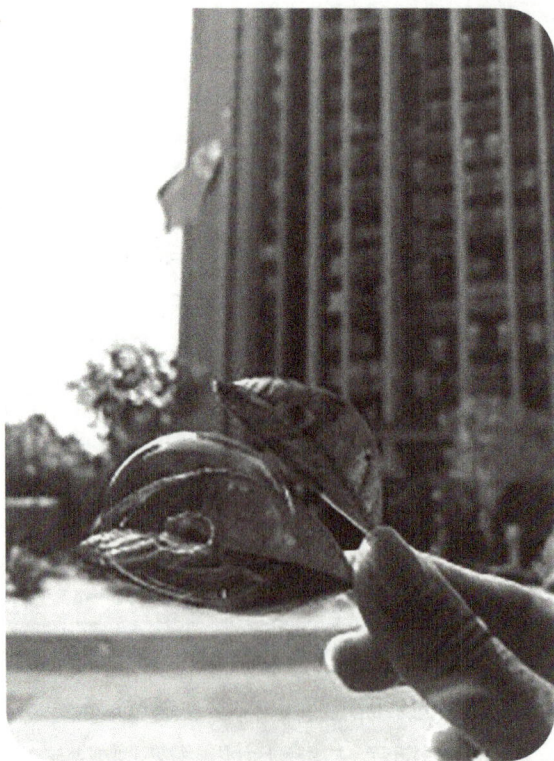

# 树枝天平

❀ **活动目标**

1.让幼儿感知平衡,初步理解轻重、多少与重量的关系。

2.让幼儿感知生活中的数学,提高其对数学的兴趣。

3.培养幼儿的观察能力,锻炼他们的动手操作能力。

❀ **活动材料**

树枝、麻绳、牛奶瓶(做成天平)以及放置物品的小筐。

❀ **活动场地**

操场。

❀ **活动过程**

活动引入:宝宝们,今天老师要带小朋友们感知平衡。

1.带入提前准备好的场景,介绍树枝天平的玩法。让幼儿自由采集各种自然材料,如松果、石头、树叶、树枝等,自主探索天平的使用方法。

2.总结经验:当天平的两边重量相等时,它就能保持平衡。

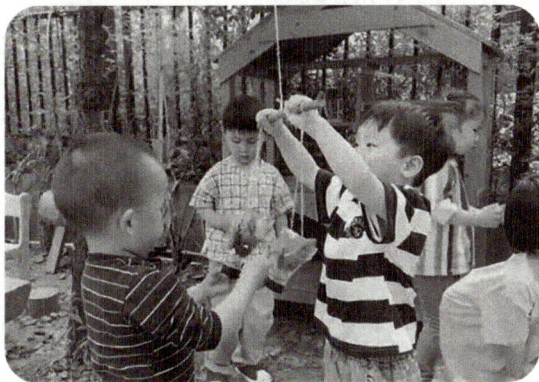

## 社会实践

# 给大树做体检

❀ **活动目标**

1.让幼儿了解树木的用途。

2.提高幼儿的观察能力,锻炼他们的动手操作和探究能力。

3.增强幼儿保护自然环境的意识。

❀ **活动场地**

幼儿园或者公园的小树林。

❀ **活动准备**

"树医生"。

❀ **活动过程**

1.有序带领幼儿来到小树林,观察大树的特征。

2.邀请"树医生"讲解关于大树的知识。

3.带领幼儿一起为大树做体检,引导他们观察健康的大树和生病的大树的区别。

4.幼儿自由感受大树,触摸大树。

❀ **安全保障措施**

提前检查园外的活动环境,并请园内的行政人员及保安跟随。

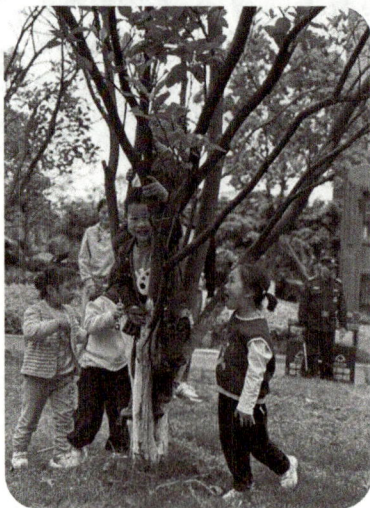

# 树枝编织

## ❀ 活动目标

1.锻炼幼儿的手部精细动作能力,提高他们的手眼协调能力和专注力。

2.提高幼儿表现美的能力。

3.让幼儿愿意在集体面前大胆分享自己的作品。

## ❀ 活动场地

户外草地。

## ❀ 活动准备

麻绳、树枝、树叶、花草等自然材料。

## ❀ 活动过程

1.以木棍为框,麻绳为线,制作成"编织机"。

引导语:"宝宝们,今天老师带来了一台特别的'编织机',它能将春天编织成一幅美丽的画,请小朋友们和我一起来试一试吧。"

2.出示"编织机",讲解其用法,请幼儿用采集来的树叶和花朵在编织机上随性编织。

3.编织完成后,请幼儿展示并分享自己的作品。

## ❀ 注意事项

1.挑选大小适中、质地柔软、边缘光滑的树叶,避免使用有刺、有毒或易引起过敏的树叶。

2.幼儿可能缺乏编织技能,教师应耐心示范和引导,鼓励幼儿自己动手尝试,避免急于求成。

3.强调每个作品都是独特的,避免进行相互比较。引导幼儿在轻松愉悦的氛围中享受创作的过程。

# 致敬劳动者

### ❀ 活动目标

1.让幼儿了解生活中常见的几种职业。

2.让幼儿知道劳动者的辛苦,尊重劳动成果。

3.让幼儿树立劳动光荣的意识。

### ❀ 活动场地

幼儿园内。

### ❀ 活动准备

1.户外劳动者工作场景相关的图片,如环卫工人清扫街道、建筑工人盖房子、快递员送快递等。

2.邀请一位户外劳动者到课堂现场。

3.一些简单的感谢卡片和小花。

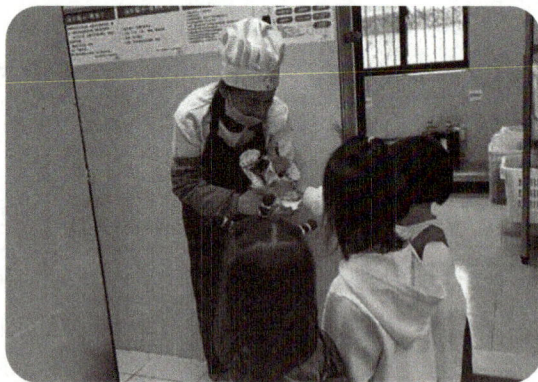

### ❀ 活动过程

1.直接导入,引出主题。

引导语:宝贝们,有这么一群劳动者,他们每天在户外辛辛苦苦地劳动着。今天我们一起去户外寻找一下吧。

2.引导幼儿观察身边的劳动者。

引导语:请宝贝们用自己的小眼睛仔细观察一下,你们都看到了哪些劳动者呢?他们是怎样劳动的呢?

3.幼儿自由交流。

4.教师总结。

总结:环卫工人让我们的生活环境变得更加干净,保安叔叔让我们生活得更加安全,收银员阿姨让我们的生活变得更加便捷。我们要尊重他们的劳动成果,我们自己也要做爱劳动的乖宝宝。

### ❀ 安全保障措施

提前检查活动环境,园内行政及保安跟随。

## 家庭指导

# 亲子马拉松

### ❀ 核心经验

1.让幼儿快乐奔跑,健康成长,增强体质。

2.通过亲子马拉松运动发扬"勇敢、智慧、坚毅、自信、坚持"的运动精神,倡导全民运动。

3.促进幼儿运动技能与运动能力的发展,建立良好的家园共育关系。

### ❀ 指导准备

全园各班级结合年龄特点进行课程实施。

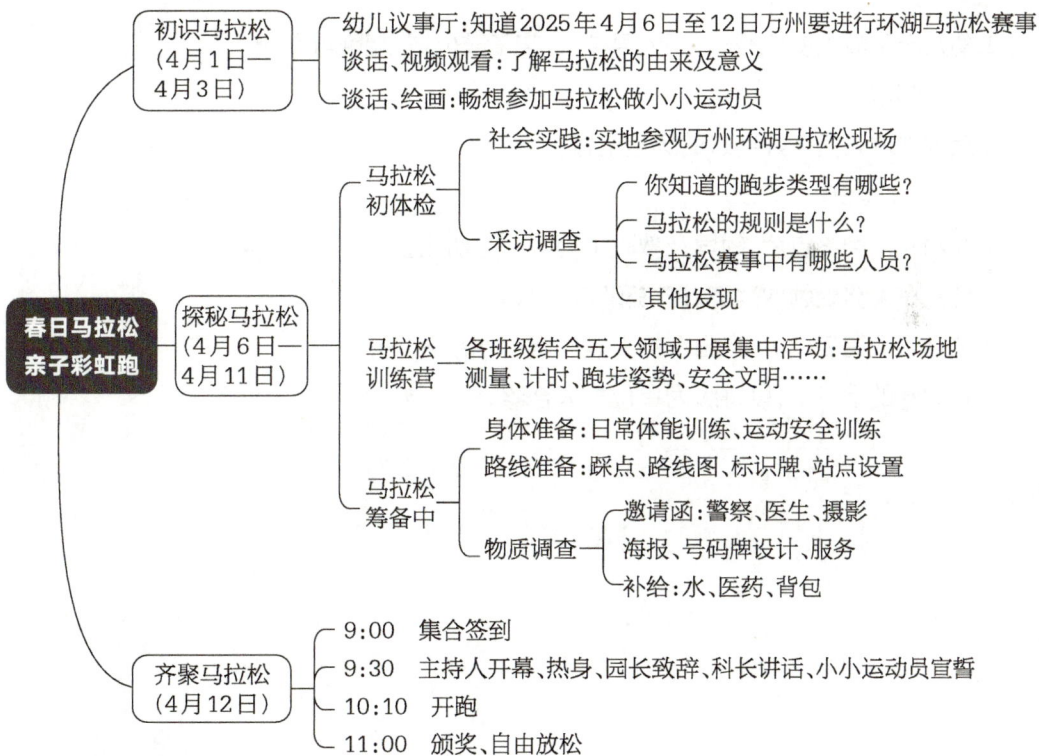

```
                      初识马拉松        ┌ 幼儿议事厅:知道2025年4月6日至12日万州要进行环湖马拉松赛事
                     (4月1日——       ┤ 谈话、视频观看:了解马拉松的由来及意义
                      4月3日)          └ 谈话、绘画:畅想参加马拉松做小小运动员

                                        ┌ 社会实践:实地参观万州环湖马拉松现场
                              马拉松    ┤              ┌ 你知道的跑步类型有哪些?
                              初体检    └ 采访调查 ──┤ 马拉松的规则是什么?
                                                       ├ 马拉松赛事中有哪些人员?
                                                       └ 其他发现
春日马拉松          探秘马拉松
亲子彩虹跑         (4月6日——     马拉松 ── 各班级结合五大领域开展集中活动:马拉松场地
                    4月11日)        训练营     测量、计时、跑步姿势、安全文明……

                                        ┌ 身体准备:日常体能训练、运动安全训练
                              马拉松    ├ 路线准备:踩点、路线图、标识牌、站点设置
                              筹备中    │              ┌ 邀请函:警察、医生、摄影
                                        └ 物质调查 ──┤ 海报、号码牌设计、服务
                                                       └ 补给:水、医药、背包

                      齐聚马拉松        ┌ 9:00   集合签到
                     (4月12日)        ├ 9:30   主持人开幕、热身、园长致辞、科长讲话、小小运动员宣誓
                                        ├ 10:10  开跑
                                        └ 11:00  颁奖、自由放松
```

### ❀ 指导过程

#### 一、赛前(9:00—9:30)

1.各班级家长带领幼儿自行前往马拉松比赛地,在签到背景墙处签到,教师手持班牌引导家长、幼儿到指定地方排队并清点人数,分年级、班级站队集合。

2.上午9：15全场整队，现场安排协助教师，各班主任配合。

## 二、动员(9：30—9：55)

1.教师暖场节目《啦啦操幸福拍手歌》(时间：4分钟)。

2.主持人开场，介绍本次马拉松活动。

3.集体热身游戏(7分钟)。

4.热身舞蹈(3分钟)。

5.园长讲话(2分钟)。

6.家长代表带领全体运动员宣誓(2分钟)。

7.主持人强调运动中的安全及规则，并宣布马拉松活动正式开始，嘉宾鸣喇叭，全场撒手抛纸。

8.各班调整队形，在龙门架处排队，做好出发准备。

## 三、赛中(10：10—11：00)

1.幼儿架子鼓表演《阳光开朗大男孩》。架子鼓位置：起跑点左侧。

2.鸣枪起跑。

3.后勤岗位人员摆好终点的场地位置。

## 四、赛后(11：00—11：30)

1.在幼儿返回终点后，领导及教职工列队拥抱幼儿。

2.幼儿在领奖处领取奖牌、证书和完赛包。

3.物品领取完后，幼儿自由在打卡点拍照(主持人引导)。

4.在教师的组织下，以班级为单位拍大合照。

# 5月

## 和水做朋友

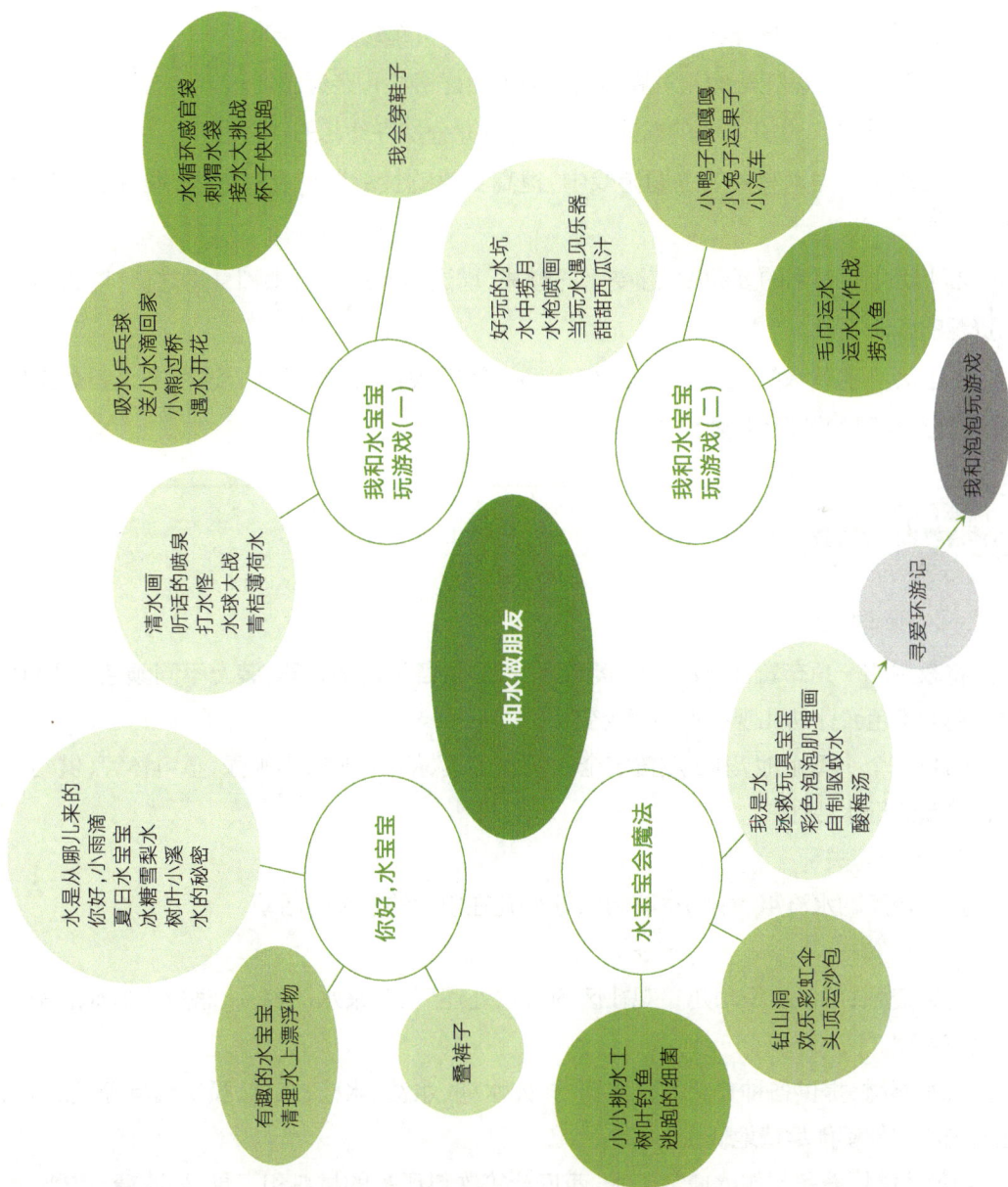

和水做朋友

**我和水宝宝玩游戏（一）**
- 水循环感官袋
- 刺猬水袋
- 接水大挑战
- 杯子快快跑

- 吸水乒乓球
- 送小水滴回家
- 小熊过桥
- 遇水开花

- 清水画
- 听话的喷泉
- 打水怪
- 水球大战
- 青桔薄荷水

- 我会穿鞋子

- 好玩的水坑
- 水中捞月
- 水枪喷画
- 当玩水遇见乐器
- 甜甜西瓜汁

**我和水宝宝玩游戏（二）**
- 小鸭子嘎嘎嘎
- 小兔子运果子
- 小汽车

- 毛巾运水
- 运水大作战
- 捞小鱼

- 我和泡泡玩游戏

- 寻爱环游记

- 我是水
- 拯救玩具宝宝
- 彩色泡泡肌理画
- 自制驱蚊水
- 酸梅汤

**你好，水宝宝**
- 水是从哪儿来的
- 你好，小雨滴
- 夏日水宝宝
- 冰糖雪梨水
- 树叶小溪
- 水的秘密

- 有趣的水宝宝
- 清理水上漂浮物

- 叠裤子

**水宝宝会魔法**
- 小小桃水工
- 树叶钓鱼
- 逃跑的细菌

- 钻山洞
- 欢乐彩虹伞
- 头顶运沙包

## ☀ 发展任务

《幼儿园工作规程》指出："充分利用日光、空气、水等自然因素以及本地自然环境,有计划地锻炼幼儿肌体,增强身体的适应和抵抗能力。"水,在幼儿的日常中随处可见,清晨洗漱时的涓涓细流、雨天飘落的可爱小雨滴、夏日里清凉的泳池,皆以不同的姿态与幼儿邂逅。

**5月活动视频**

水,无色无味、无形无状,却又以其独特的性质引起幼儿无尽的好奇与探索欲。我们以托班幼儿对周围世界的天然好奇心和亲近感为基础,层层递进地设计幼儿与水的趣味互动活动以充分打开幼儿的感官世界。

1.让幼儿在与水有关的主题游戏中,提高身体的灵活性和反应能力,锻炼手眼协调能力。

2.让幼儿在与水的互动中,感受水的趣味,增进对水的亲近感和喜爱之情,增强节约水资源的意识。

3.让幼儿了解水的属性、水与人们生活之间的关系,在探索水的过程中大胆提出问题,并表达自己的发现和感受。

## 🌿 环境规划

### 一、空间与规划

将教室的一角布置成充满水元素的区域,提供各种透明容器,装上不同颜色的水(可食用色素染色),让幼儿观察水的颜色变化。

布置一个小型水池,里面放置安全的玩水工具,如小勺子、小水壶、塑料杯等,供幼儿进行简单的玩水活动。

### 二、氛围与关系

播放轻柔的水流声、海浪声等音乐,让幼儿在宁静的氛围中活动。

### 三、可能的资源

社区资源:可以组织幼儿参观社区的污水处理厂、自来水厂等,让他们了解水的净化和供应过程。

玩水器材:提供各种安全的玩水器材,如水桶、水盆、水枪、水球、喷泉玩具等,让幼儿在室内和户外都能尽情地玩水。

美食材料:准备制作冰糖雪梨水、西瓜汁等饮料所需的材料和工具,如冰糖、雪梨、西瓜、榨汁机等,让幼儿在制作饮料的过程中感受水的重要性。

## 🌼 课程计划

| 生活指导 | 发展课程 | 游戏活动 | 户外活动 | 社会实践 | 家庭指导 |
|---|---|---|---|---|---|
| 叠裤子<br>我会穿鞋子 | 水是从哪儿来的<br>你好,小雨滴<br>夏日水宝宝<br>冰糖雪梨水<br>树叶小溪<br>水的秘密<br>清水画<br>听话的喷泉<br>打水怪<br>水球大战<br>青桔薄荷水<br>好玩的水坑<br>水中捞月<br>水枪喷画<br>当玩水遇见乐器<br>甜甜西瓜汁<br>我是水<br>拯救玩具宝宝<br>彩色泡泡肌理画<br>自制驱蚊水<br>酸梅汤 | 有趣的水宝宝<br>清理水上漂浮物<br>吸水乒乓球<br>送小水滴回家<br>小熊过桥<br>遇水开花<br>小鸭子嘎嘎嘎<br>小兔子运果子<br>小汽车<br>钻山洞<br>欢乐彩虹伞<br>头顶运沙包 | 水循环感官袋<br>刺猬水袋<br>接水大挑战<br>杯子快快跑<br>毛巾运水<br>运水大作战<br>捞小鱼<br>小小挑水工<br>树叶钓鱼<br>逃跑的细菌 | 寻爱环游记 | 我和泡泡玩<br>游戏 |

**生活指导**

# 叠裤子

## ❀ 核心经验

1.让幼儿尝试折叠裤子,锻炼他们的手部精细动作能力和手眼协调能力。

2.让幼儿感受自己折叠裤子的快乐,增强他们的自理能力和自我服务意识。

## ❀ 指导准备

幼儿每人自带的长裤一条。

## ❀ 指导过程

1.教师与幼儿谈话,引出主题。

师:中午睡觉的时候,宝宝都要脱裤子,脱下来的小裤子要怎么办呢?

2.教师出示小裤子,提问:谁会叠裤子呢?

3.利用儿歌,教师示范叠裤子。

师:小裤子会念儿歌,我们一起来听一听吧。

儿歌:两条裤腿感情好,手拉手抱一抱,弯弯腰,小裤子就叠好。

4.幼儿练习叠裤子,教师重点指导幼儿将两条裤腿对齐摆放。

## ❀ 活动延伸

投放叠裤子的材料到生活区,便于幼儿自主操作。

# 我会穿鞋子

❀ **核心经验**

1.让幼儿知道鞋子有正反之分,鞋子掉了、鞋扣开了、鞋子穿反了可能会有危险。

2.让幼儿边念儿歌边穿鞋子,体验自己穿上鞋子的成就感。

❀ **指导准备**

大鞋、小鞋、鞋垫、脚印图片、正反鞋图片。

❀ **指导过程**

1.引导幼儿通过踩脚印游戏,了解穿鞋的方法。

在玩游戏的过程中,引导幼儿发现正反鞋的不同之处,鼓励他们自己改正反的小脚印。教师可以引导幼儿玩踩脚印的游戏,喊出:"我和小脚印玩游戏,你踩我也踩,踩到小脚印快站好。"在游戏中帮助幼儿识别鞋印的正反。

2.教师拿出一双小鞋,边示范边念儿歌:"两只小鞋头碰头,好像一对好朋友,小鞋襻向外扣,穿好鞋子到处走。"利用儿歌,帮助幼儿记住穿鞋的步骤和方向。

3.让幼儿自由练习穿鞋,教师在旁观察并给予适当的指导,纠正幼儿穿鞋时的错误,帮助他们掌握正确的穿鞋方法。

❀ **活动延伸**

组织幼儿分享自己喜欢的鞋子,并进行观察与讨论,增强他们对鞋子的认识。鼓励幼儿用画笔画出自己喜欢的鞋子,并与同伴分享。

**发展课程**

## 水是从哪儿来的

❀ **适宜月龄**

24—36个月。

❀ **发展领域**

语言认知。

❀ **活动目标**

1.让幼儿观察图片,认识水,了解水是从哪里来的。

2.激发幼儿对水的兴趣和好奇心。

❀ **活动准备**

绘本图片、装在盆里的水。

❀ **活动过程**

1.教师出示盆里的水,引发幼儿的兴趣。

师:这是什么?是从哪里来的?为什么开了水龙头就有水?

2.展示绘本,鼓励幼儿观察绘本中的图片,鼓励幼儿描述画面上的内容,问幼儿:"你们在画面上看到了什么?"

3.教师完整地讲述绘本故事,帮助幼儿理解水的来源和重要性。

4.师幼讨论:"水是从哪儿来的?"引导幼儿结合他们的生活经验分享自己的想法。

5.请幼儿去水龙头下触摸水,感受水的流动和温度,将活动过渡到盥洗环节。

❀ **活动延伸**

鼓励幼儿回家后向爸爸妈妈讲述水是从哪里来的,分享他们在活动中的观察和思考。

❀ **温馨提示**

此活动可在盥洗前进行,帮助幼儿了解日常生活中水的使用。

# 你好,小雨滴

❀ **适宜月龄**

24—36个月。

❀ **发展领域**

自然美育。

❀ **活动目标**

1.让幼儿初步了解雨水的形成过程。

2.激发幼儿对水的好奇心和探索欲。

3.提高幼儿的观察力和感知力。

❀ **活动准备**

喷壶、水、颜料、画笔、画布。

❀ **活动过程**

1.教师出示画布,引导幼儿将画布上的云朵涂上颜料。

2.使用喷壶向画布喷洒颜料,让颜料与水形成雨滴的效果。引导幼儿静静观察"雨滴"在画布上的痕迹,感受"雨滴"的形状和颜色变化。

3.鼓励幼儿自由使用喷壶在画布上进行创作,探索不同的喷洒方式,体验艺术创作的乐趣。

❀ **活动延伸**

活动结束后,可以让幼儿用画笔在画布上画出自己喜欢的小雨滴,进一步巩固他们对雨滴形态的理解和表达。

❀ **温馨提示**

在活动开始前,请给幼儿穿上罩衣,以保护他们的衣物。

# 夏日水宝宝

❀ **适宜月龄**

24—36个月。

❀ **发展领域**

认知。

❀ **活动目标**

1.让幼儿通过各种感官感知及探索关于水的活动，了解水的透明性。

2.让幼儿在体验活动中感受玩水的乐趣。

❀ **活动准备**

塑料口袋、树叶、水。

❀ **活动过程**

1.谈话导入。

师："宝贝们，你们知道水宝宝是什么颜色的吗？它摸起来是什么感觉呀？今天我们就来认识一下水宝宝吧！"

2.出示游戏材料，激发幼儿探究的兴趣。

师：(教师出示装有水的透明口袋)"请宝贝们观察一下，这里的水有颜色吗？用鼻子闻一闻，用小手摸一摸、捏一捏。"

3.教师让幼儿将树叶放入口袋中。

师："宝贝们，加入绿色的树叶之后，从口袋外面看，能够看到绿色的树叶在水中漂浮着，这说明水是没有颜色的，是透明的。"

4.让幼儿分发材料，自由捡树叶。

教师指导幼儿将捡到的树叶放入口袋中，再往口袋中倒入适量的水，最后再密封好，水宝宝就制作好了。

5.教师鼓励幼儿跟水宝宝玩游戏，使用小手去摸一摸、捏一捏，小脚去踩一踩。

❀ **活动延伸**

幼儿回家后可以与爸爸妈妈一起制作水宝宝。

❀ **温馨提示**

注意提醒幼儿在与水宝宝玩游戏时要把衣袖和裤脚挽起来，以免打湿。

# 冰糖雪梨水

❀ **适宜月龄**

24—36个月。

❀ **发展领域**

食育课程。

❀ **活动目标**

1.让幼儿了解做冰糖雪梨水需要哪些食材,了解食材的颜色和外形,能说出食材名称。

2.让幼儿愿意积极参与活动,与同伴一起体验动手制作美食的快乐。

3.让幼儿能够手眼协调地将梨子切成小块。

❀ **活动准备**

材料准备:雪梨、冰糖、红枣、养生壶。(用于熬煮,可用其他有熬煮功能的物品代替,如电磁炉和水壶等。)

环境准备:室内30平方米以上的空间或室外平整的活动场地。

❀ **活动过程**

1.活动导入。

师:"宝贝们,今天我们又要来做好吃的啦!今天我们要一起做的是冰糖雪梨水。让我们一起来看看需要哪些材料吧。"

2.教师出示材料,引导幼儿操作。

师:"看,老师这里有雪梨、红枣和冰糖。现在,我请两个小朋友去帮我们把梨子洗干净。好,梨子洗好了,我们先要给梨子去皮,然后切成小块,下面请小朋友来帮助老师将梨子切小块。"(分发梨子,请小朋友将梨子切碎。)

3.去红枣核。

师:请切完的小朋友,将红枣去核。好了,现在我们来开始煮雪梨水吧。请小朋友将切碎的雪梨倒进锅里,开始熬煮。

4.品尝雪梨水。

分发水杯,让幼儿品尝雪梨水。

❀ **活动延伸**

幼儿回家后可以和家长一起尝试使用其他食材煮水,如苹果、橘子等。

# 树叶小溪

❈ **适宜月龄**

24—36个月。

❈ **发展领域**

自然认知。

❈ **活动目标**

1.锻炼幼儿的手臂力量。

2.提高幼儿对水的探究兴趣,让幼儿感受水往低处流的情况。

❈ **活动准备**

材料准备:小水桶、树叶、小铲子、一次性杯子。

环境准备:一块有坡度的泥巴空地,将溪水径流的路径提前设计并挖掘好,铺上树叶。

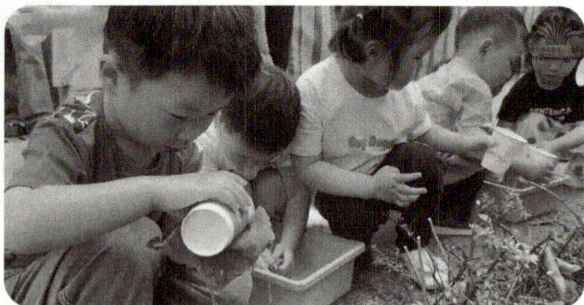

❈ **活动过程**

1.活动引入:"宝贝们,你们去过小溪边玩耍吗？小溪里的水流是什么样的？它们是怎么流动的？今天,老师将带着宝贝们观察和感受小溪流水的现象。"

2.场地介绍与活动说明:"宝贝们看,在幼儿园的空地上,老师准备了'树叶小溪'的场地。接下来,就让我们一起动手,让溪水流起来吧!"

3.操作指导:首先,用一个大桶盛满水备用。然后,用一次性杯子将水从水桶里舀出,缓缓倒进用树叶铺成的路径里,这样,就形成了一条像小溪一样的水流。最后,还可以找一些小树叶扔进水流里,并观察它们随着水流漂动的样子以及水流在遇到障碍物时的变化。

❈ **活动延伸**

活动结束后,教师可以和幼儿一起讨论:你们观察到水是怎么流动的？它是往高处流还是往低处流？鼓励幼儿用自己的话描述水往低处流的现象,并引导他们思考为什么水会往低处流。

❀ **温馨提示**

在活动开始前,教师可以准备一些关于江河湖海的绘本或图片,与幼儿一起分享,使他们形成对小溪、河流等自然现象的初步印象。在活动过程中,教师要注意幼儿的安全,确保他们不会将水弄到身上或眼睛里。同时,也要提醒幼儿尊重自然环境,不要破坏"树叶小溪"的场地。

# 水的秘密

❀ **适宜月龄**

24—36个月。

❀ **发展领域**

认知。

❀ **活动目标**

1.让幼儿聆听雨滴落在树叶上的声音,观察雨水飘落的路线。

2.感受水无色、无味、凉凉的等特性,激发幼儿对雨水的探究欲望。

3.培养幼儿喜欢观察水的各种现象的兴趣。

❀ **活动准备**

雨衣、雨鞋、小桶。

❀ **活动过程**

1.教师引导:"宝贝们,有没有听过雨滴落在树叶上的声音?下雨的时候,雨在天空中的飘落路线是什么样子的呢?今天我们就一起穿上雨衣去感受一下吧!"

2.教师鼓励幼儿:"宝贝们,仔细听听,雨水落在我们的雨衣上是什么声音?对了,是'滴嗒滴嗒'。那么,雨水落在树叶上又是什么声音呢?是'稀稀疏疏'的声音。"

3.教师引导幼儿感受:"穿着雨鞋的宝贝们可以去踩踩水,还可以把手伸出来,感受一下雨水落在手掌心上的感觉——冰冰凉凉的。"

4.教师幼儿引导观察:"宝贝们,抬头看看天空中的雨,雨滴落下来的路线是直线还是斜线呢?没有风的时候,雨滴是垂直落下的;有风的时候,雨滴则是倾斜着落下的。"

5.教师进行活动指导:"宝贝们可以用我们的小桶去收集雨水。地面上的低洼处可以收集水,树叶上的水滴落下来时也可以收集到我们的小桶里。"

❀ **活动延伸**

幼儿可以在周末与家人一起在公园里感受雨滴落在树叶上的声音,观察雨水飘落的路线。

❀ **温馨提示**

提醒幼儿要穿好雨衣,以免因打湿衣物而感冒。

# 清水画

❀ **适宜月龄**

24—36个月。

❀ **发展领域**

身体动作。

❀ **活动目标**

1.让幼儿练习"挤"的动作,锻炼手指的力度和灵活性。

2.锻炼幼儿的手部精细操作能力,提高他们的双手协作能力和手眼协调能力。

❀ **活动准备**

材料准备:装满水的矿泉水瓶。

环境准备:户外宽敞平坦的地面。

❀ **活动过程**

1.展示水瓶,激发幼儿的兴趣。

师:今天我们将用水来创作画作,宝贝们能想象出可以怎样画吗?

3.教师示范用矿泉水瓶挤出水。

鼓励幼儿自由尝试,在地上作画,教师适时提供指导。

❀ **活动延伸**

幼儿可以邀请爸爸妈妈一起在公园玩耍时,尝试制作清水画。

❀ **温馨提示**

注意幼儿衣服,一旦打湿应立即更换。

# 听话的喷泉

❀ **适宜月龄**

24—36个月。

❀ **发展领域**

科学探索。

❀ **活动目标**

1.激发幼儿对科学小实验的兴趣,使幼儿乐于参与并积极探索。

2.通过实验,让幼儿初步感知喷泉水速与瓶盖开口大小之间的关系。

❀ **活动准备**

材料准备:空牛奶瓶、水。

环境准备:室外30平方米以上的空间和晴朗的天气。

❀ **活动过程**

1.引入话题:"宝宝们,你们见过喷泉吗?喷泉是什么样子的?在哪里见过喷泉呢?"(引导幼儿分享自己的经历和见闻。)

2.展示听话的喷泉:"老师今天给大家带来了一个特别的'听话的喷泉'。你们看!"(教师展示提前制作好的喷泉,并演示如何操作。)

3.解释原理:"宝宝们,你们知道为什么老师把瓶盖扭开的时候,喷泉就流出来了吗?这是空气和水之间的压力差造成的。当我们打开瓶盖时,空气进入瓶子,使得瓶子内部的水受到压力而喷出。接下来,让我们一起来玩一玩这一瓶听话的喷泉吧。"

4.引导幼儿探索。请幼儿注意观察,当不同程度地扭开瓶盖时,水流的速度会有什么变化呢?(鼓励幼儿自由探索,并引导他们发现瓶盖开口大小与水速之间的关系。)

❀ **活动延伸**

幼儿可以回家邀请爸爸妈妈一起尝试制作听话的喷泉。

❀ **温馨提示**

注意幼儿的衣服,如果打湿了,应及时更换或吹干。

# 打水怪

❀ **适宜月龄**

24—36个月。

❀ **发展领域**

动作发展。

❀ **活动目标**

1.锻炼幼儿的手眼协调能力。

2.让幼儿乐于参与游戏,能够自觉遵守游戏规则。

❀ **活动准备**

水枪、怪兽图片、水桶

❀ **活动过程**

1.活动引入。

师:"宝贝们,今天,让我们拿起自己的小水枪,一起去打怪兽吧!"

2.教师讲解游戏规则并进行示范。

师:"我们每人拿一支水枪,将水枪灌满水,站在一定的距离之外,对准怪兽进行射击,单手和双手都可以,看看哪位宝贝打的怪兽最多。水枪里面的水打完了可以在旁边的水桶处进行补充。"

3.幼儿自由进行操作,教师在旁边巡视并实时指导。

4.教师对游戏活动进行总结。

❀ **活动延伸**

活动结束后,教师可以与幼儿一起分享打怪兽的心情和体验。

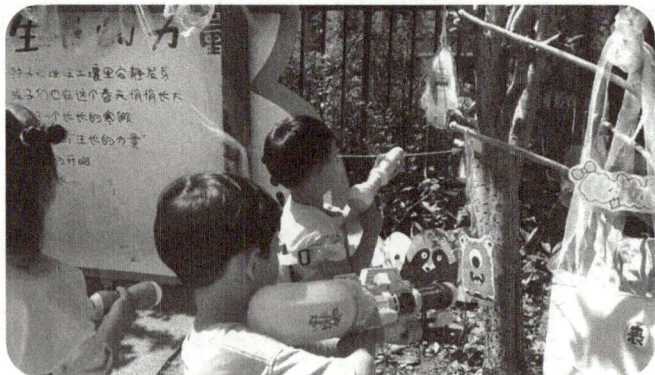

# 水球大战

❀ **适宜月龄**

24—36个月。

❀ **发展领域**

身体动作。

❀ **活动目标**

1.让幼儿学习挥臂投水球的动作,增强其手臂肌肉的力量。

2.促使幼儿增强自我保护意识,学会躲避水球的袭击。

3.培养幼儿玩水的兴趣,并使其体验水球游戏带来的乐趣。

❀ **活动准备**

材料准备:大量水气球。

环境准备:宽阔的户外场地。

❀ **活动过程**

1.出示气球。

师:宝宝们,你们看老师手里拿着的是什么呀?

2.讨论玩水球的方法。

师:今天我们的气球宝宝肚子里装满了水,让我们一起去玩水吧!

3.游戏。

师:宝宝们,现在你们可以自由地和水球宝宝玩耍了。

❀ **活动延伸**

活动结束后,可以请幼儿分享在水球大战中有趣的事情。

❀ **温馨提示**

注意幼儿衣服的状况,如果打湿,应及时更换。

# 青桔薄荷水

❀ **适宜月龄**

24—36个月。

❀ **发展领域**

食育课程。

❀ **活动目标**

1.让幼儿品尝青桔薄荷水,丰富其嗅觉和味觉的体验。

2.让幼儿学习使用简单的工具,体验制作饮料的乐趣,锻炼他们手部抓握和放置的能力。

❀ **活动准备**

材料准备:青桔、薄荷、蜂蜜等。

环境准备:室内30平方米以上的空间。

❀ **活动过程**

1.活动引入:"宝宝们,今天老师请你们和我一起来制作一款特别的水——青桔薄荷水。"

2.展示材料。薄荷带有天然的清香,闻起来清清凉凉的让人神清气爽;小青橘尝起来酸酸的,很开胃;蜂蜜甜甜的,香香的。

3.请幼儿将在花园里采摘的薄荷清洗干净,再将小青橘切开备用。

4.依次在水杯中加入准备好的材料,先用勺子轻轻地将青桔和薄荷捣碎,再加入少量蜂蜜,然后加入适量的温水,最后搅拌均匀就可以品尝青桔薄荷水啦。

❀ **活动延伸**

幼儿回家以后,可以邀请爸爸妈妈一起制作各种好喝的果茶,并一起品尝。

# 好玩的水坑

## ❀ 适宜月龄

24—36个月。

## ❀ 发展领域

动作发展。

## ❀ 活动目标

1.让幼儿带着兴趣观察下雨的情景,培养他们的观察能力。

2.让幼儿充分体验看雨、听雨、玩雨的乐趣。

3.让幼儿积极寻找水坑,体验踩、跳水坑的乐趣。

## ❀ 活动准备

雨衣、雨鞋。

## ❀ 活动过程

1.活动导入。

师:宝贝们,请穿好雨衣和雨鞋,让我们一起到户外去踩水坑吧!

2.寻找水坑。

师:宝贝们,仔细找找,哪里有水坑呀? 谁找到的水坑最大呀?

3.踩跳水坑。

师:宝贝们,用我们的小脚踩一踩水坑,在水坑里跳一跳,看谁溅起来的水花最大。

4.聆听雨声。

师:宝贝们听一听,雨水落在雨衣上、大树上、地面上的声音是什么样子的呀? 用我们的小手去感受一下雨滴吧!

5.教师对游戏活动进行总结。

## ❀ 活动延伸

幼儿在放学回家的路上,可以和爸爸妈妈一起寻找身边的水坑。在水坑里踩一踩,跳一跳,感受其中的乐趣。

# 水中捞月

❀ **适宜月龄**

24—36个月。

❀ **发展领域**

精细动作。

❀ **活动目标**

1.提升幼儿的手部精细动作技能及动手操作能力。

2.锻炼幼儿的手眼协调能力及手部控制能力。

3.通过游戏体验,激发幼儿的好奇心和探索欲,让幼儿享受活动的乐趣。

❀ **活动准备**

材料准备:吸管、水盆、雪花片、盘子。

环境准备:室内、室外均可。

❀ **活动过程**

1.活动引入:向幼儿出示装有雪花片的水盆,激发幼儿的兴趣。

2.教师示范操作:首先示范如何使用吸管穿进水中,然后围绕雪花片边缘小心地将其捞起来,并放置在准备好的盘子上。

3.幼儿实践:鼓励幼儿尝试模仿教师的动作,自己使用吸管在水中捞雪花片。教师在一旁观察指导,实时提供帮助,确保每位幼儿都能体验到成功的乐趣。

4.循环练习:直到所有的雪花片都被捞出前,可以多次重复此过程,让幼儿在实践中不断提高手眼协调和手部控制能力。

❀ **活动延伸**

活动结束后,教师可以组织幼儿一起回顾,分享各自的经验和感受,探讨如何才能又快又稳地用吸管捞出雪花片。

# 水枪喷画

❀ **适宜月龄**

24—36个月。

❀ **发展领域**

艺术。

❀ **活动目标**

1.让幼儿通过用水枪喷画,了解多种多样的绘画形式。

2.让幼儿体验到水枪喷画的乐趣。

❀ **活动准备**

水枪、颜料、白布。

❀ **活动过程**

1.出示游戏材料,激发幼儿的兴趣。

师:在上周,我们用水枪打了怪兽。而在今天,我们将用水枪来画画。

2.教师进行游戏示范。

师:首先,用颜料将水枪灌满,在这里,宝贝们可以选择自己喜欢的颜色;然后,我们用水枪瞄准白布,进行喷射,直到画出自己喜欢的形状即可。

3.幼儿进行游戏,教师在旁边巡视,并实时指导。

4.活动总结。

师:宝贝们,请你们说一说,你们在白布上画的是什么图案呀?

❀ **活动延伸**

活动结束后可以请幼儿相互讲述自己画了什么图案。

❀ **温馨提示**

教师需提醒幼儿,不要将装有颜料的水枪对准其他小朋友,避免弄脏衣服。

# 当玩水遇见乐器

### ❋ 适宜月龄

24—36个月。

### ❋ 发展领域

自然科学探索。

### ❋ 活动目标

1.锻炼幼儿的手眼协调能力和手部精细动作能力。

2.让幼儿探索雨滴击打在气球鼓上的方法。

3.让幼儿安静聆听,培养他们的专注力。

### ❋ 活动准备

物品准备:气球、皮筋、剪刀、大小不一的塑料瓶、雨衣和雨靴。

环境准备:下雨天的屋檐。

### ❋ 活动过程

1.活动引入:宝宝们,你们敲过鼓吗?敲鼓的时候,我们可以用鼓槌或小手击打鼓面,鼓面就会发出"咚咚咚"的声音,今天老师将带领小朋友看一看、听一听雨宝宝是如何敲鼓的。

2.展示成品,教师详细地讲解气球鼓的制作方法,并引导幼儿一起动手制作气球鼓。

3.乐器制作完成以后,教师让幼儿穿上雨衣和雨靴,带领他们拿着制作好的气球鼓,寻找到有雨水的地方,就可以让雨宝宝为我们进行演奏啦。

4.引导幼儿探索,雨滴以哪一种方式敲击在鼓面上时声音会更响亮(如:找水滴较大的地方,或者让气球鼓面绷得更紧,声音就会更大)。

5.教师带领幼儿安静地聆听雨滴落在气球鼓上的美妙声音。

### ❋ 活动延伸

活动结束后,师幼一起分享体验并讨论:"雨宝宝还会在哪些地方演奏?"(如雨伞上、车窗上等。)

# 甜甜西瓜汁

❀ **适宜月龄**

24—36个月。

❀ **发展领域**

食育课程。

❀ **活动目标**

1.锻炼幼儿手部的精细动作能力。

2.让幼儿通过看、闻、尝,提高幼儿对西瓜的认识,并大胆地说出西瓜的样子。

❀ **活动准备**

材料准备:西瓜、杯子、捣碎器。

环境准备:室内。

❀ **活动过程**

1.展示西瓜。

教师可以引导幼儿说一说,西瓜是什么样子的?并询问他们是否品尝过西瓜,以及西瓜是什么味道的。

2.导入主题。

师:"宝贝们,你们喝过西瓜汁吗?今天,让我们一起动手制作甜甜的西瓜汁吧!"

3.教师示范制作过程,并鼓励幼儿自己动手。首先,将西瓜切成小块;接着,将切好的西瓜块装进杯子里;最后,使用捣碎器将西瓜捣碎成汁。

4.幼儿自由操作,教师适时指导。

5.一起品尝自制的西瓜汁。

❀ **活动延伸**

此次活动还可以使用其他水果,如:火龙果、草莓、橘子等,制作各种各样的水果汁。

# 我是水

❀ **适宜月龄**

24—36个月。

❀ **发展领域**

社会认知。

❀ **活动目标**

1.让幼儿了解关于水的不同的故事,知道水的基本特性。

2.让幼儿通过观察图片,大胆讲述故事内容。

❀ **活动准备**

材料准备:绘本《我是水》。

环境准备:安静温馨的室内环境。

❀ **活动过程**

1.展示绘本,激发幼儿的兴趣。

师:小朋友们,今天老师将带来一个精彩的故事,让我们一起来听一听。

2.教师完整地讲述故事。

师:水本身没有颜色,当它与谁拉手时,就有了颜色? 水本身是没有气味的,当它与谁拉手时,就会散发出气味?

4.和幼儿一起复述故事。

❀ **活动延伸**

活动结束后,幼儿可以回家给爸爸妈妈讲述《我是水》的故事。

# 拯救玩具宝宝

❀ **适宜月龄**

24—36个月。

❀ **发展领域**

科学探索。

❀ **活动目标**

1.在敲击冰块的过程中,锻炼幼儿的手部动作能力。

2.让幼儿在探索中,用不同的方法融化冰块。

3.让幼儿能耐心地尝试用各种方式融化冰块,培养他们解决问题的能力。

❀ **活动准备**

气球、小玩具。(提前把小动物玩具装进灌了水的气球里,打结后,放进冰箱里使其结冰。)

❀ **活动过程**

1.活动引入。

师:"宝宝们,好多的小动物玩具被冰封了,请小朋友们把它们救出来吧。"

2.拯救玩具宝宝。

在幼儿尝试拯救玩具宝宝的过程中,教师可根据幼儿的个体差异,分别引导幼儿用吸管吹化冰块、用力摔碎冰块、使用锤子敲碎冰块、用盐解冻或者用热水融化冰块等,尝试使用不同方法来拯救玩具宝宝。

3.让幼儿自由探索,如何能快速地拯救出冰封的玩具宝宝。

❀ **活动延伸**

活动结束后,教师可以问幼儿:"吃雪糕的时候,雪糕是怎样融化的?"通过提问引导幼儿思考雪糕融化的原理,并与之前融化冰块的方法进行类比。教师可以进一步解释冰融化的科学原理,比如温度对冰的影响,以及为什么不同的方法会导致冰融化的速度不同。这样的讨论不仅加深了幼儿对活动的理解,还激发了他们对科学现象的好奇心和探索欲。

❀ **温馨提示**

1.冰块不宜太大,以免冻伤幼儿的手。

2.冰块融化后会有不规则的边缘,提醒幼儿注意安全,避免割伤幼儿的小手。

# 彩色泡泡肌理画

❀ **适宜月龄**

24—36个月。

❀ **发展领域**

艺术与五感发展。

❀ **活动目标**

1.教导幼儿通过吹泡泡的方法进行绘画创作。

2.培养幼儿对多样化绘画形式的兴趣,并鼓励他们去尝试和体验。

3.让幼儿体验并感受肌理画的乐趣。

❀ **活动准备**

材料准备:矿泉水瓶、网兜、泡泡水、颜料等。

环境准备:户外美工区。

❀ **活动过程**

1.展示制作好的游戏道具。

师:宝宝们,看看老师手里拿的是什么呢?

2.讨论道具的玩法。

师:今天我们将使用这些道具来吹泡泡。

3.游戏。

师:用瓶口蘸取泡泡水,然后吹气,一幅彩色泡泡肌理画就创作完成了。

❀ **活动延伸**

活动结束后,幼儿可以回家和爸爸妈妈一起创作泡泡机理画。

❀ **温馨提示**

在绘画创作前,给幼儿穿上罩衣,避免弄脏衣服。

# 自制驱蚊水

## ❀ 适宜月龄

24—36个月。

## ❀ 发展领域

自然艺术探索。

## ❀ 活动目标

1.使幼儿认识到蚊虫的危害性。

2.教幼儿认识薄荷叶和桉树叶。

3.激发幼儿共同学习制作驱蚊薄荷水的兴趣。

## ❀ 活动准备

材料准备:薄荷、桉树枝、酒精、小玻璃瓶等。

环境准备:室内30平方米以上的空间。

## ❀ 活动过程

1.活动导入,观察幼儿身上的蚊虫叮咬痕迹。

师:夏天来了,很多小朋友的身上出现了被蚊虫叮咬的痕迹,有的地方肿起了很大的红包,既疼痛又瘙痒。在有些地区,蚊虫还可能传播疾病。今天,让我们一起来动手制作驱蚊水,把蚊虫赶跑。

2.介绍材料,包括薄荷、桉树叶和酒精。

师:让我们来认识一下这些材料。薄荷具有清凉作用,气味清新宜人;桉树含有驱蚊成分——胺,是蚊虫最不喜欢的物质;酒精则具有消毒杀菌的作用。

3.示范制作方法。

师:使用小剪刀(或者用小手撕碎材料,以锻炼手部的精细动作能力)将薄荷和桉树叶剪碎,然后装进小玻璃瓶中,再请老师加入酒精并拧好瓶盖进行浸泡。静置几天后,一瓶天然好用的驱蚊水就制作成功啦。

## ❀ 活动延伸

活动结束后,幼儿可以和爸爸妈妈一起观察和讨论家里的驱蚊水都有一些什么成分。

## ❀ 温馨提示

在活动过程中,幼儿在使用剪刀时,要注意安全,避免剪到小手,同时也要防止戳到其他小朋友。

# 酸梅汤

❀ **适宜月龄**

24—36个月。

❀ **发展领域**

食育课程。

❀ **活动目标**

1.锻炼幼儿手部的精细动作能力。

2.培养幼儿自己动手制作美食的兴趣。

3.让幼儿认识并了解酸梅汤的食材。

❀ **活动准备**

乌梅、麦冬、陈皮、冰糖等。

❀ **活动过程**

1.活动导入。

师:天气越来越热,今天让我们一起动手制作一杯酸酸甜甜的酸梅汤吧!

2.介绍制作酸梅汤的食材。

师:酸梅汤制作需要有乌梅、麦冬、陈皮和冰糖。宝贝们可以看一看、摸一摸和闻一闻这些食材,初步了解他们的特点。

3.演示酸梅汤的制作过程。

师:首先将乌梅、麦冬和陈皮放入装有清水的锅中,用大火煮开后转小火继续熬煮半个小时,最后放入冰糖冷却后即可饮用!

4.幼儿动手操作,教师在旁边巡视并提供指导。

5.酸梅汤制作完成,师幼一起品尝!

❀ **活动延伸**

幼儿可以和爸爸妈妈一起在家制作酸梅汤,以此增进亲子间的互动。

**游戏活动**

# 有趣的水宝宝

## ❀ 活动目标

1.激发幼儿的好奇心,让他们愉快地参与探究游戏活动。

2.通过实验,让幼儿了解不同物体的浮沉特性。

3.鼓励幼儿大胆地用语言表达他们的发现。

## ❀ 活动材料

各种玩具、装了水的盆子。

## ❀ 活动场地

室内、室外均可。

## ❀ 活动过程

1.展示各种玩具,吸引幼儿的注意力。

2.引导幼儿将不同玩具放入水中,观察他们的浮沉变化。

3.鼓励幼儿用语言描述他们观察到的玩具在水中浮沉的现象。

# 清理水上漂浮物

## ❀ 活动目标

1.锻炼幼儿手腕的灵活动作能力,以及手眼协调能力。

2.培养幼儿的环保意识。

## ❀ 活动材料

夹子、装满了"污染物"的水盆。

## ❀ 活动场地

室内、室外均可。

## ❀ 活动过程

模拟被污染的海洋环境,引导幼儿使用夹子清理水上漂浮的"污染物",拯救海洋动物。通过游戏,让幼儿懂得保护水资源的重要性,学会爱护环境,养成不乱丢垃圾的良好习惯。

# 吸水乒乓球

❀ **活动目标**

1.让幼儿感知水的浮力。

2.让幼儿初步了解大气压强的原理。

3.让幼儿体验科学探究的过程和方法,感受发现的乐趣。

❀ **活动材料**

塑料瓶、乒乓球、水盆等。

❀ **活动场地**

托班中庭。

❀ **活动过程**

1.活动引入。

师:宝宝们,老师今天带来了一个贪吃的水瓶,它呀,非常喜欢吃乒乓球。

2.演示过程。

师:宝宝们,你们看,水瓶噘起小嘴巴,吸紧了身子,对着浮在水面上的乒乓球,轻轻一吸,乒乓球就被吃掉了。(游戏时,强调需要捏扁瓶身,对准乒乓球,然后轻轻放开瓶身,乒乓球才会被吸起来。)

# 送小水滴回家

## ❀ 活动目标

1.提升幼儿的手眼协调性。

2.增强幼儿在游戏过程中的专注力和对颜色的分辨能力。

3.让幼儿体验游戏的快乐,激发幼儿对科学的好奇心。

## ❀ 活动材料

透明文件袋、颜料、A4纸、小木棍、油等。

## ❀ 活动场地

托班中庭。

## ❀ 活动过程

1.游戏导入。

师:宝宝们,好多的小水滴迷路了,让我们帮助他们找到回家的路吧!宝宝们看,这些水滴都是谁呢?(有红色的水滴宝宝,蓝色的水滴宝宝,还有黄色的水滴宝宝)它们呀,迷路了,找不到自己的家,宝宝们快来帮它们回到自己的家吧。

2.分发操作材料,开展游戏。

(1)引导幼儿进行思考,怎样操作才能帮助水滴宝宝回到它们的家?

(2)引导幼儿仔细观察,设计路径,慢慢用小木棍让水滴宝宝绕开其他颜色的水滴,帮助它们回到自己的家。(游戏过程中,如果有幼儿将水滴混在了一起,那么就可以让幼儿观察它们混合后,变成了什么新的颜色。)

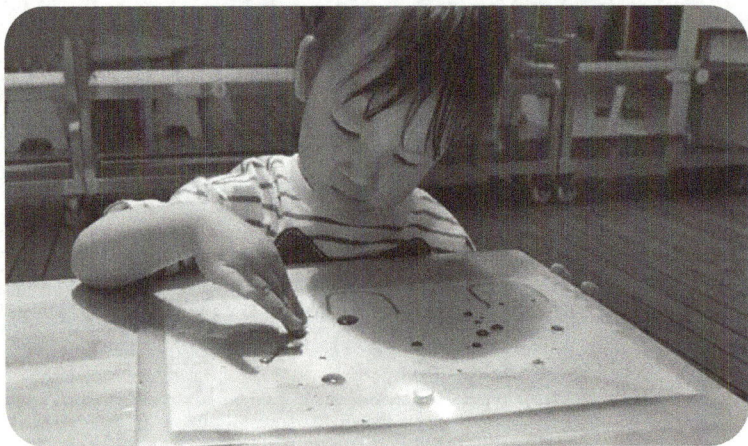

# 小熊过桥

❈ **活动目标**

1.让幼儿尝试在较宽且矮的平衡木上感受平衡。

2.提高幼儿身体的感统能力。

3.让幼儿学会排队,能够一个跟着一个走。

❈ **活动材料**

低矮的平衡木。

❈ **活动场地**

操场。

❈ **活动过程**

1.教师介绍小熊过桥的游戏规则。

2.引导幼儿依次排队走平衡木。鼓励胆小的幼儿参与游戏,教师可根据他们的活动情况适当调整活动时间。

3.当幼儿成功通过时,及时给予他们表扬。

# 遇水开花

❀ **活动目标**

1.通过游戏,让幼儿认识纸花、水等材料,了解纸花在遇水时会发生的变化。

2.让幼儿观察纸花遇水前后的不同状态,初步了解纸有吸水性这一概念。

3.让幼儿在教师的引导下,尝试说出自己的发现。

❀ **活动材料**

盘子、纸花等。

❀ **活动场地**

室内、室外有桌子的地方。

❀ **活动过程**

1.给纸花涂色,并把花瓣向内叠起来。

2.给水盆里装一半水,将叠好的纸花放进水里。

3.让幼儿一起观察纸花在水中的变化。

4.鼓励幼儿大胆说出自己的发现。

# 小鸭子嘎嘎嘎

### ❀ 活动目标

1.让幼儿学习并模仿小鸭子走路的样子。

2.让幼儿通过游戏锻炼下肢力量,提高幼儿身体的协调性。

### ❀ 活动材料

小鸭子头饰。

### ❀ 活动场地

操场。

### ❀ 活动过程

1.教师示范并讲解游戏规则。

教师示范小鸭子走路并让幼儿进行模仿。先让幼儿进行自由行走;等幼儿熟练之后,再带领他们围绕着地面上的标志行走。

2.进行游戏活动。

师:小鸭子们,现在我们开始比赛。从同一起点出发,看哪位"小鸭子"走得又快又好?要坚持哦,不要走着走着就站起来了!

# 小兔子运果子

❀ **活动目标**

1.锻炼幼儿的平衡力以及四肢协调能力。

2.锻炼幼儿双脚向前跳的能力,增强其腿部力量。

❀ **活动材料**

海洋球、圆圈、篮筐等。

❀ **活动场地**

操场。

❀ **活动过程**

1.教师讲解游戏规则并进行示范。

师:宝宝们,你们要像小兔子一样用双脚跳着走,每一步都要跳进圈圈里面,看谁先把篮子里面的果子(海洋球)运完。

2.幼儿进行分组比赛,教师巡回指导。

3.在游戏过程中,教师应时刻提醒幼儿要遵守游戏规则。

师:宝宝们,我们要用双脚进行跳跃,且前脚掌落地,这样才能保护好我们的小脚。

# 小汽车

❋ **活动目标**

1.让幼儿能够保持身体平衡,且能灵活协调地自然奔跑。

2.培养幼儿参加体育活动的兴趣,让他们感受到集体游戏的快乐。

❋ **活动材料**

小汽车。

❋ **活动场地**

操场。

❋ **活动过程**

1.教师讲解游戏规则。

在教师规划的骑行区域里,幼儿可自主选择自己喜欢的小汽车进行骑行。

2.幼儿自主游戏。

在幼儿游戏的过程中,教师在旁边观察,对个别遇到困难的幼儿及时给予引导和帮助;鼓励幼儿自由快乐地尝试各种骑行方式。

# 钻山洞

❋ **活动目标**

1.锻炼幼儿的爬行、钻等基本动作能力。

2.提升幼儿身体的灵活性和四肢协调性。

3.促进幼儿大肌肉群和前庭觉的成熟。

❋ **活动材料**

室内感统训练器材。

❋ **活动场地**

室内空间。

❋ **活动过程**

1.场地布置。

教师布置软垫,鼓励幼儿自主探索并尝试用四肢完成各种爬行动作。

2.进行游戏。

在幼儿游戏的过程中,教师近距离观察,对遇到困难的幼儿提供及时的引导和帮助,确保幼儿能自由快乐地参与到游戏中。

# 欢乐彩虹伞

❀ **活动目标**

1.让幼儿尝试彩虹伞的多种玩法,锻炼幼儿手臂的力量。

2.让幼儿与同伴一起体验游戏的快乐。

3.让幼儿欣赏彩虹伞的五彩缤纷,培养他们的美感。

❀ **活动材料**

彩虹伞。

❀ **活动场地**

操场。

❀ **活动过程**

1.教师和幼儿一起玩"大风和小风"的游戏。

幼儿围成圆站在彩虹伞外,根据教师的指令做出相应的动作。如"起风了"(双手抓住彩虹伞),"风小了"(轻轻地抖动彩虹伞),"风大了"(快速地抖动彩虹伞),"风停了"(保持静止)。

2.教师和幼儿一起玩"海浪翻滚"的游戏。

师:风儿吹着吹着,吹到大海里,海浪就翻滚起来了。(幼儿和教师蹲在地上,拉起彩虹伞用力上下抖动伞面,模拟海浪翻腾的场景。待幼儿能够熟练地抖动伞面后,随机邀请2—3名幼儿在抖动的彩虹伞上自由地走或跳。)

# 头顶运沙包

❀ **活动目标**

1.提升幼儿身体的平衡能力。

2.激发幼儿对户外体育游戏的兴趣。

❀ **活动材料**

沙包、感统器材。

❀ **活动场地**

操场。

❀ **活动过程**

1.让幼儿头顶沙包自然走动,确保沙包稳定不掉落。

2.让幼儿进行蹲行,同时确保沙包保持平衡,不掉落。

3.让幼儿进行感统运动,他们头顶沙包通过障碍,并确保沙包稳定不掉落。

✿ **户外活动**

# 水循环感官袋

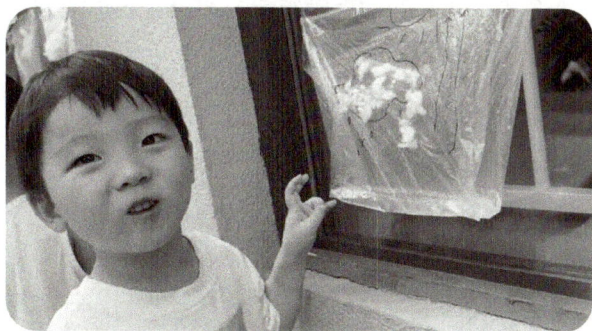

### ✿ 活动目标

1.让幼儿通过活动,直观地了解水在自然界中是如何循环的(包括蒸发、凝结和降水等过程)。

2.让幼儿认识到水资源的宝贵和自然环境保护的意义。

3.让幼儿尝试记录实验过程中的观察结果,培养幼儿良好的科学观察和记录习惯。

### ✿ 活动材料

透明的塑料袋(最好是密封式的)、水、马克笔(用于在塑料袋上做标注)、小碗或杯子(用于装水)、蓝色食用色素(颜色可选,用于模拟水的颜色)、胶带(用于固定塑料袋)。

### ✿ 活动场地

室内、室外均可。

### ✿ 活动过程

1.标注塑料袋。

在塑料袋的正面用马克笔画出水循环的基本要素,如云朵、太阳、雨滴等。这不仅能美化模型,还能帮助幼儿直观地理解水循环的整个过程。

2.准备水源。

将小碗或杯子中的水染色(注:须使用食用色素),然后倒入塑料袋中,水量不宜过多,大约装满袋底即可,以保证活动顺利进行。

3.密封并挂起。

将塑料袋密封好,接着用胶带将其固定在窗户附近或其他光照充足的地方,确保袋子能够接收到足够的阳光。

4.观察变化。

在接下来的几天里,观察塑料袋内部的变化。你会看到水在袋子内部蒸发,然后凝结在袋子的顶部和边缘,最后形成小水珠(雨滴),这一过程模拟了自然界中真实的水循环现象。

# 刺猬水袋

## ❀ 活动目标

1.让幼儿初步理解使用牙签穿过装满水的袋子时水不会流出的原理。

2.提高幼儿的动手操作能力和语言表达能力。

## ❀ 活动材料

装满水的袋子、牙签。

## ❀ 活动场地

宽敞的户外空间。

## ❀ 活动过程

1.实物导入。

教师展示"水刺猬"模型,激发幼儿的兴趣。

师:小朋友们,不要眨眼哦,老师要开始展示魔法了。

2.教师示范。

师:拿起一根牙签,轻轻扎进塑料袋。水会流出来吗?

3.在教师讲解安全注意事项后,幼儿开始动手操作。

师:接下来,宝宝们就去试试吧!

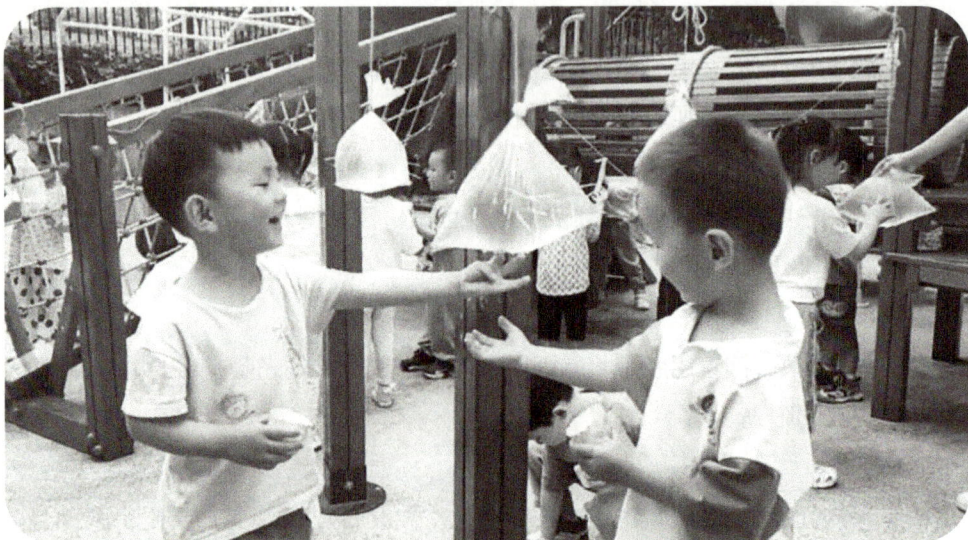

# 接水大挑战

## ❁ 活动目标

1.让幼儿了解海绵吸水的特性。

2.让幼儿练习挤的动作,锻炼幼儿的手指力量。

3.提高幼儿在活动时的专注力。

## ❁ 活动材料

水盆、海绵。

## ❁ 活动场地

操场。

## ❁ 活动过程

1.教师展示海绵,并示范如何利用海绵运水。

2.鼓励幼儿利用海绵将水运到终点。

3.幼儿自由玩耍。

# 杯子快快跑

❀ **活动目标**

1.提高幼儿的手眼协调能力。

2.培养幼儿的耐心及专注力。

❀ **活动材料**

麻绳、纸杯、喷壶等。

❀ **活动场地**

户外操场。

❀ **活动过程**

1.场景布置。

在两棵树之间拉好一条麻绳,并在绳子中间串1—3个纸杯。

2.在教师讲解游戏规则后,幼儿进行游戏活动。

教师引导幼儿用喷壶对准纸杯进行喷射,纸杯在受到水的冲击后,开始往前移动。

3.幼儿自由活动。

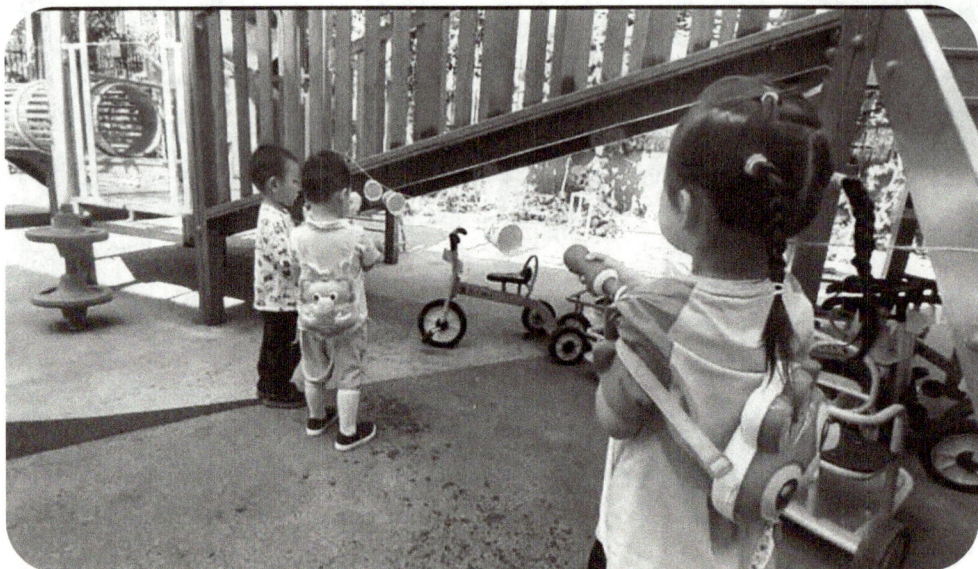

# 毛巾运水

## ❀ 活动目标

1.让幼儿了解毛巾具有吸水的特性。

2.让幼儿通过拎和拧的动作,锻炼手部肌肉的控制能力。

3.满足幼儿玩水的愿望,让他们体验到活动带来的乐趣。

## ❀ 活动材料

毛巾、水盆等。

## ❀ 活动场地

操场。

## ❀ 活动过程

1.教师讲解游戏规则并进行示范。

准备两个水盆,一个水盆有水,另一个水盆没有水。将毛巾放入有水的水盆里吸水,然后取出,将毛巾里的水拧到没有水的水盆里,如此反复,就可以利用毛巾将水从一个水盆转移到另一个水盆。

2.幼儿进行操作,教师巡视指导。

注意提醒幼儿操作时将衣袖挽起,避免衣服被水打湿。

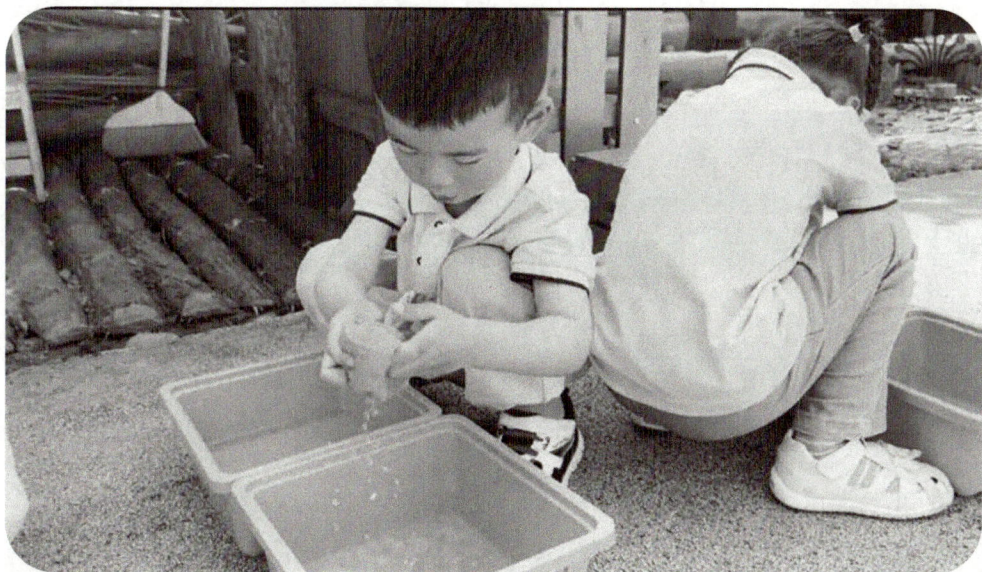

# 运水大作战

❀ **活动目标**

1.培养幼儿团队合作的意识。

2.锻炼幼儿的手臂力量。

3.让幼儿增强规则意识,能够理解并按照规则进行游戏。

❀ **活动材料**

水桶、水盆、障碍物等。

❀ **活动场地**

操场。

❀ **活动过程**

1.教师讲解游戏规则并进行示范。

起点处和终点处各有一个水盆,幼儿需要用水桶舀取起点处水盆里面的水,提着水桶跨过障碍物,将水倒入终点处水盆中即完成游戏。

2.教师讲解注意事项。

幼儿在运水的过程中要注意保持平衡,尽量不要将水桶里面的水洒出来,做到又快又稳地运水。

3.幼儿分组进行游戏。

分组后开始游戏,哪一组先将水盆里面的水运完,并且洒水最少的队伍获胜。

# 捞小鱼

### ❀ 活动目标

1.提高幼儿的手眼协调能力以及动手能力。

2.激发幼儿参与游戏的兴趣,使他们体验到游戏带来的快乐。

### ❀ 活动材料

海洋球、玩具、漏勺等。

### ❀ 活动场地

操场。

### ❀ 活动过程

1.场景布置。

教师将海洋球、玩具放入水池里,以模拟小鱼。

2.教师讲解活动规则和目标。

幼儿可以拿漏勺把"小鱼"捞起来,也可以直接用手把"小鱼"捞起来,放进桶里。比一比谁捞得多。

# 小小挑水工

## ❀ 活动目标

1.锻炼幼儿的肩部力量和平衡感。

2.提升幼儿手脚和全身动作的协调性。

3.增进幼儿手、眼、脑在运动中的协调性和敏捷性。

## ❀ 活动材料

水瓶、木棍、麻绳等。

## ❀ 活动场地

操场。

## ❀ 活动过程

1.教师讲解游戏规则并进行示范。

师:今天我们将尝试扮演挑水工。挑水工使用的工具包括一根木棍,木棍两端系着装满水的瓶子。我们的任务是将木棍扛在肩上,挑着水行走一段距离。过程中要确保水瓶不掉落,这样才算挑战成功。

2.幼儿进行游戏,教师在旁边巡视并提供指导。

# 树叶钓鱼

❀ **活动目标**

1.让幼儿认识磁铁,了解其作用。

2.让幼儿感受磁铁带来的乐趣。

3.培养幼儿的手眼协调能力和参与活动的耐心。

❀ **活动材料**

水盆、树叶、回形针、磁铁、木棍、麻绳等。

❀ **活动场地**

操场。

❀ **活动过程**

1.活动导人。

教师向幼儿介绍磁铁,让幼儿了解磁铁具有吸引力。

2.教师讲述游戏规则并进行示范。

师:水盆里有很多树叶小鱼,每条小鱼上都有回形针,我们将使用磁铁制作的钓鱼竿来钓鱼,利用磁铁的吸引力,将树叶小鱼钓上来,并放进旁边的盘子里,比赛看谁钓的鱼最多。

3.幼儿进行游戏,教师在旁巡视并提供指导。

# 逃跑的细菌

## ❀ 活动目标

1.让幼儿理解洗手的重要性。

2.激发幼儿对洗手的兴趣,培养他们讲卫生的好习惯。

## ❀ 活动材料

胡椒粉、洗洁精、清水等。

## ❀ 活动场地

操场。

## ❀ 活动过程

1.首先在盘子里倒入清水,然后加入适量的胡椒粉。

2.胡椒粉像细菌一样浮在水面,当把手指放进水中时,手上仿佛沾满了细菌。

3.在手指上涂上洗洁精,用清水冲洗,"细菌"就全部被赶走了。

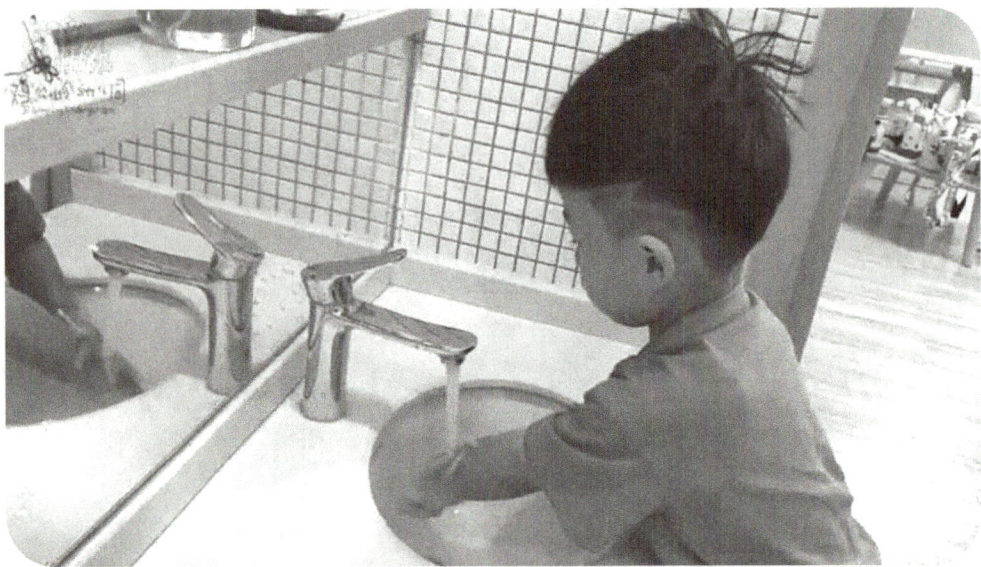

## 🐌 社会实践

### 寻爱环游记

**❀ 活动目标**

1.了解大学生的生活与本领,促使幼儿对大学的生活与学习环境产生向往。

2.让幼儿进入艺术的世界,在作品环绕的空间中探索未知事物,激发幼儿的想象力与好奇心。

3.让幼儿体会艺术作品的创作力量,进一步提升幼儿感受美、创造美、表现美的能力。

**❀ 活动场地**

五桥三峡学院(美术学院)。

**❀ 活动准备**

教师:标签分组(包含幼儿园标志、幼儿姓名、教师联系电话及组号)、游学证书、写字板、游学日志、自备扩音器(如小蜜蜂)。

保安:锦旗、横幅、颁奖盘5个、红布5块。

幼儿:提前准备夏日小礼物。

学院:毕业作品展布置,颁奖环境准备,若干名志愿者负责讲解、引路、指导互动、游学证书盖章,音响及话筒设备。

**❀ 活动过程**

1.早上8:20,带队教师清点分组家长、幼儿人数,全体在学府广场集合乘车(四辆大巴车,预计15分钟到达)。现场为幼儿贴好标识牌(参观组号:每组11人以内,共计14组)。

1号车:玉龙1—3组家庭+带队老师5人+志愿者9人

2号车:本部4—6组家庭+带队老师5人+志愿者9人

3号车:本部6—10组家庭+带队老师5人+志愿者9人

4号车:本部11—14组家庭+带队老师5人+志愿者9人

(学院安排5名志愿者在三峡学院正大门二号门等候,其中一名主导,另外四名各跟一辆车协助安全与乘车引导)。

2.上午8:50,全体成员在美术楼正门集合,带队教师再次清点人数后,进行活动开幕式。(牟老师主持,强调活动目的、意义;三峡学院王院长致欢迎词,再次强调文明、安全注意事项,整体时长约6—8分钟)

3.上午9:00,14名大学生志愿者分别带领各组错峰参观毕业画展,并体验共享课堂

（时长约一个半小时）。让幼儿聆听大学教师讲解艺术工艺，观摩哥哥姐姐的学习、操作过程，并进行互动体验。

4. 上午10:30，师幼在美术楼大门口集合。由美术学院领导及大学生志愿者为幼儿代表（每小组选一名）颁发游学证书。幼儿园给美术学院送锦旗，向工作人员（学院领导及大学生志愿者）赠送夏日小礼物，并拉横幅合影留念。（牟老师主持，5名领导颁奖，5名老师担任礼仪小姐，地点在美术楼大门处，10分钟内完成）

5. 上午10:40，全体师生乘坐大巴车返回幼儿园就餐。接走不回园的幼儿，需要家长签字确认，自行开车的家长要注意车辆安全。

❁ **安全保障措施**

保安、后勤人员全程跟随，保障幼儿安全。

🏠 家庭指导

# 我和泡泡玩游戏

## ❀ 活动设计

当水和泡泡相遇,当自然与探索相遇,当燥热与凉意相遇,当孩子们与夏天相遇,就会碰撞出无数种奇妙乐趣。教育应密切关注孩子们的实际生活,将身边的事物与现象作为他们探究的对象。在这个"六一",我们将结合2024年学前教育宣传月活动,综合孩子们的兴趣,与总园联动,混园、混班、混龄,让孩子们走进泡泡世界,开展第二届"我和泡泡玩游戏"亲子活动暨游学活动,让孩子们迎接夏天独有的仪式感,在热烈而又活力四射的畅快玩乐中享受童年的美好。

## ❀ 指导准备

1.环境准备:泡泡游戏区,沐浴区,更衣区,美食区,自由休憩区。

2.家长准备:天幕、地垫、椅子、小帐篷等营造氛围的物品(提前一周带来)。

3.家长志愿者招募。

4.食物准备:冷串串,冰粉,爆米花,凉面,寿司,蛋挞,金橘柠檬水,红糖姜茶。

5.主题氛围准备:①小班年级1名教师负责1个美食摊位及氛围布置,并招募家长志愿者;②1个班级,负责布置1个摊位;③中班年级负责沐浴区、更衣区、泡泡游戏区环境布置(各种泡泡探索工具、树叶泡泡、泡泡吸管画、网鱼池);④主题门、印章卡设计。

6.幼儿准备:每个幼儿准备一份零食与朋友分享、游泳装备(水枪、泳镜、泳衣、泡泡机,体弱儿也可用雨衣、雨靴)

## ❀ 指导过程

| 环节安排 | 时间 | 活动内容 | 本环节注意事项 | 组织者 |
|---|---|---|---|---|
| 入园好时光 | 8:20—9:00 | 1.教师微笑迎接每位幼儿与家长,做好二次晨检<br>2.讲解要求及规则 | 班级全体人员着盛装出席 | 行政教师在班级做好接待家长和幼儿的准备 |
| 泡泡"六一"分享秀 | 9:00—9:30 | 1.班级"六一"分享秀(PPT氛围,幼儿自主报名,可以分为亲子、个别、小组)<br>2.班级亲子游戏组织 | 班级电视上:<br>1.前期在群里报名发起活动,班级制作节目单,准备音乐等细节<br>2.班级教师做好主持准备(主持稿提前审核) | 班主任、配班教师 |
| 泡泡游戏区 | | | | |
| 泡泡入场式(全体家长、幼儿、教师) | 9:30—9:40 | 1.教师带领家长、幼儿整队<br>2.氛围热身 | 1.将一个班的人员排成8列,家长4列,幼儿4列(或者跟着锥形桶摆放位置随便站)<br>2.体育教师带领热身 | 场地教师 |
| 泡泡游乐场 | 9:40—10:40 | 家长自由选择带领幼儿前往操场玩泡泡 | 邀请年轻家长参加,教师观察时注意幼儿安全 | 场地教师 |
| 泡泡探索区 | 9:40—10:40 | 家长可自由选择带领幼儿到后操场开展自由游戏探索 | 教师注意幼儿安全,并进行提醒与调整 | 场地教师 |
| 泡泡美食街 | | | | |
| 泡泡美食街 | 10:30—11:30 | 家长带领幼儿自由到后操场进行美食体验 | 场地教师注意幼儿安全,并提醒与调整 | 场地教师<br>家庭小队志愿者 |
| 泡泡休憩地 | 9:30—11:30 | 家长带领幼儿自由到后操场根据自己的节奏休息 | 1.教师提醒幼儿文明进餐,不乱扔垃圾<br>2.注意幼儿安全,并进行提醒与调整 | 场地教师 |
| 派发礼物 | 11:30 | 礼物派发 | 将礼物提前分好类,放在校医室 | 行政人员 |
| 幸福离园曲 | 11:40 | | 1.教师与家长交流今日收获并进行记录<br>2.家长提前接走幼儿并签字 | 班级教师 |

# 6月

# 成长的节日

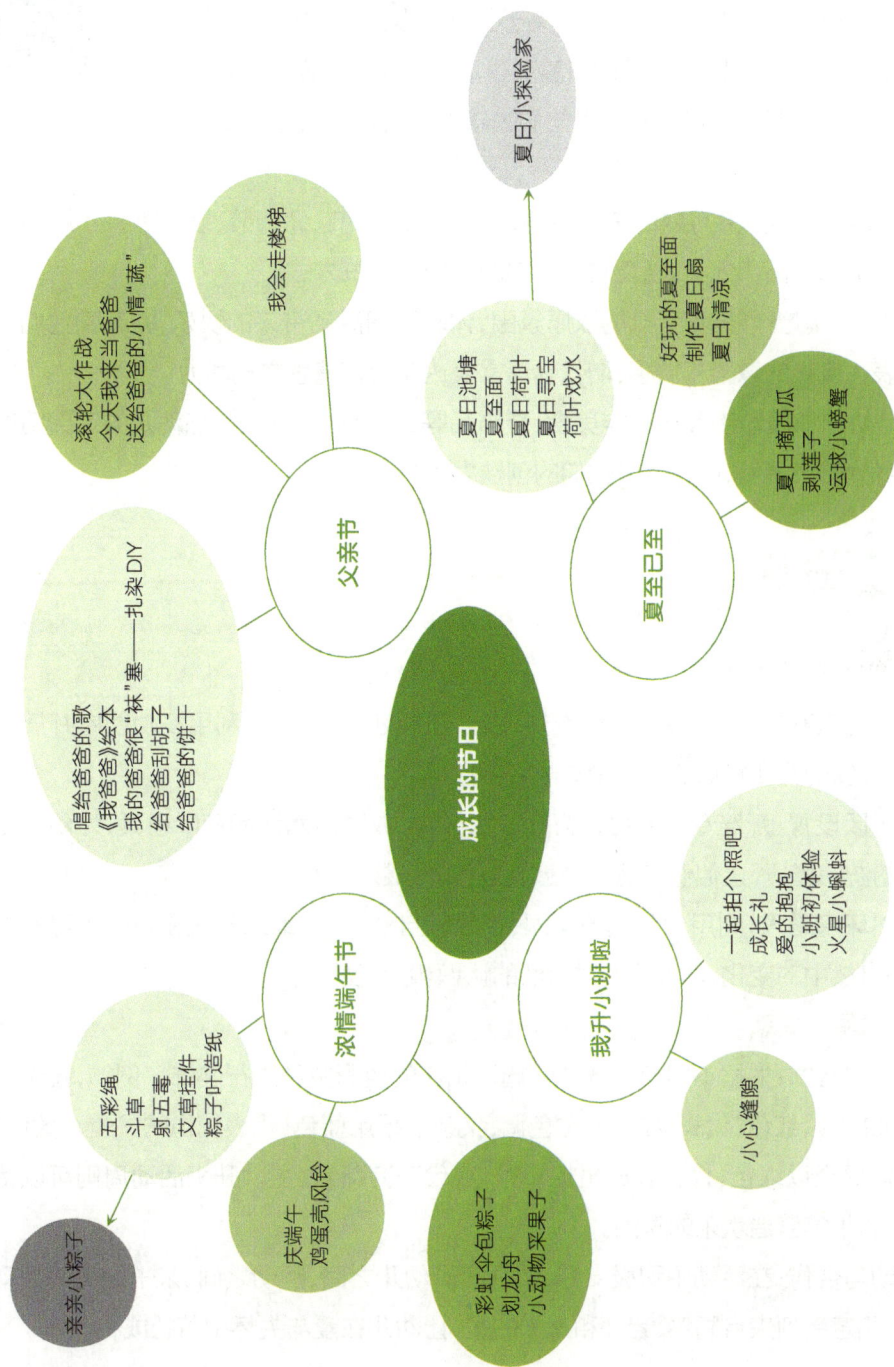

夏日小探险家

我会走楼梯

滚轮大作战
今天我来当爸爸
送给爸爸的小情"疏"

父亲节

夏日池塘
夏至面
夏日荷叶
夏日寻宝
荷叶戏水

好玩的夏至面
制作夏日清凉

夏至已至

夏日摘西瓜
剥莲子
远球小螃蟹

唱给爸爸的歌
《我爸爸》绘本
我的爸爸很"袜"塞——扎染DIY
给爸爸刮胡子
给爸爸的饼干

成长的节日

一起拍个照吧
成长礼
爱的抱抱
小班初体验
火星小蝌蚪

我升小班啦

小小缝隙

五彩绳
斗草
射五毒
艾草挂件
粽子叶造纸

浓情端午节

亲亲小粽子

庆端午
鸡蛋壳风铃

彩虹伞包粽子
划龙舟
小动物采果子

## ☀ 发展任务

在托班幼儿的成长旅程中,6月的每一个节日都如同一扇通往奇妙世界的大门,璀璨如星辰,点缀着他们充满好奇与探索的天空。

当6月的第一缕阳光洒下,一场关于爱与成长的美妙节日旅程便缓缓开启。我们将引领着孩子们去感受生活的多彩、情感的温暖和文化的魅力,以及自我的成长,并引导他们去感受爱、表达爱、分享爱。其中包括以下几点:

6月活动视频

1.帮助幼儿认识6月内的常见节日、节气(如端午节、父亲节、夏至等),了解每个节日或节气的基本物品和元素,以及它们独特的氛围和庆祝方式。

2.让幼儿感受节日和节气的浓厚氛围,体验不同活动带来的快乐,并鼓励他们用完整的句子表达自己的意愿和情感,增强其语言表达能力和情感交流能力。

3.让幼儿积极动手参与制作美食、装饰品等,通过这一过程锻炼幼儿的手部精细动作能力和身体的协调性,同时激发他们的创造力和想象力。

## 🌿 环境规划

### 一、空间与规划

多功能室利用:鉴于夏日天气炎热,应合理规划空间,充分利用多功能室开展多元体验活动,确保幼儿在舒适的环境中参与庆祝活动。

戏水区设置:开辟专门的夏日荷叶戏水区域,放置浅水池和荷叶道具,为幼儿提供一个清凉的游戏场所,让他们在嬉戏中感受夏日的乐趣。

自然环境融入:利用幼儿园的花园、草地等自然空间,组织幼儿在花园中寻找夏日宝藏,观察自然中的变化,增进他们对自然的认识和亲近感。

### 二、氛围与关系

色彩与装饰:根据不同节日或节气选择相应的色彩主题进行装饰。例如,端午节以绿色(代表艾草)、红色(代表喜庆)为主色调;父亲节采用蓝色(代表沉稳的父爱)、黄色(代表温暖)等;夏至以绿色(代表夏日生机)、粉色(代表荷花)为主。升班活动周则可以使用彩色气球、彩带等营造欢乐的氛围。

互动与合作:在活动中积极支持、鼓励托班幼儿之间、师幼之间、亲子之间的互动与合作,让幼儿感受到来自同伴、老师和家人的爱,让幼儿在爱与关怀中茁壮成长。

情感氛围营造:关注幼儿多样化的情感表达,并给予积极回应和关爱,营造一个温馨、和谐、包容的情感氛围。

### 三、可能的资源

人力资源:邀请专业人士,如故事讲述者、音乐家等,为幼儿带来更丰富多彩的体验活动,拓宽他们的视野和知识面。

社区资源:与社区合作,邀请社区中的手工艺人、文化传承人等走进幼儿园,为幼儿展示传统节日的技艺和民俗文化等,加深他们对传统文化的认识,增强其传承意识。

### 课程计划

| 生活指导 | 发展课程 | 游戏活动 | 户外活动 | 社会实践 | 家庭指导 |
|---|---|---|---|---|---|
| 我会走楼梯<br>小心缝隙 | 五彩绳<br>斗草<br>射五毒<br>艾草挂件<br>粽子叶造纸<br>唱给爸爸的歌<br>《我爸爸》绘本<br>我的爸爸很"袜"塞——<br>扎染DIY<br>给爸爸刮胡子<br>给爸爸的饼干<br>夏日池塘<br>夏至面<br>夏日荷叶<br>夏日寻宝<br>荷叶戏水<br>一起拍个照吧<br>成长礼<br>爱的抱抱<br>小班初体验<br>火星小蝌蚪 | 滚轮大作战<br>今天我来当爸爸<br>送给爸爸的小情"蔬"<br>好玩的夏至面<br>制作夏日扇<br>夏日清凉<br>庆端午<br>鸡蛋壳风铃 | 彩虹伞包粽子<br>划龙舟<br>小动物采果子<br>夏日摘西瓜<br>剥莲子<br>运球小螃蟹 | 夏日小探险家 | 亲亲小粽子 |

## 生活指导

# 我会走楼梯

### ❀ 核心经验

1.让幼儿学习一步一个台阶上下楼梯。

2.让幼儿了解并遵守上下楼梯时靠右行走的规则。

3.让幼儿体验独立完成上下楼梯的成就感。

### ❀ 指导准备

物资准备:小熊玩偶、台阶、安全小卫士贴纸。

经验准备:幼儿初步学习上下楼梯的儿歌。

### ❀ 指导过程

1.教师通过创设故事情境引入活动,激发幼儿的兴趣。

师:呜呜呜……是谁在哭呢? 哦,原来是小熊不小心受伤了,很痛很痛,让我们来问问小熊发生了什么事情吧? 小熊走楼梯时不小心摔倒了,让我们一起来安慰它,并抱抱它吧。

2.教师示范并引导幼儿观察上下楼梯的正确方法。

引导幼儿观察上下楼梯时手放在哪里,眼睛看哪里。

师:上下楼梯的时候,小手要扶稳栏杆,眼睛要注视台阶,排好队一个接着一个地走,确保每一步都稳稳当当。

3.教师为幼儿贴上安全小卫士贴纸,引导他们跟随教师正确地上下楼梯。

师:安全小卫士为我们带来了他的贴纸,一会儿在上下楼梯时,小朋友们都要变成小卫士,确保自己安全地上下楼梯。

4.总结活动内容,并自然地结束活动。

师:今天我们学到了,上下楼梯时要用小手扶稳栏杆,眼睛看着台阶,小脚踩稳台阶,一个一个排好队走楼梯。

附儿歌:

### 走楼梯

一只小手扶栏杆,眼睛看着小台阶,

一个跟着一个走,一步一步走上(下)楼。

# 小心缝隙

❀ **核心经验**

1.让幼儿认识到生活中的安全隐患,避免把手指伸进缝隙。

2.培养幼儿的安全意识,让他们掌握自我保护的方法。

❀ **指导准备**

彩泥、饼干等物品。

❀ **指导过程**

1.趣味游戏导入,引导幼儿探索缝隙的危险性。教师示范将不同的物品夹在两张桌子的缝隙中,观察产生的效果。

师:宝宝们,请仔细观察,会发生什么奇妙的事情?

2.让幼儿感受缝隙的威力,萌发安全意识。

教师引导幼儿说一说生活中的缝隙实例,让幼儿明白为什么不能把小手、小脚伸到这些缝隙中。(因为,会让自己受伤。)

师:你们有过被缝隙"咬"到的经历吗? 你们在哪里见过像这样"咬人"的缝隙呢?

小结:即便是教室里也会藏有"咬人"的小缝隙,比如床缝、门缝、玩具柜之间等。

3.让幼儿学会保护自己,主动远离缝隙。

总结:小缝隙可能会造成伤害,请幼儿平时注意保护自己,远离那些"会咬人"的小缝隙。

## 发展课程

# 五彩绳

### ❀ 适宜月龄

30—36个月。

### ❀ 发展领域

艺术美育。

### ❀ 活动目标

1.让幼儿了解端午节五彩绳的象征意义。

2.让幼儿尝试制作五彩绳,锻炼手部精细动作的能力。

### ❀ 活动准备

材料准备:各色扭扭棒。

环境准备:室内30平方米以上的空间。

### ❀ 活动过程

1.活动导入,教师展示五彩绳,引导幼儿观察五彩绳的颜色、材料等,以激发他们的兴趣。

2.教师简单讲解五彩绳的意义。

五彩绳不仅是一种装饰品,它还承载着祝福和保护的含义。在我国古代,端午节佩戴五彩绳,寓意驱妖、辟邪、保平安。

3.教师向幼儿介绍制作五彩绳所需要的材料并示范制作过程。

4.幼儿自己动手制作,教师在旁边巡回并实时指导。

5.五彩绳制作好以后,幼儿展示完成的作品。

### ❀ 活动延伸

可在美工区提供扭扭棒,鼓励幼儿创作其他手工艺品。

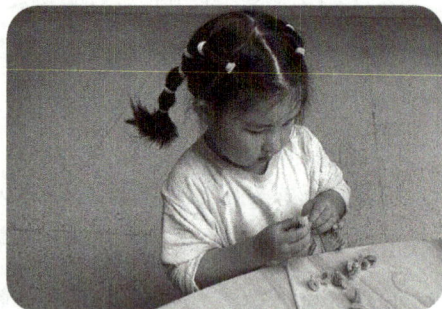

# 斗草

❀ **适宜月龄**

30—36个月。

❀ **发展领域**

动作。

❀ **活动目标**

1.在美工区提供扭扭棒,鼓励幼儿创作其他手工艺品。

2.提高幼儿的观察能力和动手能力。

3.让幼儿欣赏大自然的美丽,培养他们爱护环境的意识。

❀ **活动准备**

1.选择安全、柔软且长度适中的草若干,每人3—5根。

2.在户外平坦的草地上设置游戏区域。

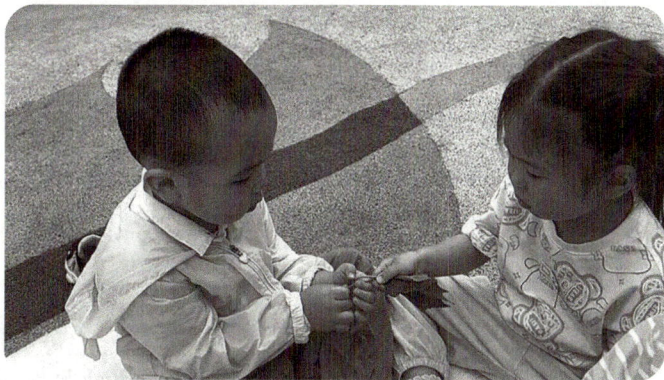

❀ **活动过程**

1.教师带领幼儿到户外的草地,引导幼儿观察周围环境,重点关注草丛。

师:宝宝们,这里有许多小草,今天让我们用小草来玩游戏吧。

2.教师讲解游戏规则并示范。

师:宝宝们,让我们把两根草交叉起来,然后各自握住草的两端,互相拉一拉,看看谁的草不会断,谁就赢啦。如果草断了,可以换一根继续游戏。

3.幼儿自由分组,两人一组开始进行斗草游戏。

4.教师在旁边观察幼儿的游戏情况,并适时给予指导和鼓励,如"拉草的时候可以用力一些"或"没关系,我们可以重新来一次"。

5.教师进行活动总结,鼓励幼儿在端午节外出时,和爸爸妈妈一起找一找喜欢的小草,并一起玩斗草游戏。

❀ **活动延伸**

幼儿也可以与家长走到户外,在亲近大自然的时候,寻找不同的植物来进行斗草游戏。

# 射五毒

## ❀ 适宜月龄

30—36个月。

## ❀ 发展领域

动作。

## ❀ 活动目标

1.让幼儿了解射五毒的传统文化背景与习俗。

2.让幼儿通过游戏练习投掷动作,提高身体协调性和手眼协调能力。

3.激发幼儿参与游戏的兴趣,让幼儿体验传统游戏带来的快乐。

## ❀ 活动准备

1.自制"五毒"(蜈蚣、毒蛇、蝎子、壁虎、蟾蜍)图片或软质模型,将其固定在一块大的板子上或墙上合适的区域,作为游戏目标。

2.准备一些柔软、轻便的小沙包(确保每位幼儿都有),作为"箭矢"。

3.在游戏场的周围做好安全防护措施,如铺上地垫等,确保幼儿的安全。

## ❀ 活动过程

1.介绍游戏背景。

师:在端午节期间,南方地区由于地理位置的原因,气候比较湿热,容易滋生各种虫子。古人认为一旦被这"五毒"咬到就会有生命危险,所以就有了射五毒的传统习俗,寓意驱邪避害、强身健体。今天,我们就来玩这个有趣的游戏。

2.简单向幼儿介绍什么是"五毒",通过图片展示,让幼儿对它们有初步的认识。

师:"端午至,五毒醒,不安宁"当中的"五毒"分别是指蜈蚣、毒蛇、蝎子、壁虎和蟾蜍。

3.教师讲解游戏规则。

师:在游戏区域里,绳子上挂有"五毒"的图片,宝贝们要在规定的距离里,用沙包作为"箭矢"进行投掷,击中"五毒"的图片,就寓意我们驱赶走了它们,带来了无病无灾、强身健体的美好祝愿。看哪位宝贝射中的"五毒"数量最多。

教师进行示范,展示正确的投掷姿势和力度。

4.幼儿进行游戏,教师巡视指导,确保每位幼儿都能安全、正确地参与游戏。

5.教师进行活动总结。

师:宝贝在游戏中表现得非常棒!你们成功地击中了"五毒"的图片,寓意我们已经成功地驱赶走了它们。希望你们都能无病无灾、身体强健!

❀**活动延伸**

　　射五毒配对消消乐。用打印机打印出"五毒"的图片,制作成配对卡片。让幼儿进行配对游戏,找到相同的图片进行消除,进一步加深幼儿对"五毒"的认识和记忆。同时,也可以结合游戏讲解更多关于端午节和"五毒"的传统文化知识。

　　通过这样的活动设计,我们不仅能让幼儿在游戏中锻炼身体的协调性和手眼协调能力,还能让他们了解并传承中国的传统文化习俗。

# 艾草挂件

## ❀ 适宜月龄

30—36个月。

## ❀ 发展领域

艺术。

## ❀ 活动目标

1.让幼儿认识艾草,并了解它们的形状特征和用途。

2.激发幼儿对制作手工的兴趣,让幼儿体验手工活动的乐趣。

## ❀ 活动准备

艾草、扭扭棒、鸡蛋托、木珠等。

## ❀ 活动过程

1.展示艾草,请幼儿观察艾草的外形特征。

师:宝贝们,你们可以通过看一看、摸一摸、闻一闻、尝一尝来认识艾草。

2.教师讲解艾草的外形特征和用途。

(1)师:艾草是一种绿色植物,它们的表面有一层灰白色的绒毛,叶子是椭圆形的,边沿是裂开的,闻起来有一股独特的香味。

(2)师:艾草可以做菜,也可以做青团,还是一种中药材;艾草可以用来消毒杀菌,将其佩戴在身上,还可以驱魔辟邪保平安。

3.教师讲解并示范艾草挂件的制作方法。

师:今天我们就用艾草来制作挂件。首先将艾叶理顺,排整齐;其次用扭扭棒将艾叶捆起来;然后将鸡蛋托打洞,穿入扭扭棒;最后穿上彩色木珠,艾草挂件就制作完成了。

4.幼儿操作,教师在旁边巡视并实时指导。

5.活动结束。

师:宝贝们可以将制作好的艾草挂件带回家并挂在墙上,这样就可以安康祈福,保平安啦。

## ❀ 活动延伸

幼儿可在家长的帮助下,将自己制作的艾草挂件挂至家中,感受节日氛围。

# 粽子叶造纸

## ❀ 适宜月龄

30—36个月。

## ❀ 发展领域

艺术。

## ❀ 活动目标

1.让幼儿感受端午的节日氛围。

2.让幼儿回顾之前造纸的经验,再次体验造纸的乐趣。

3.锻炼幼儿撕、搓等手部的精细动作能力。

## ❀ 活动准备

粽叶、纸浆、筛子、水盆等。

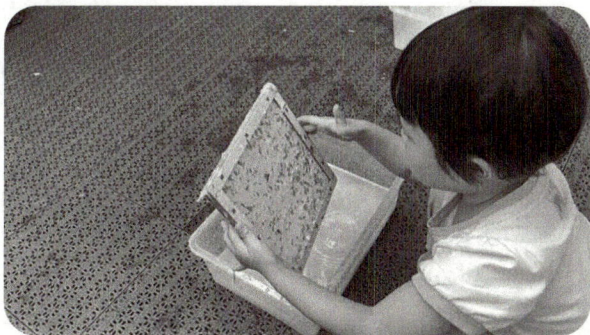

## ❀ 活动过程

1.活动导入。

师:宝宝们,上一次我们制作了美丽的花草纸。今天,我们再次尝试制作一款好看的粽叶纸。

2.讲解游戏规则及示范。

(1)指导幼儿将废旧的纸撕碎,放进50 ℃左右的热水里浸泡。纸张撕得越碎越好,泡水后更容易撕碎。

(2)经过几次反复的撕纸和换水过程,把纸搓成纸糊。将粽叶撕碎,加入纸浆中。

(3)用筛子过滤纸浆,将其晾干后,粽叶纸就制作完成了。

3.讲解粽叶纸的作用。

师:粽叶纸可以用来画画、做手工,甚至装饰我们的教室。

## ❀ 活动延伸

1.幼儿可以将自制粽叶纸作为画纸,进行绘画。

2.以粽叶纸为活动材料,开展"夏日团扇"主题活动。

# 唱给爸爸的歌

❀ **适宜月龄**

30—36个月。

❀ **发展领域**

艺术。

❀ **活动目标**

1.让幼儿初步感受《唱给爸爸的歌》的韵律,欣赏并感受其音乐节奏的特点。

2.让幼儿能够根据歌曲旋律做出简单的舞蹈动作。

3.培养幼儿感恩父亲、爱父亲的情感。

❀ **活动准备**

小地毯、歌曲《唱给爸爸的歌》、PPT背景图、小音响和小话筒。

❀ **活动过程**

1.活动导入。

师:宝贝们,欢迎来到我们的音乐小世界,父亲节快到了,让我们一起来听一听、学一学这首美妙的歌曲吧!

2.播放音乐,让幼儿初步感知歌曲的节奏

师:宝贝们仔细听一听,歌曲里面包含了哪些元素?

3.教师逐句教唱歌曲,引导幼儿跟唱并模仿节奏性的手势。

4.播放完整的歌曲,教师带领幼儿进行完整的手势舞。

5.教师总结本次活动,对幼儿的表现给予适当的鼓励和表扬,并鼓励幼儿向爸爸表达爱意。

❀ **活动延伸**

回家后幼儿可把这首美好的歌曲送给自己的爸爸,并且大声地告诉他:"爸爸,您辛苦了,我很爱您!"

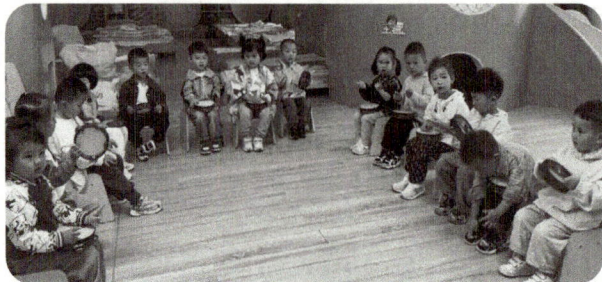

# 《我爸爸》绘本

## ❀ 适宜月龄

30—36个月。

## ❀ 发展领域

社会认知。

## ❀ 活动目标

1.让幼儿了解爸爸这个角色,能用简单的词语介绍自己的爸爸。

2.让幼儿了解绘本内容。

## ❀ 活动准备

材料准备:绘本《我爸爸》。

场地准备"室内30平方米以上的空间。

## ❀ 活动过程

1.引导幼儿分享爸爸的职业和爱好。

师:每个人都有爸爸。有谁愿意来介绍一下爸爸的工作和爱好呢？你们的爸爸从事着不同的职业,都在努力工作,他们爱学习,爱运动,每位爸爸都与众不同。你们的爸爸真了不起！

2.引导幼儿分段欣赏绘本《我爸爸》。

(1)欣赏绘本第一部分,认识布朗的爸爸,他是不是像你们说的那样呢？让我们一起来看看。

(2)欣赏绘本第二部分,理解绘本内容,明白布朗爸爸真的很棒。

展示布朗爸爸走钢丝的画面。

师:这是谁？你怎么知道是布朗的爸爸？他在干什么？布朗爸爸真勇敢,他能像杂技演员一样走钢丝。

展示布朗爸爸参加跑步比赛的画面。

师:这是在进行什么活动？谁得了第一名？你怎么知道是布朗的爸爸得了第一名？

小结:他第一个跑到了终点,赢得了比赛。布朗的爸爸是个飞毛腿,跑得像刘翔一样快。

展示布朗爸爸扮马的画面。

师:这是谁？你怎么看出这是布朗的爸爸？在布朗的眼里,爸爸是怎么变成马的呢？

请幼儿带一张自己爸爸的照片,鼓励幼儿说一说自己的爸爸的故事。

# 我的爸爸很"袜"塞——扎染DIY

❀ **适宜月龄**

30—36个月。

❀ **发展领域**

艺术美育。

❀ **活动目标**

1.让幼儿尝试进行扎染创作,感受扎染艺术的美。

2.通过扎染活动增进幼儿和父亲间的感情。

❀ **活动准备**

袜子、扎染颜料、一次性皮筋、丝带等。

❀ **活动过程**

1.展示提前准备好的白色袜子,引导幼儿进行观察。

师:这是什么?它和你们的袜子有什么不一样?

2.教师示范,帮助幼儿初步了解扎染工艺。

首先,用皮筋把袜子捆成小圆球状,接着利用小吸管吸入喜欢的颜料,滴在已包扎好的袜子上,进行色彩晕染。

3.幼儿进行操作实践。

师:我们都学会了扎染的方法,今天就让我们成为小小设计师,给爸爸设计一双与众不同的袜子吧!

4.幼儿动手制作手工袜,教师在旁边巡回指导,并适时给予帮助。

总结:你们都是小小设计师!为爸爸制作的手工袜非常漂亮。相信爸爸收到你们的礼物肯定特别开心!现在,让我们把袜子拿去晒干吧!

❀ **活动延伸**

幼儿给爸爸赠送扎染袜子,并向爸爸说一些甜甜的话。

# 给爸爸刮胡子

❀ **适宜月龄**

30—36个月。

❀ **发展领域**

社会。

❀ **活动目标**

1.让幼儿了解爸爸的形象,培养幼儿对爸爸的深厚情感。

2.让幼儿初步了解刮胡子的步骤,锻炼手腕的力量。

3.让幼儿观察爸爸刮胡子的细节,并愿意尝试为爸爸刮胡子。

❀ **活动准备**

图片、透明文件袋、彩色笔、泡沫、海绵块等。

❀ **活动过程**

1.邀请一名幼儿分享在和爸爸的相处中的一些事,简单描述爸爸早起洗漱时会不会刮胡子,是怎么刮的,并模仿爸爸刮胡子的动作给大家看。

师:宝贝们,今天我们一起来学习给爸爸刮胡子。黑黑的胡子一根一根从爸爸的下巴长出来,硬硬的胡茬扎得小朋友的脸有点疼。那我们怎样把爸爸的胡子刮干净呢?

2.教师展示操作工具并示范,先将泡沫挤在图片中爸爸的下巴和嘴唇上,然后用海绵轻轻地"刮"去图片上爸爸的胡子。

3.请幼儿动手操作。

4.经验分享。

在跟爸爸亲近的时候,是喜欢爸爸将胡子刮干净的样子,还是不刮胡子的样子?

❀ **活动延伸**

可以让幼儿在爸爸的协作下,真实地给爸爸剃一剃胡须,促进幼儿与爸爸之间的亲子互动。

# 给爸爸的饼干

### ❀ 适宜月龄

30—36个月。

### ❀ 发展领域

食育课程。

### ❀ 活动目标

1.让幼儿认识面粉、黄油、鸡蛋等食材，观察食材在烘焙过程中的变化。

2.让幼儿动手制作人物饼干,利用工具给饼干造型。

### ❀ 活动准备

糖粉60g、鸡蛋2个、黄油100g、低筋面粉200g、抹茶粉3g、巧克力粉3g。

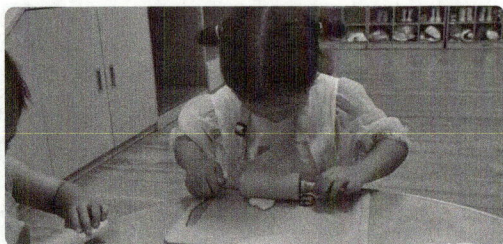

### ❀ 活动过程

1.活动引入。

从来不把爱挂在嘴边,但行为举止都是爱! 终于,父亲节即将来临,悄悄地问大家:有准备什么小惊喜吗? 看看这些又甜又萌的小饼干! 像不像你们那爱操心的爸爸呢? 今天,就让我们一起来准备限定的手工小饼干吧!

2.教师讲解制作饼干的方法。

首先,将无盐黄油软化,加入糖粉搅拌至顺滑无干粉;然后加入一半的蛋液,搅拌均匀后,再加入剩下的蛋液。接着,过筛加入低筋面粉,揉成面团。在揉面过程中分别加入巧克力粉和抹茶粉,制作成巧克力和抹茶口味的面团备用。

3.将面团分发给幼儿,请幼儿将面团擀成薄片,再用圆形模具切出饼干的形状,并用专门的胡子模具切出"小胡子"。

4.将"小胡子"贴在饼干上,用巧克力面团捏成小球做眼睛。如果没有模具,也可用小手搓出"小胡子"。

5.将准备好的饼干放入预热至200°C的烤箱中,烤制15至20分钟,即可品尝香喷喷的饼干。

### ❀ 活动延伸

请爸爸说一说,宝贝牌的饼干尝起来是什么味道的呀? 让爸爸向幼儿表达亲切的爱意。

# 夏日池塘

## ❀ 适宜月龄

30—36个月。

## ❀ 发展领域

动手能力。

## ❀ 活动目标

1.进一步增强幼儿的手眼协调能力,让幼儿学习使用滴管。

2.让幼儿通过观察,大胆说出池塘里的物体。

## ❀ 活动准备

夏日池塘感官盘(装了水的托盘)、滴管、纸杯。

## ❀ 活动过程

1.展示夏日池塘感官盘,引导幼儿观察,并说一说里面有什么(水、荷叶)。

2.鼓励幼儿想一想,如何能将池塘里的水装进纸杯中。

3.教师出示滴管,示范滴管的使用方法,将池塘里的水一点点运到纸杯中。

4.幼儿自由操作,教师适时指导。

## ❀ 活动延伸

可将夏日池塘感官盘放置在活动区域,以便幼儿进行游戏。

# 夏至面

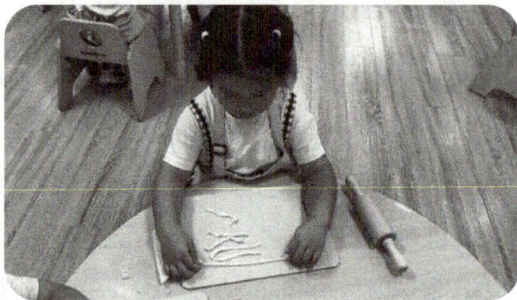

❀ **适宜月龄**

30—36个月。

❀ **发展领域**

食育课程。

❀ **活动目标**

1.让幼儿了解夏至这个节气及其习俗。

2.教幼儿用面粉做面条,锻炼他们手部的肌肉和控制力。

3.激发幼儿对制作美味食物的兴趣。

❀ **活动准备**

揉好的面团、砧板。

❀ **活动过程**

1.引导幼儿了解夏至。

师:小朋友们都认识夏天,那有小朋友知道今天是什么日子吗?(夏至)

夏至是二十四节气中的一个节气,在每年的这一天白天的时间最长,夜晚的时间最短。

2.教师介绍夏至的习俗。

夏至的习俗有:祭神、消暑和吃夏至面等。

3.制作夏至面。

师:小朋友们都吃过面条,面条是什么形状呢?(长长的,细细的,弯弯的,很多条。)

(1)教师出示揉好的面团,示范将面团搓成长条状,然后把面条有规律地轻轻放在盘子里。

(2)幼儿制作夏至面,教师在旁边巡视,并帮助动手能力较弱的幼儿完成制作。

4.品尝夏至面。

将幼儿制作好的面条下锅煮熟,最后让他们品尝自己制作的夏至面。

❀ **活动延伸**

活动结束后,教师带领幼儿收拾桌面,整理材料,将物品放回原位,并提醒他们洗干净自己的小手。

# 夏日荷叶

❋ **适宜月龄**

30—36个月。

❋ **发展领域**

社会。

❋ **活动目标**

1.让幼儿了解荷叶的形状、颜色,知道荷叶生长在夏天的池塘里。

2.教幼儿利用保鲜袋,压出荷叶形状。

3.让幼儿体验手工活动与画画相结合的快乐。

❋ **活动准备**

保鲜袋、绿色颜料、白布等。

❋ **活动过程**

1.出示荷叶图片,激发幼儿的兴趣。

师:宝贝们,你们知道荷叶长什么样子吗? 他们生长在哪里?(荷叶是绿色的,大大的,生长在池塘里)今天,我们将用保鲜袋创作出一幅荷叶画。

2.教师进行示范。

师:用保鲜袋蘸取托盘里的颜料,然后印在白布上面,荷叶就画好啦!

3.幼儿进行操作,教师巡视指导。

师:宝贝们画了好多的荷叶呀,让我们一起来欣赏一下吧!

❋ **活动延伸**

幼儿可用荷叶做科学小实验,探究与发现荷叶疏水的特性。

❋ **温馨提示**

注意提醒幼儿,不要将颜料弄在身上,避免弄脏衣服和安全事故。

# 夏日寻宝

❀ **适宜月龄**

30—36个月。

❀ **发展领域**

五感。

❀ **活动目标**

1.锻炼幼儿的手眼协调能力。

2.激发幼儿参与游戏的兴趣,让幼儿体验游戏带来的快乐。

❀ **活动准备**

贝壳、玩具、瓶盖、漏网等。

❀ **活动过程**

1.活动引入。

师:宝贝们,小兔告诉我,它在水池里捡到了一个漂亮的贝壳。现在,我们也去水池里捞一捞,看能否寻到什么有趣的东西呢!

2.教师讲解游戏规则。

师:宝贝们,请把鞋子脱在旁边,挽起裤脚后再进入池子里。我们可以用手,也可以借助工具寻宝,并将找到的东西放进旁边的篮子里,看看哪位宝贝找到的宝藏最多!

3.幼儿进行游戏,教师巡视指导。

4.教师对游戏活动进行总结。

❀ **活动延伸**

回家后,幼儿可以与家长一起走到户外,探索水池中其他的"宝藏"。

❀ **温馨提示**

注意提醒幼儿不要蹲在水里面,以免打湿裤子。

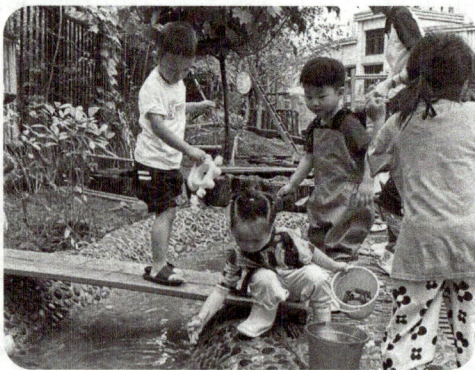

# 荷叶戏水

### ❀ 适宜月龄

30—36个月。

### ❀ 发展领域

五感。

### ❀ 活动目标

1.让幼儿通过观察和触摸，了解荷叶的叶脉与叶茎的特点。

2.让幼儿初步探索荷叶聚集水珠的特点，激发他们的好奇心与探索能力。

### ❀ 活动准备

荷叶、儿歌《江南》。

### ❀ 活动过程

1.引导幼儿到户外水区，向他们展示荷叶，并讨论其形状、颜色、叶脉和叶茎的特征。

2.鼓励幼儿自由地在水中探索荷叶，缓缓地把水洒在荷叶上，观察荷叶如何聚水成珠，以及水珠在荷叶上游走和滑动的现象。

3.总结荷叶聚集水珠的特点，并引导幼儿分享在生活中接触到的利用荷叶这一特征研究出来的产品。（如一种医疗用的抑菌膜就是基于荷叶的这一原理，防止细菌附着，从而保护伤口；还有汽车上的挡风玻璃膜，它利用荷叶的特性使雨水迅速流走。）

### ❀ 活动延伸

可以组织一次户外体育活动——"荷叶运水"。

# 一起拍个照吧

❀ **适宜月龄**

30—36个月。

❀ **发展领域**

社会认知。

❀ **活动目标**

1.激发幼儿与同伴一起拍摄毕业照的兴趣,从而加深幼儿对集体的喜爱和眷恋。

2.让幼儿在等待、摆姿势等环节中增强团队合作能力。

❀ **活动准备**

准备相机,确保幼儿身着整洁漂亮的衣服。

❀ **活动过程**

1.谈话导入主题。

师:宝贝们,我们即将去拍摄毕业照了,这意味着你们的托班生活就要结束了,你们将要成为小班的哥哥姐姐。照片将成为珍贵的纪念品,当你们长大后看到这些照片时,就会想起在幼儿园生活的美好回忆。

2.幼儿分组拍摄照片。

3.拍摄合照。

4.根据幼儿情况适时结束拍摄活动。

❀ **活动延伸**

鼓励幼儿说一说,介绍一下照片中的自己和小伙伴,并分享他们的故事。

# 成长礼

❀ **适宜月龄**

30—36个月。

❀ **发展领域**

社会。

❀ **活动目标**

1.让幼儿意识到自己长大了,为即将成为小班的哥哥姐姐感到自豪。

2.让幼儿理解毕业典礼的意义,激发他们对老师的感恩之情和对同学的不舍之情。

❀ **活动准备**

表演音频。

❀ **活动过程**

1.展示幼儿的成长照片,引导他们回顾自己的成长历程。

师:看到这些照片,你想到了什么?现在的你和以前相比有哪些变化?

2.引导幼儿回顾在幼儿园度过的这一年,除了同班的小伙伴,我们还认识了哪些幼儿园的工作人员?(例如老师、校医、保安、厨师、园长等)

3.参加散学典礼。

师:宝贝们,等会儿你们会和小班、中班的哥哥姐姐们一起参加散学典礼,到多功能厅去后,要听从老师的指令,安安静静地坐在自己的小椅子上,不要随意走动哦!

4.幼儿表演节目。

5.颁发毕业证书。

师:宝贝们,小班的哥哥姐姐将会给你们颁发毕业证书,接过证书时,不要忘记谢谢哥哥姐姐哦!

❀ **活动延伸**

可以让幼儿学习一项小班哥哥姐姐才会的本领,培养幼儿的自信心。

# 爱的抱抱

❀ **适宜月龄**

30—36个月。

❀ **发展领域**

情感与认知。

❀ **活动目标**

1.引导幼儿用拥抱来表达爱。

2.让幼儿体验与老师拥抱的亲切感。

❀ **活动准备**

绘本故事《抱抱》。

❀ **活动过程**

1.谈话导入,引出主题。

师:宝宝们,你们最喜欢谁? 你们会怎么表达对他们的喜爱?

2.展示"拥抱"的图片。

师:图片中的人在干什么?

小结:在我们伤心、生病时,拥抱会让我们感到温暖,这是一种安慰的拥抱;在我们劳累时,拥抱会给予我们力量,这是一种鼓励的拥抱。因此,无论是快乐还是悲伤的时刻,我们都可以试试用拥抱的方式来表达我们的爱。

3.课堂互动游戏——爱的抱抱。

师:宝贝们,你们可以选择一个你身边的好朋友或者老师,来一次爱的抱抱。

❀ **活动延伸**

鼓励幼儿不仅要向身边亲近的家长(爸爸妈妈,爷爷奶奶等)表达爱意,还要向身边的好朋友,以及喜爱我们的叔叔阿姨们,勇敢地表达爱意。

# 小班初体验

❀ **适宜月龄**

30—36个月。

❀ **发展领域**

社会。

❀ **活动目标**

1.幼儿通过观察、聆听、亲身体验,进一步了解小班生活。

2.激发幼儿对小班生活的向往,并使他们做好即将进入小班生活的心理准备。

❀ **活动准备**

提前和小班老师沟通混龄活动的细节,并准备好小椅子。

❀ **活动过程**

1.谈话引入主题。

师:宝贝们,过完暑假,我们就是小班的哥哥姐姐了。今天,老师将带领大家一起去观察小班的哥哥姐姐们在班级中做什么,是怎么学习和生活的。

2.讲规则:在和小班哥哥姐姐玩耍的过程中,我们要做一个尊重老师和哥哥姐姐的好宝宝,未经允许,不能乱碰哥哥姐姐及教室里的东西。

3.引导幼儿搬着自己的小椅子,有序地来到哥哥姐姐的教室,参加混龄活动。

总结:讨论哥哥姐姐们通常会做什么,宝贝们在活动中都学会了哪些新本领。

❀ **活动延伸**

1.开展"我已经是小班的哥哥姐姐啦"角色扮演游戏,让幼儿体验长大的喜悦。

2.鼓励幼儿在家里和班上做一些力所能及的"哥哥姐姐"们所做的事情。

# 火星小蝌蚪

❀ **适宜月龄**

30—36个月。

❀ **发展领域**

音乐。

❀ **活动目标**

1.帮助幼儿理解歌词内容,并与他人进行互动。

2.鼓励幼儿跟着旋律拍打非洲鼓,从而增强其节奏感。

❀ **活动准备**

非洲鼓和音乐《火星小蝌蚪》。

❀ **活动过程**

1.教师给幼儿讲述一只火星小蝌蚪的成长故事。

火星小蝌蚪像所有小朋友一样,渴望快点长大。经过了一个漫长的夏天,它终于长大了,并与好朋友一起快乐地游戏。现在,请听老师带来的音乐《火星小蝌蚪》。

2.教师示范表演:宝贝们,请跟着老师一起来做一做吧。

3.幼儿在教师的带领下,体验音乐游戏的乐趣。

4.幼儿进行集体表演。

❀ **活动延伸**

鼓励幼儿回家后把在学校学会的音乐《火星小蝌蚪》大声地唱给家人和小伙伴们听。

## 游戏活动

# 滚轮大作战

### ❀ 活动目标

1.让幼儿通过滚轮,练习两腿半蹲、两手前后交替滚轮的动作,从而发展他们大动作的协调性和灵活性。

2.帮助幼儿了解前后上下等空间概念。

3.让幼儿体验运动带来的乐趣,并鼓励他们大胆尝试新的玩法。

### ❀ 活动材料

圆圈。

### ❀ 活动场地

操场。

### ❀ 活动过程

1.教师讲解游戏规则并进行示范。

师:宝贝们,每人拿一个圆圈,两腿半蹲,从起点出发,用双手将圆圈滚动至终点。在前行的过程中,要时刻注意调整圆圈的位置,确保不会偏离预定的路线。

2.幼儿进行游戏,教师巡视并提供指导。

# 今天我来当爸爸

### ❀ 活动目标

1.让幼儿理解爸爸的辛苦,能够帮助爸爸做一些力所能及的事情。

2.让幼儿感受做家务带来的自豪感、自信心与快乐,并激发他们帮助爸爸分担家务,参与劳动的动力。

### ❀ 活动材料

抹布、小扫帚等各种劳动工具。

### ❀ 活动场地

园内相关设施。

### ❀ 活动过程

1.谈话导入主题:爸爸在家通常做哪些事情？思考一下,我们又能帮助爸爸做些什么?

2.展示劳动工具,引导幼儿自主选择适合自己的劳动工具。

3.鼓励幼儿自由地参与劳动 。

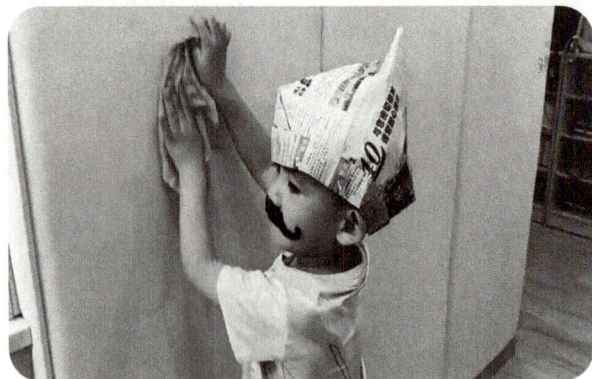

# 送给爸爸的小情"蔬"

## ❀ 活动目标

1.引导幼儿表达对爸爸的感恩之情。

2.锻炼幼儿的手眼协调能力和手部精细动作能力。

## ❀ 活动材料

竹签、牛皮纸、麻绳、节日快乐小卡片,还有幼儿园里的西兰花、常春藤和好看的树叶等。

## ❀ 活动场地

教室或者室外美工区。

## ❀ 活动过程

1.教师展示成品,进行介绍。

师:宝贝们,今天我们来制作小花束,作为送给爸爸的礼物。请仔细观察小花束的组成,然后说出花束中包含哪些蔬菜。

2.教师演示制作方法,用手捏住竹签尖端约两厘米的位置,小心地将蔬菜插在竹签上,再搭配一些园内好看的树叶,制作成一个花束。

3.请幼儿将做好的花束带回家,送给爸爸,并说一句甜甜的话。

# 好玩的夏至面

### ❀ 活动目标

1.让幼儿了解夏至吃夏至面的传统习俗。

2.让幼儿练习卷纸条的动作,锻炼幼儿手部的肌肉力量。

3.培养幼儿对夏至相关活动的兴趣,并让他们体验户外游戏的乐趣。

### ❀ 活动材料

布条、木棍,以及两个大盆。

### ❀ 活动场地

操场。

### ❀ 活动过程

1.幼儿手握已经绑好布条的木棍,通过旋转木棍将布条卷起。

2.幼儿从起点出发,拿着卷好布条的木棍跑到终点,并将其放进大盆里,即代表面条已经下锅。

3.根据幼儿的参与情况和体力状况,适时地结束游戏。

# 制作夏日扇

## ❀ 活动目标

1.锻炼幼儿的专注力、观察力和想象力。

2.锻炼幼儿对色彩和触感的感知能力。

3.让幼儿体验到游戏的乐趣。

## ❀ 活动材料

使用之前制作的粽叶纸,将其剪成圆形或葫芦形的扇面备用;另外还需准备海绵棒、颜料、棉签以及竹枝等。

## ❀ 活动场地

教室、中庭或者美工区。

## ❀ 活动过程

1.通过谈话引入主题:宝宝们,老师想请你们猜一个谜语——什么水果吃之前是绿色,吃进去是红色,吐出来是黑色的呢?

2.炎热的夏日到了,宝宝们喜欢的西瓜大量上市。今天,我们将制作一个带有西瓜元素的扇子,让这把扇子把西瓜的清凉带给你们。

3.教师示范:使用海绵棒蘸取红色颜料,然后拓染在扇面上,接着用棉签蘸取黑色颜料,点缀成西瓜籽。

4.扇面干燥后,教师帮助幼儿将扇面过塑并进行修剪,最后用热熔胶粘上竹枝作为扇柄,这样,一把夏日扇就制作完成了。

# 夏日清凉

## ❀ 活动目标

1.让幼儿初步感受律动内容,欣赏并感受歌曲的节奏特点。

2.让幼儿能够根据歌曲做出相应的律动动作,增强其身体协调性和音乐感知能力。

## ❀ 活动材料

一段轻快的纯音乐、小地毯和若干个摇铃。

## ❀ 活动场地

室内。

## ❀ 活动过程

1.播放音乐,让幼儿初步感受律动内容。

师:宝贝们,欢迎来到我们的音乐小世界,现在让我们一起来听一听、学一学这首美妙的歌曲,感受它的节奏吧!

2.教师逐句教唱歌曲,引导幼儿跟唱,注意对语调和节奏的把握。在学习过程中,可以加入一些简单的动作,比如拍手、跳跃等,以增加趣味性。

3.播放音乐,带领幼儿一起唱,并根据音乐的节奏做出相应的律动动作。

# 庆端午

## ❀ 活动目标

1.让幼儿理解歌曲《庆端午》的律动内涵,感知歌曲的节奏特点。

2.引导幼儿能够根据音乐节奏做出相应的律动动作。

3.培养幼儿参加艺术活动的兴趣,让幼儿体验音乐带来的快乐。

## ❀ 活动材料

铃鼓、音乐《庆端午》。

## ❀ 活动场地

操场。

## ❀ 活动过程

1.教师播放完整的律动视频。

师:宝贝们,欢迎来到我们的音乐小世界,让我们一起来聆听《庆端午》这首歌曲,感受那浓浓的端午节氛围吧!

2.教师带领幼儿跟着音乐的节奏学习律动动作,对较难的动作进行重复练习并提供纠正指导。

3.幼儿进行自由表演,教师要对他们的表现给予适当的鼓励和表扬。

# 鸡蛋壳风铃

## ❀ 活动目标

1.带领幼儿感受端午的节日氛围。

2.通过制作鸡蛋壳风铃游戏,让幼儿体验艺术创作的快乐。

## ❀ 活动材料

鸡蛋壳、彩纸、麻绳、黏土。

## ❀ 活动场地

教室内或者户外美工区。

## ❀ 活动过程

1.游戏引入。

宝宝们,今天老师将带你们一起来制作好看的端午节风铃。

2.教师示范制作过程。

先将剪裁好的鸡蛋壳用麻绳串起来,然后用黏土进行装饰。这样,一个由鸡蛋壳制作的风铃就完成了。

3.幼儿分组进行创作,教师在旁边适时指导。

## ❀ 户外活动

# 彩虹伞包粽子

### ❀ 活动目标

1.提高幼儿身体的协调能力和灵活性。

2.让幼儿在户外活动中体验到团队合作的乐趣。

3.增强幼儿的规则意识和合作能力。

### ❀ 活动材料

彩虹伞。

### ❀ 活动场地

户外大场地。

### ❀ 活动过程

1.引入活动,教师出示彩虹伞并向幼儿讲解活动规则。

(1)教师指导幼儿每人用手拉着彩虹伞一角,站成一个圆圈。

(2)当听到口令"包粽子"时,幼儿们需要迅速向内合拢,将彩虹伞收拢成一个类似粽子的形状。

(3)当听到"吃粽子"时,幼儿们则需要迅速向外散开,恢复成原来的圆圈形状。

2.游戏开始。

教师发出口令,幼儿们根据规则进行游戏。

3.变换游戏玩法。

为了增加游戏的趣味性和挑战性,教师可以根据幼儿情况调整游戏时间和游戏玩法。

4.活动总结。

游戏结束后,教师与幼儿一起回顾游戏过程,总结游戏中的表现和经验。

# 划龙舟

## ❋ 活动目标

1.让幼儿感受端午节的节日氛围,知道端午节有划龙舟的传统习俗。

2.锻炼幼儿的上臂力量,发展他们的大肌肉动作的协调性和灵活性。

3.培养幼儿为同伴的成功感到高兴的情感,增强其团队合作意识。

## ❋ 活动材料

感统彩虹河石、木棒、鼓。

## ❋ 活动场地

室内或者户外大场地。

## ❋ 活动过程

1.话题引入。

师:宝宝们,端午节有划龙舟的传统习俗;划龙舟是一项需要大家合作的运动项目;每年端午,各地都会举行隆重的划龙舟比赛。

2.引导幼儿观察机械运动,教师进行动作示范。

师:端午节快到了! 宝贝们,今天我们一起来划龙舟,庆端午吧!

教师讲解动作要领:在划龙舟的时候,坐在河石里要双手握紧木棍并撑在地面上,当双手用力划时,身体则向前倾,以助力身体和龙舟一起向前滑行。

3.幼儿分组比赛划龙舟。

师:小选手们,加油! 快到终点啦! 坚持就是胜利。

5.请幼儿在旁边敲鼓助威,感受浓浓的比赛氛围。

# 小动物采果子

❀ **活动目标**

1.提高幼儿的反应能力和专注力。

2.锻炼幼儿的四肢协调能力和意志力 。

❀ **活动材料**

不同的动物头饰、海洋球和圆圈。

❀ **活动场地**

户外操场。

❀ **活动过程**

1.教师讲解游戏规则并进行示范。

师：宝贝们，首先请选择一个自己喜欢的动物头饰，并戴在头上；然后采摘地上的果实（海洋球），并放进圆圈里面；在规定的时间内，比比哪位"小动物"采摘的果子最多。

2.幼儿进行游戏，教师巡视指导。

# 夏日摘西瓜

❀ **活动目标**

1.锻炼幼儿的腿部肌肉力量及弹跳能力。

2.增强幼儿身体的平衡性，促进其感统能力的发展。

❀ **活动材料**

感统玩具、皮球、筐子。

❀ **活动场地**

操场。

❀ **活动过程**

1.教师介绍游戏规则及玩法。

师：宝贝们，首先，你们要通过一段设有障碍物的路径；然后，走过独木桥，到达西瓜地；最后，摘下"西瓜"（皮球），并把"西瓜"放进旁边的筐子里，这样，游戏就完成了！

2.幼儿进行游戏，教师巡视指导。

# 剥莲子

❀ 活动目标

1.让幼儿认识莲蓬,感受莲蓬的形状和大小等。

2.在剥莲子的过程中,锻炼幼儿手部精细动作能力和手眼协调专注力。

❀ 活动材料

莲蓬、小盘子。

❀ 活动场地

户外草坪或园内小池塘旁边。

❀ 活动过程

1.古诗引入:"最喜小儿亡赖,溪头卧剥莲蓬。"

师:这首诗讲的是诗人喜欢自己的孩子,在溪边剥莲蓬。宝贝们,今天老师也带来了一些莲蓬。让我们来看看,莲蓬是什么样子的?(圆圆的,里面嵌着莲子,莲蓬的秆刺刺的,有点扎手。)

2.莲子清脆,甘甜,是天然的好零食。宝贝们,让我们把莲子剥出来,一起尝一尝吧。

3.幼儿动手操作,教师在旁边巡视指导。

# 运球小螃蟹

❀ 活动目标

1.培养幼儿的合作能力,激发他们对体育游戏的兴趣和热爱。

2.通过模仿螃蟹行走,提高幼儿对肢体的控制能力。

❀ 活动材料

皮球。

❀ 活动场地

操场。

❀ 活动过程

1.将幼儿分成两人一组,采用身体夹球的方式进行体育游戏。

2.教师引导幼儿在游戏中相互配合。

社会实践

# 夏日小探险家

### ❀ 活动目标

1.带领幼儿亲近大自然,感受夏天的美好。

2.促进亲子关系,增强家园合作。

3.通过社会实践活动,提升幼儿的认知能力和社交能力。

### ❀ 活动场地

郊外农场或植物园。

### ❀ 活动准备

1.提前联系活动地点,确保场地安全,适宜活动。

2.准备活动所需的道具,如小铲子、小水桶、放大镜等。

3.为幼儿准备小礼品,如彩色气球、小贴纸等,作为活动奖励。

4.通知家长活动的时间、地点和注意事项,提醒家长为幼儿做好防晒、防蚊等措施。

### ❀ 活动过程

1.自然探索之旅。

幼儿和家长在教师的带领下,一起漫步在农场或植物园中,边走边观察夏天的花草树木的生长状态及昆虫的活动情况。教师用简单的语言向幼儿介绍各种自然事物,激发他们的好奇心。

给幼儿发放小铲子和小水桶,让他们在指定区域挖泥土,寻找小虫子或小石子,体验探索自然带来的乐趣。

利用放大镜,引导幼儿观察昆虫的形态和特征,培养他们的观察能力。

2.亲子游戏时光。

"水果蹲"游戏:家长和幼儿分别代表一种水果,如苹果、香蕉、草莓等。游戏开始后,大家一起喊"水果蹲,水果蹲,苹果蹲完香蕉蹲",被点名的"水果"要迅速蹲下并喊出下一种水果的名字。这个游戏旨在锻炼幼儿的反应能力和语言表达能力。

亲子接力赛:设置一些简单的障碍,如小木桩、小水坑等。家长和幼儿组成团队,进行接力比赛。这个游戏旨在增强亲子之间的合作和默契。

3.夏日手工制作。

组织幼儿和家长一起制作夏日主题的手工作品,如用彩纸制作折叠扇子、用树叶和花朵制作贴画等。让幼儿发挥自己的想象力和创造力,同时锻炼他们的动手能力。

4.野餐分享会。

在活动场地设置野餐区域,家长们可以自带食物和饮料,与幼儿一起分享美食。在野餐过程中,鼓励幼儿相互交流,并分享各自的食物和快乐。

### ❀ 安全保障措施

1.确保活动场地的安全,避免幼儿接触危险物品。

2.在活动过程中,教师和家长要时刻关注幼儿的身体状况,如有不适,及时处理。

3.提醒家长为幼儿做好防晒、防蚊等措施,保护幼儿的皮肤。

4.鼓励幼儿积极参与活动,但尊重其意愿,避免强迫他们参加不愿进行的活动。

5.活动结束后,要清理活动场地,保持环境整洁有序。

🏠 **家庭指导**

# 亲亲小粽子

## ❀ 活动意图

每年农历五月初五,是中华民族的传统节日——端午节。这一习俗在我国已延续两千多年。为了让幼儿更深入地了解端午节,感受其丰富的文化内涵,激发幼儿初步的爱国主义情感,并丰富他们的生活经验,我园特别策划了"浓情端午,'粽'享时光"的包粽子亲子活动。让幼儿在浓浓的亲子氛围中进一步了解中国传统节日的文化,通过活动实践锻炼他们的动手能力,同时丰富他们的精神世界。

## ❀ 核心经验

1.增进幼儿对端午节传统文化的了解。

2.通过实际操作,提高幼儿的动手能力,并增进亲子关系。

3.让幼儿在欢乐的亲子氛围中,感受端午节的独特魅力。

## ❀ 指导准备

端午节相关儿歌、成品粽子、一次性桌布、包粽子用的糯米、粽叶、粽馅、粽绳等。

## ❀ 指导过程

1.活动导入。

儿歌引入:五月五,过端午,划龙舟,敲大鼓,12345,你包粽子我跳舞。

出示粽子,引导幼儿回忆相关经验。

师:这是什么?(粽子)你们吃过吗? 过什么节日要吃粽子呢?(端午节)

简单介绍端午节的起源、传说和习俗。

2.材料展示与分组。

(1)教师将提前准备好的粽叶、糯米、红枣、豆沙等食材摆放整齐并一一介绍。

(2)将幼儿分成5组,每组3—4人,确保每名幼儿都有参与包粽子的机会,家长坐在幼儿身边协助。

3.教师示范。

教师向幼儿展示包粽子的全过程,包括如何折叠粽叶、填充糯米和馅料以及捆绑粽子等步骤。

4.幼儿动手实践。

在家长的陪伴下,幼儿开始动手包粽子。他们可以模仿家长或老师,也可以发挥创意,包出形状各异的粽子。教师巡回指导,及时提供帮助。

5.团队合作。

鼓励家长们在小组内互相帮助,共同完成包粽子的任务。这不仅能锻炼幼儿的团队协作能力,还能增进家长与幼儿之间的友谊和信任。

6.粽子分享与品尝。

(1)所有粽子包好后,教师向幼儿介绍粽子的烹饪方法和营养价值。

(2)请家长们将粽子带回家煮熟品尝,并鼓励他们拍摄照片分享至班级群。

7.活动总结。

(1)活动结束后,组织幼儿进行简单的总结回顾。

(2)邀请家长们分享自己在活动中的收获、感受以及建议等。

通过这个活动,我们希望为幼儿营造一个欢乐、温馨、有意义的端午节氛围,让他们在快乐中成长,同时加深对传统文化的理解。